02·NOV·2019
CAMBRIDGE, UK

CW01545613

**San**

# Santiago

## Edited and translated by Jessica Sequeira

Dostoyevsky Wannabe Cities
*An Imprint of Dostoyevsky Wannabe*

First Published in 2019 by Dostoyevsky Wannabe Cities

All rights reserved

© Reverts to individual authors

© All translations copyright Jessica Sequeira

Dostoyevsky Wannabe Cities is an imprint of Dostoyevsky
Wannabe publishing.

This anthology is a work of fiction. The names, characters and
incidents portrayed in it are the work of the authors' imaginations.
Any resemblance to actual persons, living or dead, events or
localities is entirely coincidental.

Cover design by Dostoyevsky Wannabe/Municipal Pool

www.dostoyevskywannabe.com

ISBN-9781798669242

No parts of this publication may be reproduced, stored in a
retrieval system, or transmitted in any form or by any means,
electronic, mechanical, photocopying, recording, or otherwise,
without the prior written permission of the copyright owner.
This book is sold subject to the condition that it shall not, by way
of trade or otherwise, be lent, resold, hired out, or otherwise
circulated without the publisher's prior consent in any form of
binding or cover other than that in which it is published and
without a similar condition including this condition being imposed
on the subsequent purchaser.

# Contents

## English

## Español

## A Monkey–Puzzle Tree:
## Translator's Note

To begin, a transplanting: The araucaria tree is found throughout Chile in different variations, from the classic *Araucaria araucana* in the south to the Brazilian-imported *Araucaria angustifolia*. In England it is called the monkey-puzzle tree, and in some parts of the country popular belief has it that a devil inhabits the tree, such that children are warned to keep away from it. But where does the monkey in the name come from? According to an essay by Matthew Wilson in the Financial Times:

*Some time in the late 1840s or early 1850s Sir William Molesworth purchased − for a princely 20 guineas − a specimen of the then uncommon Araucaria araucana to plant in his garden at Pencarrow House near Bodmin, Cornwall. As he showed off his unusual prize to a group of dinner party guests, one of them − the noted barrister and Benthamist Charles Austin − remarked that the hard, very prickly leaves and their strange overlapping arrangement on the branches 'would be a puzzle for a monkey'. Until then the Araucaria had gone about its business with no common name other than the rather bland (and botanically incorrect) Chilean Pine. Despite the singular absence of any monkeys for the tree to puzzle in its Chilean homeland, it was not long before 'monkey puzzler' and then 'monkey puzzle' entered the vernacular and stuck. The reference to primates in the common name is not confined to the UK either; in France it goes by the more mournful* désespoir des singes.

In Chile the *Araucaria araucana* is a sacred symbol for the Mapuche people. In his 'Ode to the araucaria araucana', Pablo Neruda used it to align himself with Indian resistance to the Spanish invaders, as well as to pay homage to the nutritious seeds of the araucaria tree, the *piñones*, which are huge and edible, and look like the spears of warriors: 'Back then, / back then was / when / over the Indians / there opened / like a wooden rose / the colossal handful / from your fist, / and left / on the wet earth / the pine nuts: / flour, wild bread / of the indomitable / Arauco.'

As I compiled and translated this collection, a Brazilian araucaria was constantly visible from my apartment window in Santiago. It has a thick sturdy trunk and big branches with spiky, leathery needles that curve upwards. I have never lived next to such a large, noble-looking tree before, and it has come to seem a sort of guardian, a source of strength. It survives through heat and cold, asks for little and does not drastically change in appearance from season to season. For biologists, it is a 'living fossil'.

The araucaria persisted as a symbol throughout the working process. During the final stages of the book, editing the pdf, I attended a used book fair in the magnificent indoor patio of the Faculty of Arts at the Universidad Mayor in Santiago. In a notebook, I began to jot down impressions about what I saw on the shelves: national and international literature, treatises from the East, dictionaries of music, books of art and cookery. A popular work of theatre was performed to the accompaniment of guitar and keyboard around a gurgling fountain in the centre, as not far away children in a corner played with the colourful foam pieces of a puzzle, which did not quite seem to come together.

Then, in a quiet hall, I noted a huge poster of the araucaria tree. Its branches ramified, and its trunk transformed into a fountain pen. This year's fair, edition XXVII, was dedicated to the writers of La Araucanía region of Chile in the south, a celebration of the richness of the area. Pablo Neruda, Jorge Teillier, Luis Durand, Gloria Dünkler, Miguel Arteche, Yosuke Kuramochi Obreque and other writers appeared in black-and-white photographs behind glass, along with classic editions of their books.

This was a gentle reminder that the provinces exist, that Santiago is not Chile. There are many climates and regions, and the monkey puzzle tree is only one example of the vast spread of nature in the country. The araucaria is one more immigrant in the concrete sprawl of the capital, taking root in its Chilean variation generally above a thousand metres.

Araucaria: order and chaos can be found in this majestic, somewhat monstrous tree with its overlapping arms that reach out, grasping: for what? Perhaps not even they know, but they know that they are searching.

For the purposes of this anthology, I interpreted 'Santiago' quite loosely, as writers with some connection to the city. Most of the writers are urban creatures, more familiar with apartments and university campuses, discotheques and busy avenues, than with the silence of a forest. For this reason, the araucaria seemed to me the perfect symbol.

Just as the tree outside my window appears at home even if it is slightly out of place, far from its native territory, the writers in this book all have a partial relationship to Santiago. This is because they were born somewhere else, or identify only in certain ways with the city, or identify fully but limit the world of their dreams to no city; yet this partialness does not make the relationship less deep.

During the transition between physical regions, or between physical and mental regions, new flora can emerge. These acts of imagination produce stories.

In the same way, an act of creation occurs with translation. The transition from the Chilean araucaria to the English monkey-puzzle results in forms that are not just bilingual, but a different species. Yet an element of mystery lingers in the relationship between stories, and between the originals and their versions. This big book could have been five times the size, yet still the stories would form a monkey-puzzle. The robust branches do not interlock, but co-exist in peace.

Here, then, the branches of an araucaria await you: intense, humorous, beautiful, pathetic, grotesque. Many times I felt drawn by the vigour of a story, feeling it to be a swaying bough of life. Sometimes I felt uncomfortable with a story, with embodying it. (Translation is often talked about as a kind of transformation of water into ice, as if nothing is lost in the process, as if the frost on the branch did not crackle under the slightest tiptoe of a squirrel.)

More than once I thought that the tilt of a branch of the story was not my way of tilting, that the juts and protuberances of the growth, its way of thrusting forth certain information from life or certain hallucinations from dream, was too much, that the stories would fall by their own weight, too furious or lonely, or that the branches would transform into the frantic fingers of the authors, hurtling themselves wildly over the keyboard, desperate or too much in love.

I thought these things as I saw the branches of the tree sway outside my window in the winter, bravely holding fast against a severe approaching thunderstorm.

What is a city? Is it built up of desire, horror, dream, tranquillity, memory, domesticity, grit, a *pichintún* or more of anguish or hope? What is a story? What are the ways, what are the dangers, of writing myth and imagining the geology of a mind? I have more questions than answers: the reader tucked away in some corner of Manchester or Mumbai or Mexico City or Menlo Park may now travel these wooden paths, turn these pages, for his or herself.

I lead you out of this clearing of my reflections into the forest, towards this particular tree. It may hold its limbs out to you in an embrace, or make them leer threateningly, or wave them at you like pom-poms. Whatever the case, I am very grateful to these authors, and for the words that they have trusted to us, their readers. In time these pieces of wood will crack and fall away, but within the branch of each story can be found an exquisite *piñón*: the seed of a new tree, new stories.

— Jessica Sequeira

*Daniela Acosta*

*from* The Other Time

**Subject: found a job**
**Date: wednesday, march 25, 8:47 pm**

The past few weeks were all spent sending cvs and interviews. Until today they called me. I found a small part-time job at a call center, so I have the rest of the day to go to classes and walk around. Also, this week I went back to swimming. It's just incredible.

I get out of the pool feeling lovely. I grab the metal and my arms grow tense, the water trickles warmly down my body. I'm happy because I managed to make the circle necessary for butterfly style, despite my poor physical condition and how small I am. I'm also happy because I know that I did it better than several others in my class. I like that feeling of physical superiority, of skill, rather, because any one of them could knock me over with a single hand in real life, out of the pool. I'm happy and pretty. The water trickles and I sweat, my cheeks very red.

Doesn't it seem beautiful to you to swim in a pool like that? At the start with problems of coordination, the breathing growing agitated until you feel your body is a machine, you don't think of coming up for air now, your body does it on its own, you slide through the water in a kind of mantra. The technique develops, the movements tune themselves like an orchestra getting ready, and the muscles all work to propel you as a different animal, one from the water. When you change your habitat for a few hours, your whole body tingles, the strokes become precise and refined. All this to swim without going anywhere.

That beauty without a logical purpose captivates me. I don't want to go any faster, that's not my concern, although I swim ever more fluidly. I would like to be one with the water, be part of it, so my movements become elegant and calm in that atmosphere.

These days gliding like this has helped me to meditate while in motion. You've passed through my head many times as I do laps, swimming.

How are you, my beloved? Tell me anything, I need to read you.

## Subject: to be compact
## Date: saturday, april 26, 10:47 am

I like your name, not mine. I would have liked to have been called María if it weren't so religious. Just one name, compact, strong, short, almost hard.

Instead I have this name that indicates tenderness, submission. I don't pay attention, of course. Or rather: I fight against this. Do I have to submit? My name should be Pedra, Juana, Sara, María or Ana, like yours.

Can I be myself if I don't choose my name?

## Subject: cabaio
## Date: tuesday, june 18, 12:33 pm

I try to walk as much as possible, I've told you. Or rather: I try to take the least possible amount of public transportation, take the opportunity that I have time to get to know new paths. For that, I choose to take small streets that I've never walked down before. Once I read that it's good for the brain to face small new challenges. To stop always following the same pattern while walking, to change the sidewalk. I don't know if this stimulates my mind or if I'm doing it the right way. It also makes me a little afraid to get lost, which is why I am doing it little by little, trying to get familiar with the stones, the trees, the different façades of buildings, as if all those things were starting to form part of my life, as if I were in some way also starting to become part of theirs.

All the same, sometimes, almost always early in the morning, I end up taking a bus or taxi.

A couple of nights ago, coming back from a meeting with the girls from cooking class, the driver, after I asked him where he was from (his tone didn't seem to be from the Capital), answered me: I come from where a horse is pronounced *cabaio* instead of *cabasho*, as it is here.

The man was friendly. We arrived quickly.

When I went up to my apartment and sat in the living room, with only the reading lamp on, I stayed there thinking of whether there are horses that run around free, that don't belong to any person. Many years ago I had the same thought and came to the conclusion that no, there aren't, that there are no longer any horses that are untamed. When I thought this, I grew sad.

But now, maybe because of the friendliness of the man, because of the strange way he introduced himself and pronounced his words, when he chose precisely a horse to differentiate himself from the rest of those living in the city, I thought of how he was a free *cabaio*.

Imagine. A horse that has escaped. A horse that runs at night, feeling its mane ripple in the wind and gleam beneath the light of the moon in the hills.

A horse that does not let itself be tamed.

## Subject: poor boy with money
## Date: tuesday, september 10, 7:47 pm

Today I went to the vegetable market. It's true, I always go to the vegetable market. All the days that I bring myself to leave the apartment, at least. Verónica was there, who is my favourite, but she didn't attend to me. An old lady with her son asked if she could go first, and I made the gesture 'of course'. I'd seen the old lady a block before, crossing the street. Sometimes I walk without headphones to listen to people, and wear dark glasses so it's not so obvious that I'm watching them. The old lady had been scolding her son for getting back the wrong change. She had two sons with her and scolded the older one, about 8 or 10 years old, I'm not really good with ages. She told him that she'd done the math and remembered the change they had given him. She insisted and talked about the responsibility of spending money. One red onion. That to have money, you have to work, which costs a lot. Two round tomatoes. That mama and papa work hard to give them money. One red bell pepper. That he needs to pay attention to the change, that he needs to be responsible. One small purple cabbage. That when they get home they should remember and give the money back to her. No, one diced bell pepper, it costs half as much. That he should stop crying, that he has to remember the change, that he can't go around without looking at what he gives and receives. One rocoto chilli, spicy. That he needs to pay attention to what's given, what's returned. That he needs to count. That he wasn't thinking. That he has to be responsible. That money has a cost. That papa and mama work every day to have money, and money helps the adults to buy things.

Now I have everything to make a stir fry. Alan is coming to charge me. I have to go.

**Subject: above**
**Date: tuesday, october 15, 5:47 pm**

When the sea leaves the rock and you attempt to tame it with your gaze, but another wave comes and now nothing is yours nor ever will be.

Something greater exists above objects.

Something greater exists above me.

**Subject: someone is masturbating thinking of you**
**Date: wednesday, november 24, 2:02 am**

I've kept seeing the guys from the call center, it's more difficult to coordinate but we go on like before, getting together to eat and talk. I'm happy. Or well, I'm calm (is it the same thing? Sometimes they seem really similar, if they're not the same). I keep looking for another job, but nothing has happened yet. Onlya few weeks have passed since the glorious day that I quit, so I'm still not desperate yet. I've forced myself to draw more, and though I lack discipline, I think that I'll be able to create a routine for myself or something like that, pay attention to myself when I have an idea and not let fear paralyse me before the cliché of the blank page, which sometimes truly terrifies me. Now I have no excuse, so that's it, I have to face the matter.

That has made me happy. Not the fact of thinking it, but of doing it. It's strange, as if I forget the pleasure and satisfaction that drawing also gives me, when I am in that place that belongs only to me, there for others too, surrendering myself.

On your topic: I don't know for sure if the person who you're thinking about while you masturbate feels something when you finish. I imagine this must be the case. The energy, the concentration, the explosion are so great. The other person must feel an effect, that something has happened to him. There must a phrase like the one that says your ears turn red if someone is talking about you... When I masturbate one thing comes to me: that I'm completely sure of the connection with the person whom I'm thinking about, that at least part of all that energy and heat must be transmitted, right? When my head explodes, when my whole body explodes and I'm pure energy, something of all that must have to reach him.

On the other hand, if I don't feel anything, is it that nobody is masturbating thinking of me? I don't think this is the case. It seems to me very unlikely. I masturbate thinking of so many different people, how could none of them masturbate in return with me? Perhaps it happens that someone is masturbating thinking of me and I remember the person at that moment. Or something like that, which maybe I'm not reading. There must be a sign.

And if I'm masturbating thinking of someone and that person reacts and in his turn masturbates at that moment thinking of me? If it were so, I could calmly say that there are many people who do so.

I'd like to know what they imagine, what I do when they think of me, what they could tell me, to be able to know. Doesn't it intrigue you? Maybe one way of knowing is that beautiful moment of confusion when you tell someone that you focused on the brush of their fingers, that you remembered their shoulder, its texture, a twisted tooth that especially shone, which made you masturbate on several occasions. Can one make this confession or am I going too far?

Sending you a very big kiss, please keep asking me things.

*Constanza Anabalon Tohá*

*from* Resonance Chamber

My mother belonged to the National Party and my aunt was only on the left. Without affiliation or party. My mother was fifteen when the dictatorship began. My aunt, thirty-five. The comfort-loving uncle of my mother was an estate owner from the south, a Spaniard who was robust (or rancid, I'm not sure), a Franco supporter to the core. The comfort-loving uncle of my aunt (the redundancy and possible confusion is worth it) was a minister under Allende.

My aunt was exonerated through the arrangements of a prestigious academic at the Faculty of Aesthetics of the P. Catholic University in Chile. Her only error was to have attended a dinner at the house of friends, where one of the guests was part of the Revolutionary Left Movement. The secret police of the DINA followed her home. Her children were sleeping.

My aunt was brutally tortured. My mother didn't realize. My aunt went into exile. My mother was stunned. My aunt came back. My mother understood everything.

Once I took a class with the prestigious academic. When he saw the list he asked me if I was a relative of hers. Faced with the affirmative, he trembled. I swear I saw him tremble. In contrast, her gaze darkened, and she told me to send him her regards. Tell him I send regards, she told me curtly. Please tell him. So I did. It was the first time I saw someone's face literally fall from shame. It was if his face had transformed for a few seconds into candle wax, and had begun to drip. His cheeks melted, along with his nervous and sweaty hands that didn't know where to hide. I saw how he grew thinner inside that black suit he often wore, until he became dust, nothing. A cockroach disguised as an academic. Kafka would roll over in his grave. I dropped that fucking class.

*

The night they took her away, my aunt was playing the piano. She had come back from dinner with my philosopher uncle. He prepared a whisky and went to watch a film by Fellini, just like every Friday. He sat on the armchair in the ironing room and crossed his legs so that the hem of his pants rose up much higher than his socks. My aunt, in contrast, served herself a glass of white wine and sat in front of the piano, which was in the living room of the house on Antonio Varas Street. For days she had been obsessed with a score. She felt that she hadn't managed to get it completely right. Before it was Rachmaninoff, now it was Bach. LA – SI – DO – SI – LA– MI – SI – SI – MI – LA – LA – MI – LA – SOL#, she hummed as she drew lines on the paper with pencil.

She was doing that, totally absorbed in playing, in being able to interpret the piece to perfection, in judging the precise amount of pressure she must apply. Precise, precise, neither uselessly stroking the keys, nor plunging into the instrument without mercy, she had to arrive at the exact point, at *phronesis* as her husband would have said laughing, while she took small sips from the glass leaving light traces of lipstick. She kept underlining blindly, her long hair covering her gaze from time to time, her curls weaving round her arms, and she pushed them aside the same way she touched the keys. It was marvellous to see how she moved on her bench, how she was possessed by happiness itself, how she was possessed by the music, the movements, how the music and herself became one. Imagine her and the score as one, her fingers stretching out every time she approaches the perfection of the interpretation, when a hard knock comes on the door. They knock

with madness, it booms, it echoes, my uncle appears
with a face of horror, his whisky half drunk, pale, he
doesn't know what to do, he is a child who has no
idea where to run. They ram down the door and six
guys come in, leather jackets, inflated bellies, white
shirts, jeans, brutal, kicking, destroying, my aunt runs
to see the children, they immediately grab my uncle
and knock him to the ground between the three of
them, they tie his hands and put a blindfold over his
eyes, my aunt runs upstairs, runs to see her children,
she tells the oldest to take care of his siblings, they
should hide under the bed, *please don't come out, please
my darling don't come out don't come out from here, it
doesn't matter what you hear, don't come out, don't come
out, don't come out*, my desperate aunt does turns at
the edge of the staircase, go down or don't go down,
if she goes down they'll come up, if she doesn't go
down they'll also come up, thousandths of seconds
of keep going up or don't go up, but hardly does
she feel her foot showing signs of going up before
she hurtles herself the other way, running down the
stairs, finding her face against the fist of the one who
gave instructions. She lost consciousness. Later she
would find out it was Basclay Zapata.

*

Ten days later they were thrown out in the vicinity of the National Stadium, on Campo de Deportes street. It was beginning to get light, the curfew had ended just a short while before. They were forced to walk without looking back, their hands on the backs of their necks. Her gaze was lost, she felt she'd arrived at the end. He had no expression, only icy sweat. A shout ordered them to kneel down. They did so. They waited in that position, him with eyes squeezed shut, her with eyes very wide open.

After a while he turned around trembling, and the soldiers were no longer there. He came up to where his wife was and took her by the arm, and together they walked to their house. He never left the ironing room again. He took refuge in his films and the ARTV channel. She, in contrast, cut her hair with decisive snips and never again played piano at the house on Antonio Varas Street.

Is there anything beyond death?

*Óscar Barrientos*

*Heart of Latex*

What you see here, a square chin, perfect baldness, the face of an articulated action figure, thin lips that will never sketch a smile, ears so round that they seem those of an alien, doesn't have a name. And I suspect I'll never have one. Those who created me forgot to label me. Monkey, athletic boxing mannequin or punching dummy might perhaps define me. Although in a strict sense my technical data sheet would read as follows: Century Bob Training Bag, highly resistant plastic covering, filled with high density foam. Weight 270 lbs, 7 height adjustments from 60 to 78, 125 cm to 198 cm.

Despite my muscular trunk, my shoulder blades worthy of an Olympic athlete, my perfect pectorals and my abdominal six pack, I have neither arms nor legs. Nor do I need them. I am a monkey made of maroon-coloured rubber, perfectly amputated and embedded. My limbs have been replaced by a base in the form of a spring that contains the weight.

Just because I do not have a name does not mean I do not have a past. My origins go back to the city of Cleveland in the state of Ohio, in the heart of a crowded and desperate industrial estate. Once I emerged from the big uterus of the factory, I was packed up and shipped in an airtight coffin via Panama until I arrived in Santiago de Chile, and from there I headed to the region of Magallanes and Chilean Antarctica. During that journey I only heard voices, the confused expressions in dialect of something that doesn't matter.

I was acquired on the internet by a professor of martial arts living in the city of Punta Arenas, a smiling guy with a Russian last name who has flags of the United States, Japan and Thailand printed on his T-shirt, since he practices combined techniques of full contact, kickboxing and *muay thai*. His academy is on Quillota Street, in the middle of the Croatian neighborhood, and is an old yellow tin house that was formerly a fruit shop he himself looked after. The dojo has a tatami and boxing ring. The walls are papered with posters of combat idols and with gloves, paddle sticks, protectors and shields. He also has a display cabinet of trophies, scraps of triumph, fragments of glory.

Nor should you believe my supposed immobility is an end in itself. My weekly routine is very intense and can be defined as follows. The students greet the teacher with reverence and pronounce the word 'os', a term that translates as consent or the clearest signal that you are prepared to learn new lessons. After that comes jogging, crunches, push-ups, back stretches. This is when I come in, as the maestro explains to them by using the zones of contact on my body most likely to cause damage to the adversary, as much in the street fight as in the ring. I receive elbow strikes and kicks in the ribs, collar bone, abdomen. On Mondays and Wednesdays a small group arrives made up of guys who are a little older, university students, contractors, over-forty fathers with family and stressed young professionals. On Tuesdays and Thursdays more than thirty people come who are somewhat more violent, employed as dockers, construction workers, warehousemen, truck drivers or guys who pack up boxes at Walmart. Even violence is classist at the moment of delivering punches.

So that the simulation of the fight is sublime, the soundtrack from Rocky I, II and III sounds from the speakers. Although my favourite is *Eye of the Tiger*. When I receive the blows, I mentally recite the lines: 'It's the eye of the tiger / it's the thrill of the fight / Risin' up to the challenge / of our rival / And the last known survivor / stalks his prey in the night' *jab and cross* 'Risin'up, straight to the top / had the guts, got the glory / Went the distance / now I'm not gonna stop / Just a man and his will to survive' *jab and right uppercut* 'Face to face, out in the heat' *jab, jab and swing.* That's how I spend the afternoon.

If my body were not this paradox, if I didn't have a heart of latex, if everything were not a permanent anaesthesia, I am sure that the left-handed punch dealt to me by the individual with a shaved head, tattoos on his body and the look of a skinhead, would hurt a lot. If I had legs and arms, my reply would not be given in kisses. But I am the angel of self-control. I have now learned that a new model has appeared called *slam man* or boxing bag, with a human appearance that comes equipped with a computer featuring eight LEDs, so the training session consists of punching following a sequence of luminous targets as sensors detect the impacts and can calibrate themselves with three levels of sensibility. One of these, I suppose, will replace me when I retire.

During one round, a soldier of the Pudeto Regiment said to me: 'And what are you looking at, fucking communist?' I would have answered him: 'Your face of an idiotic and brainless thug.' But I don't have a face. It's also useless to explain to him that I was born in the cradle of the capitalist empire itself, that if anyone was born of the free market it would be precisely me, that I am the representative of the simulation. What do I know about Das Kapital, the 18th Brumaire and Che Guevara? Nothing concrete, only that in rubber and plastic dwells the knowledge of the world, the disposable wisdom adopted by all of the futile ages. Read in me the primer of the useless.

Some call me 'stubborn monkey' because of the whipsaw, since I always come back after the blow. At bottom I am like them too, in stubbornness. In other things as well. There is so much that we wanted to be, yet we are only railways sunk in water, because happiness does not square with the design of our existence. So, as the priests say, 'Ora et labora'. My work consists of returning with complete inertia to embrace the fist, to deny the existence of pain.

I heard one of the boys comment to his teacher that when he was a baby he was about to die due to a cardiac failure. He was miraculously saved thanks to the prayers his mother offered to Saint Sebastian. For his sake, to this day the lady travels every year to Yumbel to fulfill the promise for the favour granted. While they were speaking, I imagined the martyr of Christianity, the saint from Narbona who rejected the idolatry that pagan rites implied and preferred to be tied to a post to surrender his body to the punishment of arrows, rather than renounce his faith. Thus the Christian Apollo receives the distress of others, and in return delivers to them a miracle. It is curious that although we both know so much about the geometry of pain, I envy his fate. Perhaps because I cannot give back anything.

Life, I suppose, is to some extent the repetition of the same vices.

I also hear them plan their barbecues for the weekend, and then the students who beat me are submerged in the smoke of firewood just as in the thick fog of an identity that is also simulated, where they can even take pride in a Croatian ustacha ancestor or Chilote strike-breaker or torturer, because he came from far away, with one hand in front and one behind, to establish business and agriculture in the middle of an expanse that looks like a lunar base. I am also a pioneer. In the same way I came here from far away. My business is to receive blows.

When the lights go out, I remain alone in darkness. Sometimes I talk with the posters of Bruce Lee, Chuck Norris, Jean Claude Van Damme, Jet Lee, Steven Seagal. Our silence is a dialogue, since they are also silent, the representation of someone who embodied a character. Something like me. If I had tears, I would cry. On the weekends in winter, some youths can be heard in the darkness rapping on the street corner, in the middle of the snow, like they were New Yorkers. Ah, how I would like for my heart to break through the plastic, so that I could go out with them to enjoy the outdoors as a gremlin of the suburbs.

Sometimes my eyes face the window. I manage to see a star. I believe it is God. I offer him my prayer that before the junkyard and cessation of the kiss of knuckles arrives, he will take my soul for a few minutes to the paradise of articulated dolls, to achieve eternal life, fulfillment, anything.

*Natalia Berbelagua*

*The Origin of My Words of Stone*

A great storm came that for several days prevented me from working in the garden. There were days I was fine, but others came that filled me with panic. I began to drink a mix of herbs brought from Lima with the aim of helping with my uterus and the trophoblastic disease. At night I fell asleep with some warm cabbage leaves on my belly, and the next morning I went to bury them on the patio.

Going to bury them was now quite a complex affair, because it seemed that the world was going to end from so much rain, and the trees at the start of the forest made circular movements and dangerously approached the house. The writing desk was in a direct line from its trunks, so there was nothing for it but to confront my eternal fear of death. I turned off the music and dedicated myself to watching the dance of the branches, and if I could not bear the anguish, I went to sleep covered up to my ears, so as not to keep thinking.

When I read *Writing* by Marguerite Duras, I was living on the fourth floor of an empty house. The apartment was a metallic box that the wind banged on all sides, and out of fear or courage I sat in the kitchen with the music turned up, watching the movement of the street from inside that birdcage. I remember a phrase I wrote during that period: *The only thing that made her think she was alive was the music of the power lines.* The high tension was left behind after an involuntary intoxication with termite-killing gas and plans to leave the country which I never made concrete. Duras said in her book that you should never show your writing to lovers or husbands. I remember as if it were a curse how I gave one of my stories to read to a scientist from Guatemala, a specialist in trees. We saw each other for the first time at a party when a crowd threw me into his arms, and that weekend there I was, publishing an extremely melancholy book that would seal the fatal sequence which for me would finish off reading. Not everything was so bad. We spoke for several months, several times by telephone, when he confirmed for me that a hallucination of mine with amanitas muscarias was real. The roots of trees contain electricity and are interconnected beneath the earth.

To read Marguerite Duras makes you want to attach yourself to a treatise of solitude, as if she were your neighbour who drinks with the window open and practically doesn't eat. I remember a passage from one of her books where she says that she did not play the piano when she was alone, and that if she had been a professional she would not have written. I know what she is talking about, because sometimes I think that my fingers have a life of their own, moving of their own will beyond what I desire or expect of them. When I do not write for three or four days, they become rebellious and resist pressing the appropriate keys, or become rigid like two ballpoint pens. Rafael told me once that a first keyboard had been created which was much quicker and more functional than the one which became popular, but that due to medical questions it had been left aside, because it was so quick that it could cause damage to the phalanges. Maybe I should treat my hands with more affection. If someday they were to decide to grow independent from me and make my life miserable, I wouldn't even be able to scratch my eyes out.

After the medical matters I returned to town with the renewed energy of wanting to live and with fingers not used to the keyboard, so I took up gardening again. It was a long weekend, so there was somewhat more activity in the town. Young couples circulated in pickups trying to find pieces of land to buy, to whom we didn't give any information out of suspicion.

Things with Rafael were as good as when we'd first met. After the turbulence of an uncertain flight we came to know one another in depth and enjoyed every moment together. I knew that our life was also an extension of the place where we were living. And so on just another day, the discomfort of being a citizen of nowhere and the fear of oblivion went away. The work of pulling out weeds made me love the land, and the roots after the rains were docile with me. They came out on the first attempt, and those owners of the space succumbed to my precise movement, three blows of the metal.

I didn't realise how my strength and that of the earth itself, which seemed to want to be reforested, were contributing silently to my becoming attached to life. Florencia wrote to me to comment on the advances in her reading of Sylvia Plath's diary, and her reflection was that she just like me, that is, we, a certain kind of women, were travelling in a direct tube towards death, but my stomach, which had a new vital force, brought me to answer her that even if the experience of travelling through that tube could be translated into that of having been born in the spiral of a black hole, something could be done about it.

For me, a descendant of dentists, having a molar pregnancy was the clearest sign that my attack on myself came from a time before I was born. And in the word etymology, the discipline to which I turned for my psychoanalytic analyses, half the word molar was enclosed, sheltering within itself the origin of my words of stone.

That weekend, before going out to look for wood a few kilometres from where we had a reserve, I opened the dictionary of symbols by bibliomancy, and what I was looking for appeared. I read with an opening of the senses and understood that the stones are alive, that they should not be engraved, for in so doing they are profaned. Here is the tragic destiny of the sculptors, and the reason why women who are ill like me have the possibility to heal by rubbing their dying part with a stone, to enclose the curse within it.

We left the house and took the motorway. On the road I saw some chickens about to peck at ground glass, which made me think of transparent eggs. When we arrived at the site of the reserve, by chance we met Alicia, a woman from around there famed for being a witch, who had some lands that we were going to buy. She appeared out of nowhere, as if she had no path, and in her right hand she carried a bucket with freshly gathered yellow mushrooms. She was a version of me, Mapuche and illiterate, with eyes like two almonds, an angular face and thick hair. She greeted us and began to speak in the stream of men and women of the field, the blocks of speech that do not allow for conversation. She spoke of how she would no longer knit socks to sell because mushrooms were more lucrative and made her get out of the house. Then she spoke about lawyers and judges and negotiations over the lands, about her ill son on whom they wanted to place a restraining order, about medicines, damp wood and other things. She asked only if we were a couple and said it was good, that Rafael was a good age for it. Before going I asked her about herbs that helped with problems of the uterus, and she mentioned pennyroyal, sage and white mint. Once we had loaded the wood, as Alicia kept talking, holding onto the other side of the bars like an animal from the zoo, we descended along a different one of Rafael's suicidal roads to reach another deserted beach. Some yellow and pink rocks received us, and the sand was full of quartz and white foam. We sat on one of the rocks to watch how the tide rose. Not long after that, it began to rain.

When we began to climb up the hill transformed into clay, my cell phone went crazy and received a message from my mother, which included some nonsense letters, the emoticon of a sweating face, part of a number from her identity card, and a field and boxing glove. I turned off the telephone, because it seemed to me more a virus than a premonition, and walked towards the car. Rafael wanted to take a photo of the content of the suitcase, a mound of stones, wood and some knots of algae we had made ourselves. I settled in behind the glass. That was when I thought Alicia had come back to say goodbye or continue her monologue, and on the other side he turned around because he had felt the same thing. But I only saw something human or inhuman and transparent pass, and we were left astonished by the idea that the rumours might be true.

When I turned on the telephone, I called my mother from outside the bakery to ask her if she had something to tell me, but she only told me about a dream that involved several of my cousins. One of them said that the others, who had all been dead for years, were now going to arrive. I listened to her until the end, and also about the new worries about her health. I didn't say anything about the boxing glove or numbers. My new attitude involved a certain distance from the primordial uterus, from which I had detached myself thirty-three years before.

*Juan Carreño*

*from* Budnik

*Friday June 21, 2012 2:14 am*

I quit the pizzeria because I was alive and one day I decided just to fling the shops, garlic breads and pizzas at the heads of all those motherfucking rich people, I fantasised about staining their clothes with balsamic vinegar and giving a flying kick to that old prick who yelled at me YOU WILL ALWAYS WORK AS A WAITRESS!, for having answered him that if he was so hungry, if he wanted to eat so quickly, he'd be better off going to a macdonalds and not dicking around in a shitty restaurant like this one, but no, after having thrown the receipt on the ground he asked me, cockily, drooling, the son of a bitch, are you angry because I didn't leave you a tip?, ARE YOU ANGRY BECAUSE I DIDN'T LEAVE YOU A TIP?, that's why I rushed out, because I'm alive, because I want to be alive, red with shame and fury I left the cellar where I held back my tears, I threw cold water on my face, I looked in the mirror and decided: I left in the direction of the pizzeria bar, I told negro John to give me a bottle of jim beam, that the boss had sent for it (that revolting fascist coke addict), when he handed it to me I said goodbye to him with a kiss on the cheek and went out running into the street, where all the buildings, the tallest and most enormous in Latin America, reflected the light in a violent way, the phallic architecture of the businessmen and their mirrors was blinding, they, dog's pricks, owners of a country where once a week they play Chileanness and the breeding of racehorses, all of them belong to a strict genealogical tree, the most distinguished horses in these lands, the reflections of themselves, yes, purebloods, cold, and what vertigo to see all of these people dressed in the same way, men with cream-coloured shirts and cloth pants without tears or frayed threads, everything sewn in Vietnam but represented as mother's homespun with Aryan faces in publicity campaigns, because the whole fucking Chilean family reflects itself in the advertisement, in the spaces of power, which reproduce themselves through inbreeding, with the instinct of a weak-bladdered wanker poodle, because this is Sanhattan, the head of the spear, the tip of the beak where the owners of everything relax, those stragglers in experience who work in these buildings where it has always cost me an infinite effort to imagine life, 'are you angry because I didn't leave you a tip?', what does it matter to me that your son has delayed fifteen years to buy his career in medicine?! Go to McDonalds if you want to eat and swallow something quick like all the motherfucking pigs in this area, but here the image of a pitbull that murders a dog springs at me, and I, lying in the grass on the banks of the Mapocho, along with the workers who during their hour of rest smoke Paraguayan weed, took a few gulps from the bottle, shyly, like an animal in danger of extinction drinking from the well, but with a certainty of the laboratory and a plastic flavour (this whole space is full of cameras and control), and toasting to negro John, who once tried to seduce me at a party on September 18, toasting to Don Miguel, the night guard who looked after the pizzeria, who always took a few shits on me when we saw each other in the mornings, toasting to the bomb put on the monument to Jaime Guzmán (the pizzeria is at least 100 metres from there), and I asked God and Satan, the Syrian and North Korean people, and all of us who in some way make up the existing universe, for a suicidal saint to take over a plane and smash against the Costanera Centre, destroying all the birds who go around trying on dresses or looking at themselves out of the corner of their eye in the mirror (except my friends who steal from the stores), I wanted all that space, the axis of evil in Chile, to collapse, I exercised my mind in the chaos, I needed violence like the wealthy need losers, I toasted to the Peruvian drivers, to all of the immigrants who work and suck dicks and make the owners of Santiago gleam, to the Colombians, Cubans and Haitians who disembarked in this port naïvely believing that with a cell phone or pair of shoes they would leave their colour, smell and poverty behind, I toasted to the Mapocho river that drags along all the shit of the upper neighbourhoods to the putrid heart of the city, I toasted to all the athletes disguised as athletes, to all those walking their dogs, and I wished them illness and cancer, I wanted them to cry when they got out of the showers and saw their material finitude, I wanted them to realise that from the height of their positions they were making mincemeat of those below, the same ones who when separating the head from the body deliver the heart on a platter, despicable supermarket guards who so many times touched and hit me when they caught me with bottles and cheeses under my jacket, I toasted to all the girls and guys who grew up alone in their houses because their parents came back late to eat and sleep with the TV on, because I was lying on the grass, facing the river, unpredictable god, and the sky was the closest thing to a medusa in decomposition, a whale's tear, I spit on the ground, I told myself that never again would I get involved with them, that everything was over, archived, I felt myself throwing all of my experience into a meat processor, I didn't want to see more owners, office workers, secretaries or teenage clerks, I was the closest thing to the Behring Strait at that gleaming moment, I felt that I was letting pass the migrant beasts, with unheard-of seeds stuck to their backs so that they would go find death in the cunt of the world, at the end of the chilli pepper, clenching their teeth as if they were the owners of a secret (which was the only thing that would allow me to be an owner), I told myself that never again would I serve them food, never again would I take away their dirty plates, never, starting that second, would I go back to smiling for a tip, because I realised that I was alive and breathing, that I had consciousness of the air that was entering my lungs, I thought and the chemical formula of my eyes no longer seemed to correspond to the forms outside, I hit my head with my hands, I said to myself Anita, fuck this shit, and I was toasting to my hands and legs, to the paths of the desert that lead towards the jungle and horror, when this guy came up to me, a kind of secretary or accounting intern who sleeps with his mother, a lot of gel, a lot of Axe, to ask me why are you crying, my girl, and I said, what do you mean crying, you motherfucker, don't you see that I'm happy?, and not even the lack of stars in the city made a dent in my spirit frank with hate and love of violence, I walked through Santiago as in a moonwalk, with steps that were extremely long and slow, I wanted a kiss and a hug, above all a hug, bougainvilleas or forget-me-nots, I wanted to be with my friends, homosexuals, drug addicts and lesbians, and to shout, I wanted them to bite my heart and for everything to gush over me like a bread with too much avocado, I wanted to hug a couple of girlfriends and cry as I sang, but I only found myself on San Antonio Street, jammed with civil servants and workers going back to their homes with bags in their hands, everyone with plastic bags, as if they were carrying pieces of a corpse, a collective homicide, I'm never going to have the money to pay for the bus, I told the old lady dressed in yellow who monitored the payment for the transport service, I am never going to be either the richest or the poorest, she answered me, shrugging, resigned, like a poor pregnant schoolgirl, I let one or two buses pass, thirteen or fourteen more, all full, fogged up, perhaps you know what the gaze of a pig's head in the shop window looks like?, and I kept giving my soul to the bottle like a cowboy before the final showdown, never again would I see those faces with whom I had once worked as a waitress and whom out of error I had confused as friends, a certain bluffing commitment resulting from the sentimental education demanded of those of us who always walk away, those of us who always have to say goodbye, because something tells us now kiddo, if you go on with the show you'll rot, worms will break out from your face, either turn tail or forget your dream: to arrive at the path where you are, you must abandon the route you have chosen, there isn't any backwards or forwards, nobody will come see you off at the station, this is the technique of divers or parachutists, hygiene in the void by those who can't put up with things, who really can't put up anymore with the succession of time and faces, you have to leave, Anita, loss is the only thing that belongs to you, and taking refuge in my stolen bottle and low tolerance for drink, for a long time I watched the passing of buses I could have taken, a kind of unrivalled metaphor at that very moment, until night, hunger and the dogs defeated me, I climbed into a bus, and here I am, sitting in the back, at the end, smoking Paraguayan weed with street vendors who call me my girl, as if I still had snot hanging from my nose, they give me sweets with caramel and nuts, I give them some of my drink, which they end up finishing off for me, what do you expect of men, a guitarist accompanies us with Sun and Rain and outside the window of the bus, which is the most faithful to my dreams, fog covers everything, factories, street blocks, graffiti, while I try not to sleep, though for a long time now everything has seemed like its opposite, because my name is Ana Rosa Tapia, I live at Stop 30 in Santa Rosa, on Venancia Leiva, in an apartment, alone, an orphan and ex-worker, an actress, twenty-six-years-old without theatre work for over two years, two years of waitressing part time until today, when I decided to tattoo myself with a knife and fire so that I wouldn't sleep to forget the dream, so that I would stay awake to disappoint those motherfucking fools who invite me to their houses with the naïve hope I will suck their dicks, ay, Anita, do you eat with that little mouth?

*Juan Ignacio Colil Abricot*

## My Friend Marinao

My friend Marinao has a cart from which he sells hot dogs and drinks. Sometime late at night I've thought of going to talk to him, but something always holds me back or makes me forget to do it.

I met him several years ago when we were working at the same place, but our friendship started one day when without warning he sat in front of me and asked me to write his story. He told me that he had tried to write it several times, but had never managed to finish a phrase. I know that you write and need you to help me, that's what he said. Tell me your story, I replied to him without much faith. He started to speak in a shy voice, but as the minutes went by he began to gain confidence and his tale started to fill the office. He spoke to me of his youth, of his years at a technical high school, of his friendship with a guy who was also rejected by the rest of their classmates and with whom, in the course of school routine, he went about becoming friends until they got involved in theft. At that point my curiosity awoke and I felt myself a real writer. A bit like Truman Capote with *In Cold Blood*.

His friend showed him a green hundred dollar bill and told him that he knew where there was more. Those words were enough to open a window. They planned the robbery with the calm that only two sixteen-year-old boys can have. Sometimes they sat in the plaza and drew the blueprint of the place on the earth with a stick. Other times they just walked through the passages of the slum tossing around vague ideas and imagining a life of luxuries.

It would be a travel agency located in an elegant neighbourhood. They began to observe, take their time, count the people who worked and their schedules. They found a partner who was an expert in locks, and in talking and planning, the days passed until the final moment arrived.

They met in the afternoon at a park a few blocks from the agency. They almost didn't speak. They waited until nightfall, they walked the blocks that separated them from their objective and entered the place. They discovered a heap of dollars, and then a janitor appeared whom they had never considered. An old man who threatened them with an push broom as old as he was. Without thinking too much they threw him to the ground and stabbed him a couple of times, then gagged him and shoved him into a bathroom. The old man hemorrhaged blood for a few hours. They put the bills into their bags, while they thought of the life opening up to them through that window sketched by their naïve minds. When they left they thought that everything had been a masterstroke, the perfect act. They did turns in a Mercedes through Santiago as dawn arrived. They laughed, looked at one another and began to laugh again. They thought of looking for a whore and celebrating their new life in a big bed with a bottle of champagne. They thought of the clothes they would buy. Marinao also thought of purchasing himself a radio cassette player and spending his afternoons listening to music. The streets began to fill with a cold light, and this Santiago in the middle of the '80s seemed to them a city that was calling to them out loud.

They were caught within hours. They never found out where the police came from. Out of the blue they saw themselves surrounded, pushed, aimed at with guns, defeated. They were knocked to the ground. They hadn't even managed to spend a single bill. There was no whore or celebration or radio cassette player. The window that had been glimpsed closed with a slam. Marinao was sentenced to two years. In prison he lived through everything. He didn't tell me anything specific, but this everything included beatings, fights with metal-pronged sticks, guys who burned others with boiling water, mass violations, days of solitary confinement, the complete menu. I didn't ask for details. Two years. He told me with pain, and then silence took hold of him for a long moment. Two years and I'm still not eighteen yet. My parents spent everything to look for a lawyer. They lost the house and won the contempt of the neighbors. The lawyer entertained them for the first months reading them civil codes and talking to them about similar cases. He made them sign papers, he set appointments in dark offices in the centre. Then he disappeared. It was hard for them to realise that the guy had swindled them, and I was inside without being able to do a thing, without anything to offer my parents who were burning with shame and rage. Marinao spoke with his eyes fixed on a point beyond me. He spoke as if he were in an open space. Freedom arrived to him unexpectedly. One morning he simply found himself in the streets with his hands in his pockets. He told me how he looked for work, beat the streets in search of something, faced dozens of interviews and tests, and of course always came up empty. His years in prison followed him and would not let him go. Nobody was prepared to run risks.

Once he falsified the facts in his papers, the doors to an honest job opened at last.

I tried to write his story for a long time. I made two or three attempts that I didn't like, and he didn't either. But this didn't matter to us since we became friends, or something like that. Later he left his job and we only saw each other a couple of times over the next few months. On one of those occasions he told me that something had happened to his daughter, he didn't give details but it awoke old phantoms in him. He looked bad and seemed nervous, tired. He spoke to me of his childhood and his old man from Puerto Saavedra or some place nearby. He spoke to me of hills and the waves that lashed the coast. He spoke to me of rain and closed skies. He told me the story of his uncles and what they'd done to him when he was a boy. He spoke to me about scorn, about taunts. He told me he was afraid to see them because he might kill them. There was no drama in his words. I told him not to do it, it wasn't worth it. I thought that I should say something to soothe him. Something to allay his impetus for revenge. I don't know if he understood me. I think at last he was able to think of the matter with more calm.

The last time I saw him was by chance. I bumped into him on a street in the centre. He was coming out of a bank. We spoke for a moment and he told me about the hot dog cart. He told me that he was working at night now, and that he wanted to talk to me. I told him great, that one of these days I'd stop by. I think that a couple of years have passed since that meeting.

*Matías Correa*

*from* Self-Help

Before discovering self-help, even before getting used to his new face, Genaro met Delphine. He came to know her in Leuven, just as he had come to know painting, and learned to be comfortable with that French woman who wasn't worried about make-up, psychoanalysis or black-and-white films. She was from Marseilles and was in Belgium finishing a master's in biochemistry. At the university library, they sat ten or so seats away from one another every morning from Monday to Saturday, always occupying the same places.

When she leaned her head over the thick books she was studying, her black hair swallowed the little light that was in the studio. Delphine had pale skin, so much so that when she leaned over the table, the white back of her neck looked like a mannequin's. Genaro said she was pretty and tiny, petite:

'She seemed to be waiting for them to wrap her up like a surprise, with ribbon, gift paper and everything.'

After some time, instead of landscapes and portraits of philosophers, Genaro began to fill drawing blocks with the sketches that he made of her. He began with pencil, first with her neck, and part of her back and shoulders; from there, with Chinese ink, he finished her hair, and later in his dormitory, using watercolour paints, he coloured in her nose, eyes, lips, whole face and ears. One day, as he was drawing her, Genaro discovered that he was being spied on from the other side of the table they both shared. He turned completely red, blushing so much that he started to sweat. She noted that he was nervous and smiled again, and Genaro hid behind his notes. He asked her name before leaving the library. After that came a coffee, a couple of outings to the cinema and some parties with people whom Genaro no longer remembered. The first kiss they shared was in a student bar where groups of novices chanted the names of their respective fraternities in unison.

The two were still not yet twenty-five years old, and the first time they took off their clothes, one winter afternoon, Genaro understood that, enclosed in physical events, the most revealing experiences can be shared without the aid of a single word. Neither in the head, nor on the tip of the tongue, nor least in the heart: feeling survives on the surface of the epidermis. He had this epiphany in the room that Delphine rented, wrapped in sheets, in her bed. Resting between Genaro's legs, she gave him lessons on the layers of skin that separate the body from the rest of the world, the endocrine and nervous systems as well as the neuronal pathways, those maps inadvertently traced in the cerebral cortex each time one repeats behaviours, words and gestures, like when the same kisses are attempted with the same person.

'That lasted,' Genaro confessed, 'until Delphine came with me to Santiago, after the defence of my doctoral thesis. We managed to live together here for two and a half years. Maybe a little less.' He paused. 'One day she asked me to forgive her: she had fallen in love with a colleague from work. I asked his name and she gave me back the keys of the apartment. Now they live together in an ecological community, on the way to the Cajón del Maipo.'

I wanted to put my hand on one of his shoulders, to conceal with a gesture the silence that floated between us. Instead of this, I opened my mouth and in a reflexive act heard myself say 'Whore', after which the absence of words went on for even longer, until he replied:

'Whore... I don't know, I don't think so. They married, they have a daughter. I hired a retired cop to make inquiries. Her husband is named Pedro

Pablo Cerda. A pharmaceutical chemist, who's now forty-three years old.'

I asked if he had ever dared to confront him:

'Because you must have done something.'

'Obviously, almost,' he answered, stammering. 'One day I waited for him on the highway in front of the plot of land where they lived, and followed his pickup until I got to a campsite. He was alone when he got out. I wanted to hit him and stayed in the car with the windows closed, waiting. When he came back, the guy was holding a little girl's hand. She was tiny and extremely pale. She had a birthday hat on her head and was carrying a bag. Full of sweets, I guess. I began to cry right there, roasting in the heat, sweating, with the motor turned off.'

'Whore.'

'Yes, whore.'

*

In the course of the following events there is no originality whatsoever, and what my neighbour did was not intelligent either: like the faked funeral of a great aunt or an invented cold, Genaro transformed Delphine into a poor excuse to avoid some of his most urgent obligations: eating well, sleeping for uninterrupted stretches, working, keeping himself alive. My neighbour had decided to kill himself gradually for a woman who did not love him:

'After explaining herself to me by email and yelling at me in the face, Delphine told me in clear Spanish over the telephone: 'Genaro, I don't love you anymore.' That was a Thursday. My vacation was ending. The next day I left for the countryside, where my grandfather lives, in Pahuilmo. From there it's a two hour trip. An hour and a half if you take the coast of Peñaflor. My grandfather is a farmer and widower. A crafty man. Between the two of us we made a barbecue at lunchtime and in the afternoon we went out to hunt rabbits. He asked after Delphine, if we were thinking about getting married. I don't know what I said, but I made up something. That night I drove back to Santiago with three dead animals and a shotgun in the boot of the car.

There still exist newspaper clippings, archives of news broadcasts and audio recordings from the radio. Many remember what happened early that February morning. Everyone has a private anecdote about the episode. Mine occurred in the bathroom of a McDonald's on the highway, the one next to the Shell on Route 68, on the way to the coast, just before crossing through Lo Prado tunnel. There were only a few cars on the double lane towards Santiago; if I hadn't made the U-turn, it would have taken me under twenty minutes to get home. I wasn't hungry or thirsty, but I wanted to pause, clear my head. Forget her, stop thinking of the boot, the rabbits and the shotgun.

It was night and from the parking lot one could hear the sound of the Broadway nightclub, almost a kilometre away from the gasoline pump. Little more than a buzzing, I felt the amplified bass sounds ricochet in the boxes of the speakers, cross the walls of the dance floor and echo inside the car. At the McDonald's of the Shell station it was impossible to sit in silence either. Along with the air conditioning, a song by Picnic Kibun, Javiera Mena or Alex Anwandter must have been playing on an FM radio, but nobody seemed to pay much attention to the music. At that time, past two in the morning, people didn't appear to notice the bloody supermarket bag either, or the black canvas travel duffle that remained on the ground, under one of the tables. There was a indecisive couple in front of the cash register and further back, in the kitchen, a young dark-skinned woman played with her apron, bored with looking at the clock on the wall and counting the hours until her change of shift. Since the place was almost empty, it wasn't necessary to share the table, where afterwards I left the tray with the wrapper of a McFiesta with avocado, a half–

empty box of french fries, a packet of ketchup and a cup of watery Fanta.

When entering the bathroom I carried the travel duffle in one hand and the plastic bag in the other. The disabled stall, bigger than the rest, was empty. A metallic support bar and the comfort of sitting on a larger toilet gave that stall a more attractive look than the rest. What's more, I had come with a lot of things; I needed the space for the rabbits and shotgun. I wanted to avoid the possibility of looks and murmurs about the crazy guy going around in the bathroom with dead animals.

Over three quarters of an hour must have passed before I made the decision to open the travel bag and fit the barrel between my teeth. Just as when one feels the blade of a pencil sharpener with the tip of the tongue, when one feels a shotgun inside the mouth, there is tickling sensation at the back of the neck and chills that advance along the spine. Warning you with involuntary tremors, your body tells you: 'You shouldn't be doing this.' You ask yourself if it is worth it, and that's when it happens: you get scared. You take the shotgun out of your mouth, lean your chin on the barrel now covered in drool and less cold than before; you swallow saliva and remember her, and your nauseas turn into something more than a sensation of acidity in the pit of the stomach: you are going to vomit, you think, and before stepping back, stifling it with tears in your eyes, there they are again: the tremors. You move your shotgun away from you, leaving it centimetres from your face, and, all of a sudden, the false sky falls on top of you. You don't manage to hear the shot. You don't understand what's happening. You don't know that people are desperately escaping from the McDonald's. There's no one in that bathroom to tell you that it's not your fault. Sometimes it happens: the world falls to pieces and there's nobody next to you to hug. It feels like an earthquake, you think before everything goes black, until after a long time a firefighter with the scent of gasoline rescues you from amidst the rubble:'

'Shhh,' I said, 'you're going to be okay. The quake was strong, but don't be afraid, it's over now.'

*

In the first of the drunken episodes that I shared with my neighbour, neither Américo nor his Happy Meals appeared in the building. We had called him by telephone and, while we were waiting, Genaro fell exhausted on a sofa. He was still snoring with a paper bag on his head when I left his apartment; I found his black handkerchief thrown on the ground at the exit to the guest bathroom, where Sandra was pecking at crumbs of sandwiches and the remains of the snacks the host had offered. After going out to the hallway and crossing the few metres that separated me from my dormitory, I threw myself in bed and logged into the computer resting on my stomach. I wanted to find commentaries about *The Man Against the Mirror*, the latest book by Genaro. In the search bar I managed to write 'the man with' and Google automatically suggested four entries:

> the man with
> the man with the **biggest member in the world**
> the man with the **biggest pity in the**
> the man with the most **muscles in the**
> the **contemporary** man

Facing the screen, I thought of Genaro, of his imitation of the elephant man, of the films of David Lynch and of stories that end badly; I remembered my wife, her afternoon Mexican television series and how for Mexicans the penis also relates to shame. I did not need to strain my imagination or allocate to a single person the biggest penis in the world: the mere possibility of a first place for sadness is enough to give one an idea. In any case, I wanted to know what it was about, to know the face of the person who could be more miserable than the rest of us.

I came across a list of ten pages in English; except for three of them, all of them appear in a video in which someone named Mr Mark is giving an interview with his pants below his knees. Before the video ends, the camera concentrates exclusively on his face, while a voiceover says in a Spanish accent:

'Six years of silicon injections have left Mr Mark incapable of having penetrative and oral sexual relations, but he does not complain: he is the man with the biggest penis in the world.'

There is something heroic about a man who possesses a huge penis that serves no use. Like a misunderstood work of art, Mr Mark's grotesque member may be the cause for perplexity, the trigger for bursts of laughter or even the firing pin of shame on someone else's behalf. No matter the perspective that the spectators adopt, what Mr Mark has to offer is a complete spectacle.

*Mónica Drouilly Hurtado*

*The Last Decades of Winter*

1. It was a slow process not to tell each other things, similar to the story about a dog that dies happy in a tub which heats up little by little. We gave the dog the name Duke and in a very short time he came to join the list of fictional characters frequently referred to in our relationship. You were the one who told me that story: a black dog is thrown into a tub of boiling water. It dies quickly amidst horrifying squeals, and without ceasing to struggle for its life. Another dog —white this time— is thrown into a tub of warm water that heats up little by little. After some time, the white dog also dies, in this case without having ever having realised that it was being cooked: it lives happily without evaluating what it is facing, in total complicity with its destiny. I always thought that the white dog was your metaphor to talk about my relationship with money, but now I think that maybe you were talking about the two of us the entire time.

2. I knew that when tidying up I would confront all kinds of terrible things: Things that awaken a beloved memory of the past. Elegant things. Things that can't be bought. Splendid things. Uncomfortable things. Things that have lost their power. In *The Life-Changing Magic of Tidying Up*, Marie Kondo does not stop to talk about these kinds of emotional inconveniences. She is much more practical when she refers to things: she teaches you to detach yourself from objects that have no great importance, such as expired creams or old socks, while you go about leaving things with an emotional burden for the end.

3. My big weekend with Marie Kondo began exactly the way it ended: with you standing on the corner where some time before we had seen a bat dying. I helped you finish packing the suitcase, we had breakfast and I told you I would come out with you to the street. I had to go to the hardware store to buy protective overalls, so as not to get dirty while following my plan of tidying up. In the section with paints I found an irresistible offer: yellow overalls, imported, breathable, water-repellent, with a protective lapel and hood. I also picked up some cloths to wipe away dust and some plastic box organisers to separate out your things, as I separated myself from mine.

In the section with paints I stopped in front of the catalogues of colours. I took out several cards, as if I feared their disappearance if I did not take them with me: in this way I rescued from extinction some thirty pale colours. A promoter approached me and asked me if I studied art. No. Or design. Once again: no. Her gaze weighed on me. I told her that I was thinking of remodelling the living room and still hadn't decided the colour, that I had to convince someone and this was why I needed the colours, since the cards were my negotiating tool. She excused herself in an awkward way but stressed that the catalogues were for clients. Believe me, I'm your client, I told her, without knowing yet that it was true.

When I got home I put on the overalls, which were extremely long, for a person who was some twenty-five centimetres taller than I was. The back came down to my legs and the crotch fell around my knees. It was then that I sent you that message: 'Ready to tidy up, I look like a minion.' After that I put on the hood and confronted our house like it was Chernobyl, hiding behind the cleaning tools as if our furniture, memories and objects were toxic waste, a dangerous biological threat, or as if I were preparing to enter the scene of a crime.

4. That first day of tidying I stopped at a shawarma stand just before getting home. As I ate lunch I looked through the catalogue of pale colours. In very little time I had managed to compile a personal collection with thirty kinds of white. Once, I read that it is a lie that eskimos have fifty words to say white and none to say hello. Among my favourites were: *Prelude to Pink. Pink Prism. Soothing Pink. Mystical Mist. Frost. Unwind. Calcium. Arcade White. Snowfall White. Sentimental Beige. Confident White. Almond Milk. Spanish Sand. Bit of Sugar. Timid White. Pink Mirage. New House White. Sweet Roses. Opulent Opal* and *Melodic White.* I'm still sure that you would have come to like *Confident White.* I separated its card from my personal catalogue weighed down by pale roses and shy whites and kept it in my wallet. I never managed to show it to you; somehow it survived all of the purging processes which began that weekend and still occupies a place alongside my subscriber card to El Mercurio and my ultra-expired university ID, which I use to buy theatre tickets at a 50% discount.

5. The first thing I did after putting on the yellow, waterproof, professional, light, one-size protective overalls was to throw out binders, folders, photocopies and educational materials. Marie Kondo says you

have to throw out all these things. If a course or workshop was good for anything, you already know its contents. If you don't know them, then you have to take the course again. She says that it's a lie that anyone will revise those notes later, that nobody does it and if someone wants to do so, well, that's what the internet is for. It was super easy to leave in the trash that heap of folders about leadership techniques, sign language, astrology, the Mapuche language, conscious cooking, faraway galaxies, administrative challenges in the 21st century, Chilean literature, science and education, Chile-Japan international relations, new media and different kinds of artistic expression.

That was the fate of the material from the workshop of film criticism where we met. Chao Kulechov effect, chao Christian Metz, chao cinema of the auteur. Almost all of those in the workshop were twenty-something journalists proud of their unkempt appearances, their thorough ignorance of how the real world works, and their websites full of banners letting them supplement their incomes with beers and concert tickets. Many of them spent the majority of the session with their gaze fixed on some point of the wall in the background and their lower lip lightly drooping, as if they were subtly breathing through their mouths. The critic who led the workshop invited us to transform the space, and we tried to put the chairs into a circle to play at seeing each others' faces. We ended up forming an irregular horseshoe. Someone let his things fall —a notebook and pencil, let's say—, another tried to be friendly by picking them up, some of us smiled, we introduced ourselves: we said our names and why we were there. The critic told us how each session would work and released us for a ten-minute coffee break. I returned with a little styrofoam cup in my hand and the secret triumph of not having had to talk to anyone. You were sitting in the chair next to mine. I guess you had been in that same place the entire time, though I hadn't realised. You saw me looking clumsy and one-handed and, without asking, helped me to dismantle and reassemble the horseshoe so I wouldn't spill my Nescafé on our things. You were in disguise that day, with that mixture of casualness and sloppiness found in those who spend a long time battling the rites of departure from a university degree.

6. I went back to the hardware store for a couple of tins of paint before finishing my tidying up. The section of paints has something magnetic; it's hard for me to leave it. My favourite chromatic card: P180B. *Guava Jelly*, *Watermelon Slice*, *Pimento* and *Top Tomato* for those people who like to follow diets of colours. *She Loves Pink* could be a website of post-feminist

cultural criticism from a position of irony and camp. *Raspberry Smoothie* and *Sugar Beet* could be flavours of lip balm. *Melted Marshmallows* and *Pink Sea Salt* are somewhat flesh-coloured. Who can have given the name *Positive Energy* to a faded green? *New Day* and *Melting Moment* are also green. And *Sounds of Nature*, I bet you didn't know. *Future Vision* is something like a grey lilac. These things hypnotise me. I read once that the human eye is designed to distinguish thousands of tones of green. I look through the complete catalogue and do not manage to come across a blue that convinces me. Artificial blue is incapable of transmitting the vastness of the sea or the depth of the sky, yet the lemon green transmits to me the flavour of lemonade and the sting in my nose that I feel when slicing a lemon in half. Centuries ago, in Japan, the same word was used to name green and blue: *aoi*. Today, to say green, the word is *midori*. There are people who use this information to claim that the Japanese do not distinguish green from blue. What stupidity to think something like this about a country with four seasons. I prefer to think that for the Japanese, green was for a long time a spectrum of blue. I don't think that I ever talked to you about these things, since to you sight and hearing only mattered in a narrative sense.

7. The second thing I did after putting on the yellow, waterproof, professional, light, one-size protective overalls was to face your collection of films. You had copied the catalogue of a video club in decline, which we found in 2010. They insisted on renting out VHS and their catalogue seemed to have stopped in 1989. You fell in love with the place, with its computer with disk drive and its database of movies and members in a filing system which used cards with worn-out edges, filled in with pencil. You had, just like them: Shady houses and haunted mansions. Mad scientists and doctors. Ghosts and apparitions. Demons and possessions. Psychopaths and serial killers. Satanism and witchcraft. Dangerous pets. Murderers at the wheel!! More murderers than ever!! Superheroes. National industry. Brainless comedies. Communism and political incorrectness. They had to be somewhere. Mondo movies. Japanese animation. Werewolves. Vampires. Frankensteins. Mummies. Zombies. Animations. The series that mothered them all. Blaxploitation. Murderous little creatures. Aliens. Science fiction. Stories from the crypt and others. Degenerate films. Beastly gore. Sexy vampires. Women taking up arms. Cloistered nuns. Thrillers with excessive violence. James Bond/Secret agents. Spaghetti westerns. Catastrophe cinema. Futurism and post-apocalypse. Apes and gorillas. Godzilla

and his friends… Badcops. Women behind bars. Swords and witchcraft. Peplum. Samurais. Viva Santo and Mexico.Yetis and Big Foots. Sequels, sagas and trilogies. Eastern horror. Eastern insanity. Cult movies. Jesús Franco. Joe D'Amato.Tinto Brass. Paul Verhoeven. Abel Ferrara. Peter Jackson. George A. Romero. Darío Argento. John Woo. Paul Nash.

That category of cloistered nuns still pursues me, I don't remember having seen any of those movies. Google tells me that it's also known as Nunsploitation. I never managed to share your interest in B movies. Or C. Or Z. I'm convinced that I tried. I realised, while you were putting away the movies in the organisers I bought especially for your things, that maybe I had poorly understood your instruction manual, that maybe I didn't need to have gotten to know you, that maybe we didn't have to share tastes and interests, that maybe it was enough to repeat by memory some of the facts or affirmations that you let drop while I thought about what interested me. That in trying to get to know you I had fallen into the trap of plurality, creating the terrible monster called us, which made us social equals as little by little it went about dissolving what made us unique. While moving your cloistered nuns and dangerous pets, I thought of how this 'us' was a beast with two heads that could fit perfectly into any of your film categories, and that its great merit had been to finish off both you and me at the same time. In her book *The Life-Changing Magic of Tidying Up*, Marie Kondo does not address any of these things.

8. When you came back to the apartment it still smelled of paint, I felt muscular pains in parts of my back that I didn't know existed and there was nothing to eat in the refrigerator. We left your suitcase by the door and went to a Chinese restaurant. You discovered a patch of *Mystical Mist* paint on a lock of hair that my professional yellow waterproof overalls had not managed to protect. We ordered a B menu for two. One of us said we need to talk. Your fortune cookie said: *Stay true to the dreams of your youth. Lucky numbers: 3; 6; 10; 12; 14; 30.*

*Ricardo Elías*

*A Death by Poor Judgement*

Once my grandfather acquired a pirated copy of *Crime and Punishment* at a street book stall. It was cheap. As cheap as its terrible print job, tiny font and repeated pages deserved. It was a torture to read. My grandfather suffered every time every time he opened it. He swore he was never going to keep that copy in his library. A month later, when he finished the book, he threw it into the fireplace.

The house of my grandfather was cold, its fireplace always had defects. The flue… the shape of the hearth… the damper. Nobody could ever find the problem, but that night, when *Crime and Punishment* went into the fire, the fireplace seemed to revive. It burst into flame like a pyre. It warmed up the house from the living room to the room that was farthest away. Starting from that day, my grandfather didn't stop throwing books into the fireplace. Hesse and Poe make good fire, he said, Hemingway not so much.

'What about works of contemporary Chilean literature?' I asked him once.

My grandfather shook his head.

'Those books don't heat up anyone,' I remember he said.

A couple of years after the death of my grandfather, it was my uncle Heriberto who stumbled into nonsense, though not in the same way.

Heriberto was a fan of barbecues. I always went with him. We talked for a long time, lying down and coughing from the clouds of smoke that billowed from the grill. We spoke of politics, art, history, daily philosophy. We could spend hours turning over a topic and a piece of meat, until achieving the precise point of cooking. Heriberto seasoned each piece with a mathematically exact quantity of pepper, tabasco sauce, drops of brandy.

One day, I don't know how, a book accidentally came to fall inside the broiler. Heriberto tried to save it from the hot coals, but the fire swallowed it almost immediately. It was *The Associate*, by Jenaro Prieto. Casting curses into the sky, Uncle Heriberto told off all those present. Who was the asshole who left this book there; books are expensive; the flare it made shoot up had charred the meat. The complaints only stopped when the barbecue was ready, and Heriberto sampled the first bite.

While he was chewing, his face seemed to slacken, his eyebrows to arch. His eyelids closed slowly, as if he were experiencing an immense pleasure. I was present and saw it.

'I've never tasted a meat like this before,' he confessed.

Starting from then, every time that Heriberto made a barbecue he prepared the charcoal, put the meat on the grill and, at the moment which only he knew, threw a book into the fire. Katherine Mansfield gave the ribeye a smooth texture. A novel by Camus made the flank meat more juicy, not so the rose meat of a pig, which with Bolaño achieved its perfect degree. *The Aleph* by Borges gave the top loin a bit of a smoky flavour, and any novel by Germán Marín a bittersweet touch.

To eat at a weekend barbecue at Uncle Heriberto's house was a complete experience. I don't know how he did it, but the meat turned out incredible. Only once did the celebration see itself interrupted, when Heriberto suffered from indigestion. The cause was a cattle prod of a barbecue with a book of self-help, with neither a title nor an author that I can remember, fortunately.

Months later, Heriberto dedicated himself to trying out mixes: a few little pages of *The Trial*, some short poems by Rimbaud, a pinch of stories by

Cortázar. The result of these preparations cannot be explained with words. You only had to be there and savour them with delight, accompanied by a good cup of wine. I think that this was the beginning of the end.

On 18 September, the whole family got together at Uncle Heriberto's house. There were around thirty of us. Heriberto made an enormous grill, even borrowing an additional broiler from the neighbour. Kebabs, spicy pork sausage sandwiches, filets and steaks paraded past all day long until three in the morning. Dozens of books were burnt in the process. When the visitors had gone, Heriberto walked to his bookcase. He only needed to turn on the light to realise that not a single title was left on his shelves.

Without enough money to once again buy the same number of books that he had owned, Heriberto penetrated into clandestine dens, hovels where several copies could be acquired for not much cash. But these were very deficient editions, and the good titles were in short supply. In a short time he began to steal books from family members and friends. Every time he was invited to dine at some house, the books disappeared. When the invitations stopped coming, Heriberto continued with the libraries. It wasn't strange to pass the front of one of them and see a photograph of his face, under the phrase: 'The entrance of this man is prohibited.' Then the most extreme passage to pathos took place.

He hired a thug with economic needs to obtain a gun for him and train him in criminal techniques. Taking the precaution of using a mask, Heriberto began to rob bookstores like someone who wasn't right in the head. His head was indeed no longer working well. He turned aggressive, nervous. A certain degree of madness, it seems, was consuming him little by little.

Uncle Manuel was the one who made the arrangements. He paid for a lawyer to save him from jail and divert him to a rehabilitation centre for individuals with personality disorders. A kind of insane asylum, but better and more modern.

Heriberto was there for several months, isolated from books. His health, however, began to weaken. His face grew thinner, his eyes sunk and his mood plummeted. Some rare illness must have got hold of him in that place, because he never rose from bed again. I was present the day the doctor said that Heriberto had been moved to a hospital and was in his final moments. That he wouldn't survive the month.

I went to his room. I caught him awake.

'Antonio,' he said, with a raspy voice, 'you are the only one whom I can ask this favour. It is a big favour, a final favour.'

I didn't respond. I swallowed saliva.

'I want you to prepare me a barbecue. I'll tell you how, but you'll have to get hold of a book.'

'How do you think I'm going to do that!' I protested. 'You're very sick, the doctors won't allow something like this.'

'Antonio, please. I know very well that I'm going to die. I ask it of you as a last wish.'

I looked towards the ceiling and massaged my head.

'Antonio,' he said, 'I need you to prepare me a steak with *A Death by Poor Judgement*, by Jenaro Prieto. Please, Antonio. The best book I have read in my entire life.'

A death by poor judgement, I thought. Where on earth can I get hold of that book. Why couldn't he have asked me for *The Associate*, which is everywhere.

That afternoon I visited several bookstores, hearing in each of them what I already knew: the book was out of print, it had been years since it was last reissued, look for it at an exhibition of used books; and this is what I did, with no greater luck. There was no chance. Finding a copy of that novel was impossible. Who might have one? I asked myself, though I already knew the answer.

I myself had an edition of the book. A professor of literature had given it to me ten years before and

I treasured it as if it were my liver, above all for one detail: it was signed by Jenaro Prieto himself. I wasn't going to burn it for anything in the world, so I kept looking. I walked around all of Santiago. I trawled San Diego Street, bookstore to bookstore. I visited several public libraries and the responses were always the same: the only edition that exists is from 1926, and we have never had it.

I went back home. I headed to the shelf of books and gazed at the copy I had kept. I didn't take it out of the bookcase, I didn't even touch it. The only thing I did was look at it for a long time. I searched for a bottle of wine in the kitchen. I uncorked it. I served myself one glass after another just to give myself enough courage to pick it up. When I had it in my hands I read and reread the signature of the author on that first yellowing sheet: *To common sense, with the respect that a frank and decided adversary deserves. Jenaro Prieto.* I went back over several memorable passages of the novel until about six in the morning. I thought of Heriberto and looked at the title again. At the end of the day it's a material object, I told myself. You have always said that it isn't good to cling to material things. Look, see what I'm doing. I'm going to commit the greatest crime I have ever committed only because you asked it of me.

I uncorked another bottle. I looked for charcoal. I cleaned the grill, lit the fire and proceeded. When I had finished I put the meat inside a container. I filled my glass with the wine that was left. I let out a loud grotesque laugh that made the muscles of my torso shudder. I don't remember anything else.

The hangover was harsh the next day. My head felt like it was going to explode. I brought the order to the hospital hidden inside a small bag. I entered Heriberto's room and stopped at the door. The bed was surrounded by doctors, nurses and people with pastel-coloured smocks. When they heard me arrive, their necks turned. At that moment the hangover vanished.

'He just passed away,' someone explained, 'two minutes ago. His heart couldn't take any more. We are deeply sorry.'

I went out to the hallway without understanding what was happening. I went back home with a feeling of incompleteness. I wasn't really sure if what I felt, or should feel, was sorrow, dismay or misfortune, or all of them at the same time. I didn't know if what affected me most was the death of Heriberto or the useless burning of my book. I threw the container with the meat onto the table. The blow made the lid jump and the juicy steak spill out onto it. I observed it for several seconds. My mouth watered, the insides of my stomach churned.

I picked up a fork. I lifted it but when I was about to puncture the meat something stopped me. What would happen if I liked it? Heriberto had given me the recipe before dying, with all the details. I could make it as many times as I liked. I could turn out as crazy as he was. I closed my eyes and made a superhuman effort to contain myself. That is what I remember.

*Cristóbal Gaete*

*from* Valpore

When I started to get bored, I asked for more coke to put up with his ideas. He said it had finished, but no doubt he had his reserve, though there wasn't enough let over to share. With coke that's how it is. He suggested we go to look for more at his house, and we left seeing all those albino bodies for the last time, conscious that there is an iron curtain, a wall between us and them with centuries of distance, although the sex tourists go straight to the pubs on Almirante Montt to look for an indigenous-alternative-artist-waiter-native of the city to screw on their vacations, while they write up reports about how devastated this place is. A simple exchange suitable to the free market and globalisation.

On the way to the limousine the beggars appeared. Phillip threw coins on the ground for them in order to clear the way and continued to do so through the open window of the car. We climbed uphill to his mother's house. He almost knocked down the door with blows. His brother, Pato, appeared with his nose white and asked:

'What the bloody hell are the limousine and you doing at the door if you should be in Europe? And who is that inside?'

'Me,' replied Phillip. 'Do you have a few coins to pay him?'

Pato pushed him, but Phillip ducked and hit him in the stomach. I tried to move back, but he threw me towards the inside of the house. His mother, already awake from the noise, got up to hug her favourite son.

'When did you come back?' the woman asked.

'Yesterday,' said Phillip. 'Give me money to pay for the limo.' The woman repeated 'What?', over and over. Pato let himself fall onto Phillip's back. I saw Pato's coke and tucked it into a pocket. Phillip got up and punched his brother's face. Crying, the old woman gathered coins.

'Open the drawer with the bills!' shouted Phillip.

'It's the money for the month!' answered the old lady.

Phillip took some albums and we left. He passed the driver an album by Flema and gave him directions to keep going up towards Valpore, the final hill in Valparaíso. That was where his dealer of confidence lived. The driver was uneasy due to the eyes that fixed on him from the sidewalks, the shapes that crossed the street without warning and stopped in front of the car preventing it from moving. We got out.

The driver opened his door and the monsters appeared, which Rastelli greeted. They crowded together on the limousine. The driver tried to scare them away, backed up the car and tried to make it leave, but the mouths full of desire, swollen with cocaine paste, surrounded it slowly, piled up on the bonnet and pulled off the wheel rims. The driver shouted. He couldn't flee. He turned the ignition with no luck.

I lost him from sight when I went with Phillip into the dealer's house. The latter looked annoyed at the scandal outside, but without the paranoia of having to play the tough guy, of always fearing a Mexican ambush by the anguished monsters, who now had something for the night.

Out the window I saw the metal plating of a ransacked limousine and a skeleton with the remains of flesh and shreds of clothing leaning against the steering wheel. I listened to the gunshots of the radio taxi that opened the way and parked in front of the door. The eyes of the street vultures followed us as we got in the car. The driver of the radio taxi also arrived plastered, like a stone, and went down the curves at suicidal speed. Phillip got irritated because a pinch of coke fell but when he complained, the driver turned around and took out a pistol. 'I'm not an idiot with a limousine,' he said. The taxi driver in that state was perfect for driving a car bomb straight into Congress, the naval officers or the statue of Arturo Prat.

We got down outside the off-license liquor store and bought a few bottles of wine. A dwarf of a woman with clothing covered in vomit appeared alongside some kids on a bicycle. The little one looked at the bike and told the girl riding it that she looked really pretty. They invited her to climb on. Phillip stopped to look at them, remembered his attempts. 'This is truly the multicultural life of Valparaíso,' he said. The dwarf didn't want to get on, she was afraid of falling off the bicycle. 'Nothing is going to happen to you,' Phillip insisted and offered the kids fifty thousand pesos for the bike. He forced the dwarf to get on and they all moved pedalling away from me. I saw them fall before reaching the corner.

Green and black aviator jackets, Nazi skinheads fell onto Phillip, kicking him. The dwarf was left in the lurch, and the skinheads kept giving it to my friend, for being a degenerate. I saw Phillips's bleeding head on the ground. I took the dwarf as if she were a rugby ball and went off running, dodging the kicks of the bald guys, who were more interested in massacring Phillip than capturing us.

Now safe, the dwarf was crying disconsolately from her fall. A guy with a long coat came up to her from behind and pulled out a hair. He was going to continue onwards with long strides, but I cut him off.

'What are you doing?'

'Do you think that all of this is chance?'

I thought of the cocaine, Mother, the Octopus, Phillip and his family, the dwarf, the Nazis and the legs on the bike, and I didn't understand.

'I knew that nobody would understand,' he continued. 'Why do you think there are so many monsters in Valparaíso? I have cloned them in cycles. With this hair I can construct a handful of them, enough to devastate the Port, but I ration them out so that everything doesn't go to the dogs.'

I remembered the Octopus and everything seemed more clear and more nebulous at the same time. The guy, unhurried, was expecting the dialogical battle, dressed in a coat with nothing underneath; at some point I had seen him at La Universidad bar. I preferred to leave that place, to try to forget; I crushed a popper on my sleeve again and everything turned blurry, the lights gleamed over the shadows that were captured on a wall.

The street was full of monsters with arms raised against the walls, forced by the police. I asked myself if the handcuffs could be hairs from other times, postmodern hairs with adaptable looks in New York style; the sidewalks seemed to me the sea opened by Moses, as if I were gliding silently along a metallic supermarket strip and next to me were the windows of the great zoological mall of the port. I advanced without moving, hardly hearing the babble.

The entire city, the hills, the sea, the cops, the houses and the streets fell around me, and I was the only one left standing. Someone tucked my hand in his pocket. I opened my eyes. It was the Octopus, who recognised me and lifted me up.

'I have coke,' he told me, 'and poppers.'

'I have a thousand pesos.'

'Done,' he said, leading me to a punk with bleeding legs: her period had arrived and she was crying because she had no clients in Punk Rock City, the brothel where she was working. They only allowed her to come in if she arrived with someone, so we accompanied her.

I remembered the time Mother had told the Octopus and me that her period didn't come to her anymore, the days we spent shut in without eating, with glue, poppers, cocaine paste and Paraguayan weed, blowing the smoke into another mouth, into other lips swelled by cocaine paste.

The Octopus gave coke to the punk and me; I gathered my strength to accompany them, hardly enough to make it to an old men's bar. We sat at the bar; the old men looked at the punk girl with hunger; they came up to her and fixed their eyes on her thinking it was five hundred peso wine that spilled from her vagina, from those amber stains on her legs.

The Octopus and I continued alone to Punk Rock City, where an eternal awful show played on the first floor, full of punks. The environment was of chaos and heat. Black shadows and tight-fitting pants went by in front of us, waiting for some decent band to appear that would vomit songs full with cheap wine and bitterness. If we took out a cigarette there, two hundred hands would ask for it, as if we were two gringos taking out a dollar in the middle of a slum.

*Ernesto González Barnert*

*from* Playlist

You can't imagine anyone singing more loudly and desperately than you to 'I Want to Know What Love Is' by Foreigner this Monday at 7 in the morning.

*

The day before you became a mom, you lost strength in your legs. I remember you putting on Memphis La Blusera live, pointing out to me which ones you did and didn't like, as I prepared us a salmon ceviche.

*

To talk you out of holding a cat in your arms, to carefully remove your bandages, to be your walking stick for every trip to and from the bathroom, to clean the living room, to arrange the woodshed as the wind stirs up the grove and the lake, make this Sunday into the nicest day in a long time. And I will remember it when it's not.

*

I don't know why I insisted that you try those beets
I made. You hardly touched them. Beets and carrots
cooked without any seasoning. As if with that mix,
as 'La cosa más bella' by Eros Ramazzotti played
and you carried the food to your mouth, you were
going to heal.

*

In the middle of the night I wake up, go to my
brother's room, turn on the light and ask him to play
'Julia' by the Beatles again. Without saying a word
he slips off the sheets, takes the guitar from its case
and begins. Then he puts it away, and I flip the switch
and remain for a few minutes in darkness. Later I go
downstairs to heat up lunch.

*

Maybe now you understand Liszt when he said he
carried a profound sadness in his heart that once
in a while needed to burst into sound. Perhaps it's
precisely this, one page after another written in a
single streak, just after letting the bag of trash fall
down the building chute. One thud that detonates

another, petty and tranquillising, before the sun vanishes completely.

*

Putting the closet in order, I grab a pullover that isn't dirty but is wrinkled amidst the rest, and discover that it still has your scent. I move my face away and listen as if you were still here: Record that album by Hindi Zahra for me, before you come back to Santiago, my son.

*

To write is to turn down the volume, thinking that someone is calling.

*

I couldn't find *The Songs My Mother Taught Me* in any bookstore, so I'm writing down a list with ours to listen to over and over. As Mauriac says: Death doesn't steal our loved ones, on the contrary, it saves them and immortalises them for us in memory. Life, in turn, does steal from us many times, and permanently.

\*

Don't love anyone, son, who doesn't like listening to 'Overkill' by Colin Hay as it gets dark. Anyone who thinks it's out of fashion and changes the channel if it plays on The Bob & Tom Show, who's never had a night of insomnia or a dead pet, who's never crossed their fingers telling a lie or kneeled over a toilet. Don't love anyone who wasn't, one night or another, a meteorite too fast, too small, that disintegrated before hitting earth. Don't love, little grasshopper, anyone who in the future won't be a part of your imagination, because we are ghosts who appear and disappear, in pulses that sink ever further and with increasing difficulty into the greatest depths.

\*

You chose pears at Juanito market as 'Quién más que yo' by Mocedades played and all at once I was setting the table with my mom, who corrected the order of my place settings. I don't think she ever stopped doing that, since I never stopped making mistakes. There was also the girl from Viña del Mar, who at a campsite in San Pedro de Atacama played that song by the fire. When she finished you didn't know whether to clap or tell her you were in love. To have the same last name was a bucket of cold water. There was that classmate senior year in her jumper always three or four centimetres above the knee, who put that track on a tape called 'For the Future Engineer of Poetry' after I let her read my notebook during break. That's how it is, you head towards one place and end up coming back from another. You want asparagus and you choose pears.

*

A lot of your things ended up in my camera box, along with the manual and other items:

An expired identity card from the '90s, your registration in the electoral service, the sash with which they crowned you Queen at the Agricultural Livestock Exhibition of Loncoche in 1976 and a heap of photographs in which there mainly appear the two of us, mixed with those CDs you recorded and titled in a silly way: *5 Stars*, *4 Leaf Clover*, *AM*, *The Bluebird*… compiled for when you would relax with a drink, joke around with friends, prepare a lasagna, shake out the cushions of the sofa, read your books of self-help or astrology. Songs that naturally I like, and think you do too. We didn't agree on everything. I never saw you alone, for instance, listening to 'Moanin', which is playing in the background now. These CDs make me feel like one of those miners who returns to a closed pit, who refuses to do something other than what he has done for years, day after day, even in dreams. But I don't have recordable compact discs on hand to pull out another from the old furnace of my Mac. Everything is swept away, saved, forgotten on pen drives, hard drives, memory sticks.

I pull out *The Bluebird* and it's just like those days in Temuco, overcast from beginning to end, when you never stopped listening to 'If You Leave Me Now' by Chicago, 'Un poco más' by Claudio Baglioni, 'La quiero a morir' by Francis Cabrel or 'Call Me a Dog'. On the dial one station plays 'A Strange Kind of Love', while 'Si tú no has de volver' by Joe Dassin plays on another. After listening to 'Acuarela' by Toquinho we continued with 'Michelle' by Gerard Lenorman, 'Linda' by Bosé and 'El Oso' by Moris, as if there were no other necessity than to stop doing what you should, and start to live the way you want.

A popular song collection can't leave out 'Sinceridad' by Cocciante, 'Detalles' by Roberto Carlos, a mix by Rafaella Carrá, 'Un amor violento' or 'Solo tú' by Matia Bazar, from the heart of the human heart… A Bluebird like that poem by Charles Bukowski I like so much but refrain from learning by memory out of fear that it's the last thing I say, or because maybe now that I think about it, I never read it out loud to you.

*

I want to be the song you turn up louder on the radio.

*

Mom, will they put me in the line of fire?

*

You came back in a dream to tell me that you're calm and that you'll always help to gather up the clothes hung on the patio. When I woke up, 'Ríe Chinito' by Perotá Chingó was playing, that cosmic and soothing duo, lovely, so very lovely. When it finished, Francisca came in, and as if she already knew, I told her: Let's go.

*

I know there are things I don't have figured out completely but, as Levrero said, who am I to explain everything. Yesterday I broke down when I saw a girl on the bus, no more than fifteen, listening with headphones, that is to say, with elegance and sadness, to 'Minha galera' by Manu Chao. I want so much to listen to it with you while drinking a small piscola. Now, with hands in dishwater, I look for the plug as 'Ave María' by Caccini plays in the voice of Sumi Jo. I woke up past noon with someone stroking my hair. Was it you? Just afterwards I dialed your number and it was busy. I didn't insist. But I leave this message on the voicemail of God. Yesterday I discovered a beautiful song while surfing the internet, 'Be Good' by Gregory Porter. That's all, Mom. I have to keep stirring a tomato soup now, making the croutons. I miss your hand.

*Emilio Gordillo*

*Small Concert for Maturana*

Maturana didn't want journalists or problems, but to get to Chile is never an easy matter. The airport is small and uncomfortable, and the taxi drivers jump on whomever arrives like hungry dogs. From the booth, on the other side of the glass, the customs policewoman revised his passport and opened her enormous eyes without any shame. Behind his father, Roberto told some joke about those the Chilean police will never understand, what do you think, my corporal? Catchphrases of the kind inherited by children of the exiled. Astonished, the policewoman made a couple of calls while the line went about diverting towards other booths, promising Maturana a slow return to the city of his youth. But he had waited twenty years, what were another two or three hours.

One call followed another in the chain of command. Maturana knew better than any compatriot about chains of command. Daniela, his colleague already on the other side, was waiting for him in Chilean territory, and she received Roberto without the scandal one imagines in this kind of situations, as if it were something common, as if they were both used to it. In the meantime, in the limbo of customs, Maturana was cordially invited to a special room.

Three hours later, the woman stamped his passport without saying 'welcome', without that affected tone with which those who return are sometimes received.

The Ubillas and Aliagas embraced him and brought him directly to the General Cemetery. There they found his mother, who after thirty years was still working amidst the tombs.

They ate at a restaurant called The Drowner of Sorrows.

*

This is everything I know about Maturana's arrival. He told this to me at a barbecue held by some friends the same weekend, at the Ubilla house, out in Rengo. The winter still hadn't ended, but that day gave us several hours of sun which revived the grass and the trees of the central valley. There I found him, with a big table of food, many family members and friends, wine and therapeutic jokes about the past, under a vine, with the very green Chilean countryside in the background. The truth is, it was a horrifying image. The Sorrow of estrangement, the return, the Chilean countryside, the vine arbours, the changes, the stillness.

Maturana spoke slowly. He had the gentle joy of someone who knows there is no rush. He looked happy, one noted it in his gaze and his way of balancing himself: his hands holding his back, a certain way of centring his body with complacency. A certain way of letting things happen. A certain way of contemplating. We talked about politics and his form of referring to it was strange. As if he preferred to do things more than talk about them. We spoke of Chile, of the Shining Path and Peru, we talked of Europe and the changes he saw in Santiago. His friend Alfredo raised his glass of wine, he loved to make toasts. He gave a speech about friendship and love, smiling with his eyes, with that coquetry his daughter, Paulina, had inherited. He talked of the occasion on which he had to keep pamphlets at his house in Rengo, about how a small town could be a big hell, but above all about community, friendship and love in spite of distance, in spite of the years. Everyone clinked their glasses with emotion and took out ponchos and blankets. When they no longer sheltered them from the cold, they decided to go inside. We sat at the table near the fireplace. Only Maturana's most intimate circle remained.

Someone said that I played the guitar, and looked for one. Without knowing how, I found myself at the head of a large table. I wanted to leave. I was an intruder, and the afternoon of that peculiar day hemmed us in. Half-drunk, they passed me the guitar, and told me: come on man, play us a little song.

The requests followed the usual repertoire of the most old-fashioned leftists. Inti-Illimani, said one and I played 'Landó Zamba'; Víctor Jara, requested La Flaca and I played 'The Plough' and, just in case they were left wanting more, 'I Remember You Amanda'; the Captain asked for one by Silvio Rodriguez and the truth is I had already forgotten all of them. But the mind is fickle and the memory of the body said the opposite, so I played 'Oil Painting of a Woman with Hat', though I would have preferred to play 'Where Do They Go' or 'Of Absence and You', which I played after that. And now with this song, many grew emotional, above all when Silvio said 'I keep going to Teté week after week, do you remember that place?', but they became most emotional of all with 'Song of the Chosen One'. Maturana enjoyed the music without saying anything, with a generous smile, sitting to my left.

You are the chosen one but the rocket smashed you up, shouted a man sitting at the other end. He looked like the brother of Daniela, the husband of Maturana. Physically he was the closest to Maturana. They both had that robust build which military training gives. On the other side of the table a reply came from La Flaca, who seemed to know him very well: Who would think of giving a rocket to a seventeen year old boy, Captain? Maturana, for her part, remained placid, watching the chords, listening to the sound of my voice.

The gun of the future was missing, someone shouted and several burst into laughter.

With that, one wouldn't fail, said the Captain.

The gun of the future was the NGOs, Captain, said La Flaca.

Watching all those ex-guerrillas, not so aged, and sniffing out the traces of their personal conflicts amidst the jokes as they sang songs older than they were, I understood that I was only there to play for Maturana, but he gave up his turn and someone else said that of course I had to play one by Violeta — just like that, without a last name. My body now responded automatically, it began to set in motion all those lost memories which I had renounced out of fatigue or weariness or, simply, because they were not my own. But I played. I sang 'What Have I Gained from Loving You' and then 'Above, the Burning Sun', and then my favourite, which is 'The Exile from the South'. I played and sang with what was left of me, doing so for Maturana, who had a very small smile on his face, and remained silent. And maybe, as I did so, I thought of what Maturana had been like when he was young, and how I was now ceasing to be so. His son was also smiling, though without singing, and I noticed that his face was very similar to that of his father, to the photos that I had once seen in the newspaper. They also had the same sense of humour, as one could intuit from a photograph that Maturana had requested a policeman to take in his days as a guerrilla, crossing the border between Argentina and Chile. The day of the attempt —I thought— Maturana was the same age as his son. I imagined him at seventeen years old, and also imagined the Captain, who seemed his double, his negative, and was now asking for another by Pablo Milanés —who frankly gets on my nerves—, I imagined the Captain twenty-six years younger, ordering the chain of command in which Maturana was the one chosen to load the rocket launcher. To load did not mean to load, because in Chile no words are stable. To load meant to shoot. I imagined him rounding it up in a parish of Recoleta, amidst the poor people that the Captain and his companions in the MIR needed.

Between jokes, the truth appeared. Everything was revealed amidst the teasing of those old friends. The Captain said: now then Maturana my friend, it's time for the rocket. And La Flaca nodded, launching an explosive joke at the Captain and asking me for another, now by Quilapayún —whom I have always refused to play—. But this is why I was there. This was my mysterious destiny: to be the one to count the syllables, to sing. I remembered myself at eight or nine years old, watching the news of the attempt on television one night, and I launched into one by Quilapayún with all the feeling of disgust it gives me, like the disgust now given to me by the songs of Manuel García and their clichés. Because Violeta Parra is one thing, and Quilapayún quite another. And so, between song and song, I told them that in Mexico, Paulina had invited me to see them, and that at the end of the concert at the Metropolitan Theatre, the lights went on and it surprised us to see nobody was there but little old grandpas, that is, elderly people. Paulina smiled and said yes, as if she were remembering something beautiful, but for me that image did not only provoke tenderness, but also disturbed me. A table of elderly people in exile raising their left fists, singing the closing song: 'The People United'. And that song, which seems to me really great, but has been so fucking overhandled, was one I truly never play, truly not at all, not even when they beg me. But Maturana smiled in agreement, so I went ahead and played it. And it didn't bother me. I was giving a concert for Maturana and now it was all the same to me what they requested. What I didn't know, I invented, and everyone kept shouting, which for them was like singing. I was exhausted and euphoric, above all because something told me that if I could just resist, at some point Maturana would ask me for a song.

Some began to say goodbye, with the fire that goes out after singing, after a life remembered in songs. They stood up from the table and hugged, to leave that Sunday in the countryside. After a joke by the Captain —a joke that led one to understand that this seventeen year old boy, who had missed the coup de grâce against Pinochet, had married his sister at the High Security Prison before negotiating the Sentence of Deportation— Maturana looked me in the eyes with the calm of a lake, or the calm of one who has understood that everything he had before is not lost, and said there was a song: it was not Chilean but Argentine, and it spoke of a bear. A bear they had caught and sold to a circus, or something like that, so that this bear spent its life between prison and performances, until one day somebody left its cage open and the bear escaped until it found a forest, or all of the forests, and nothing else. The bear disappeared into the forest. What was the bear looking for? Time. The mornings, said the song. The only thing the bear asked of life were the mornings. Because a place is no good for anything without time to inhabit it. The bear said that he was already old, but that now, at last, the mornings were his. A naïve song, of course, that I played when almost everyone had now stood up, and the Captain said he had to go because a pile of work was waiting for him at his NGO and Monday is always a heavy day for office workers. I sang 'The Bear' for Maturana in front of only a few people. I played it with all the dignity that was left to me, which was not a lot because it didn't earn me a peso, I had just lost a baby, or a fetus, or an embryo and I was absolutely lost, and now I wanted to leave Chile for the fiftieth time; but I sang, while I watched Paulina, and in the silence I started to say goodbye to her too. I sang 'The Bear' for Maturana and had to look at a fixed point to hold back the tears.

I swallowed them and kept singing. And maybe the song took him to where.

*

I saw Maturana again two years later, but don't know whether to say so is convenient to the form of the story. My sense is that it will make it seem even more false.

Two years later I was waiting for a flight to Mexico, standing in line for the check-in, and it surprised me to see him with his two sons and wife, since when I had asked him if he would stay, he had replied with a strange gesture that I took to mean no. But they were at the airport, and only then did I discover that they were moving in a block. Maybe it was my imagination, but I remembered Maturana that afternoon in the countryside, his wife near him, his children shielding him, then Maturana at the table, the song and his children and his wife surrounding him but without gravity, rather like the celestial bodies that rotate around a planet. Orbiting stars. I wanted to come up and greet him, to know if he remembered me, to request a photo for this book and ask him about his mother, but sometimes human relationships do not end well. So I stayed in the line and watched them all look in the same direction, like a constellation that gathers to avoid something very cold. They moved their hands like someone who is saying have a good trip, waving goodbye to someone who was already lost behind the glass of customs, whom I could not recognise.

*Constanza Gutiérrez*

*List of My Humilliations*

1.— My older brother:

In my family we have an incredible piece of luck, a
blessing beyond compare: my brother is a genius. His
name is Nicolás and he knows everything. Sometimes
we sit at the table, my Mom, my Dad and me, and
we talk about his feats as we smear creamy spreads
on saltines and sip sparkling drinks. There was the
time when he was still a boy that they took him to
the doctor and, clever and charming, he corrected
the diagnosis of the paediatrician, with success. He
said that it was pneumonia, not bronchitis. He had
read the symptoms on the internet. When the story
came to its end, we all exclaimed together with a
roar of jubilant laughter: 'He was right, the wondrous
child!', imitating the technical doctor who checked
the exams. There was also the time he corrected the
pronunciation of a German word by the wife of
my uncle Carlos, who had been exiled in Germany.

And he received the best marks in his course when finishing his senior year, and got 812 points on the university admissions test in Language. He missed it by so little. I got 477.

It was Mom who had the idea for the two of us to take the car. I suspect that she wanted us to spend 'family time' together. It's eight hours from Temuco to Castro, and only Nico knows how to drive. My task would be to talk to him for the entire trip, keep him awake. Before letting me get in the car, which wasn't his either, he spread a little cloth over the seat. Everything smelled of Lysoform. He forbid me from leaving on Alejandro Sanz, which was playing on the radio, and I spent the whole trip looking for topics of conversation that he didn't loathe: football was fine, so long as we talked about his team, the University of Chile; film was fine too, but never romantic comedies; feminism was alright provided we accepted that prostitutes, vedettes and porn actresses work in those fields because they enjoy it, not because they are victims of anything.

2.— The town where I grew up:

The emotion I feel when I go back to Castro is strange. Where does it come from, I wonder. I can't explain it to myself: my little heart beats the same way when a man I like a lot holds my gaze, as when I walk up O'Higgins Street for the first time after a while and the familiar buildings and signs begin to appear. In both cases I die of emotion anticipating what will happen, but in Castro nothing ever happens.

How wonderful it is to enter Santiago de Castro, once the main city in Nueva Galicia and today the capital of the Greater Island of the archipelago of Chiloé: across from the Enbecka hardware store is the shop of used clothing with no name, where I bought the prettiest dress of all my teenage years. There's the television station crowned by its flashy antenna, which captured any channel except the good ones. The majority were Argentine: the channel of the 'department' of Río Gallegos, or Magic Kids, which was a Japanese series identical to the Power Rangers, but older than it. Unlike the gringos, who closed the story at the end of each chapter, this one had a continuity which due to the bad signal I could never follow.

The first school where they kicked me out. The building of the State Bank, behind which I gave my first kiss to a chubby skater nicknamed 'piglet', a romantic interest which I never wanted to admit to my girlfriends. The Plaza de Armas, once beautiful and full of trees, was now only a square of cement.

The municipality, where the same man has been sitting for twenty-five years.

When we got home, my dad was waiting for us with a freshly made lasagna. Nico said he wasn't hungry and went up to drop off his things. I was thinking of doing this too, when my dad told me that my room was now occupied by Glenda, the ten-year-old daughter of his partner. I went to sleep in the living room. I could write on the table in the dining room, but had to clear it before each meal and share it with Glenda, who played with some little houses there similar to those of Polly Pocket, and put together puzzles with images of European castles.

3.    My body:

I wasn't aware of the existence of my own materiality until I was eighteen years old, in Santiago, precisely at the moment that a creep inserted his penis into me. I tried to feel something more than a slight discomfort, but there was no chance. At least I felt something. The insignificance of the boy in question did not make me laugh or feel rage, but only seemed to me one more example of the wilful self-humiliation to which I have submitted myself my entire life. His name was Francisco, he was twenty-five years old and he still lived with his mother, but she was travelling. We did it in his room, after a concert by the Pet Shop Boys —to which he invited me because they had given him tickets at work— next to the room belonging to his grandmother with Alzheimer's, whom he had to look after. I greeted her when arriving and said goodbye to her in the morning before I left, because she wasn't going to remember it anyway.

Now I am full conscious of my twenty-five-year-old body: after eight hours in the car I could hardly flex my knees —yet at the same time, the only thing I wanted to do was move them— and I know that sleeping on a sofa means I will spend the entire next morning with an aching back. So quickly does one deteriorate. I think of my Physical Education classes handing in excuses, of the membership to a gym I paid for and never used, of the ex-boyfriend who climbed hills whom I never accompanied anywhere. Long mental jump: I think of the time when, during a class trip to the beach, a classmate discovered that I already had pubic hair, and told me: 'Clean yourself up, you still have sand below.' Those were my first hairs, just barely showing.

At night we played cards, more to amuse Glenda than anything else. I was sleepy at eleven, but everyone went to turn in at one. Then I could set up my little bed on the sofa. When I woke up, I could hardly move my neck.

As always, in the morning I went with my dad to the market (on Saturday) and the mass (on Sunday). I passed by a kiosk to buy a lighter. La Meche, the historic owner of the little stand, asked my dad: 'Is this your daughter, Don Raúl?' and then, looking at me: 'How teeny-teeny-weeny you still are!' I stood on my tip-toes to reach the lighter she offered me, and tested if it worked. Yep.

4.— Living (it's the most dangerous part of life):

I called my best friend, Paula, to ask if she had also come back to Castro that summer. We agreed to meet at six, for a beer at the bar in front of the plaza. Inside, everything was the same as always: the same weak light, the same pictures with Germanic motifs. The black stuffed chair. The same televisions, maybe even the same music videos. When Paula came in they were playing 'Never Said' by Liz Phair. The first thing I saw was her characteristic long messy mane of blonde hair. Then her languid walk of a drugged greyhound. We greeted each other happily, and began to complain to one other.

She had broken up with her boyfriend and he had got back with his ex. My ex was now with a girl who lived in my building. 'I bump into them every other week in the elevator.' She hadn't found work as a journalist, in those days she was a secretary at her dad's real estate company. Embarrassed by the cliché, she told me that she served coffee and answered telephone calls. I told her, and this time I was the embarrassed one, about the success I had achieved compared to hers, writing only the horoscope for the newspaper. I opened Astrology Zone and read the final summary of each sign. Then I summarised it even more. I always improved the one for Virgo, my mother's sign.

In reality I do more things, but I didn't want to tell her. Sometimes I even sign my articles.

She invited me for a smoke, we paid the bill and left. It was eight at night on January 20 in Castro, the peak of summer in our hemisphere, and we were wearing jackets and long pants. I took out the lighter I had bought from La Meche and told her what she had said about my height. Paula looked down from her 1,75m towards my 1,59: 'She still calls me Carla.' Carla happened to be the name of the ex/current girlfriend of her ex.

5.— The return trip:

Carmen, Glenda's mother, is a romantic woman. She requested my dad to ask her to eat out on February

14 and is always listening to Radio Pudahuel. Glenda, who still has not defined her own tastes, is like her mother: a girl in love with love.

We go back to Temuco in the car of Carmen, who all of a sudden had to travel to Concepción. Nico abstained from spraying Lysoform. As soon as we got in the car, both of us in the back, I saw that in the shotgun seat Glenda was digging around in her backpack. After a while she took out the Huawei cell phone she had been given for Christmas and said that she was going to put on music.

'Can I see what you have?' I asked.

I knew that Nico was going to die: the only thing there were albums by Alejandro Sanz. Glenda had sixteen gigas, but she only needed four to upload the discography of her favourite artist. The rest were unnecessary, just as life after adolescence was for me. She even had the first album, when the singer called himself Alexander the Great: I smiled to see his little hat, his bullfighter's jacket over his T-shirt with a smiley face, his pale blue jeans.

'Do you like Alejandro Sanz?' asked Carmen, dying of laughter, knowing what I had found on that cell phone.

Carmen explained to us that she liked him, but Glenda was fanatical, and that both of them knew all his songs by heart. I looked at how many minutes of Sanz were in the cell phone: sixteen hours, twelve minutes, eight seconds.

'Nico hates him.'

My brother didn't even look at me.

'You hate him, Nico?' asked Glenda, a little offended, looking at him from the front seat.

'No, no, of course I like him.'

'Which is your favourite song?' I asked.

'I don't know? I like them all.'

'Do you like "You Were a Piece of Ice in the Frost"?'

'Yes, it's really great.'

'That one's by Chayanne, idiot.'

'Heyyy, stop it. How could I hate him!' he answered, looking out the window. And after a few seconds: 'If when Zamorano played for Real Madrid, he partied with him.'

*Rodrigo Hidalgo Moscoso*

*Apá*

Now, as I write this, the painful clumsiness of the index finger of my left hand no longer bothers me so much. I sprained it on Monday when I was goalie, and since then I've been unable to play football. To the relief of more than a few, I will not be able to play the guitar for some time. But just because I've ruined a few phalanges doesn't mean that I'm going to start on the topic trying to feign an understanding 'in my own flesh'. I'm not that brazen. The connection is perhaps vulgar and has to do with a certain black humour that made us split our sides laughing after the mentioned fateful football match. It is probable that someone will find everything that follows really bollocks. But as the dermatologist said, we'd better get to the point.

That day, after changing my sneakers for shoes, and for my part with my finger in an improvised splint, our group of sportsmen headed out for the usual third half. For the lay reader I will clarify immediately that ever since I have known it, mini football has been played in this and no other way: with a third period that settles the result of the match and that is of course played at the nearest bar. So there we were, in the traditional dive 'Bahamondes' Place', when Don César Albornoz asked us if we knew what a spastic was. No idea. Spastics are people who move like this, said César, and he moved as if he had Saint Vitus's Disease or something. I suppose that it's a neurological problem of the central nervous system, not of muscular control or anything like that. A terrible illness. In reality a prudent reader should look in a dictionary to know exactly what a spastic is. I will go back to telling the story. César said:

I was sitting alone in a seat at the front of the bus when, as we were passing Alameda and Av. Las Rejas, some guys lifted inside a wheelchair with a spastic. They settled him by my side and told the driver something that I couldn't make out, but that included Maipú Street and 'a house on Compañía'. It was clear that the sick man couldn't get down by his own means, and that someone should be a good samaritan. I saw it coming, and hoped that this someone would not be me, that this someone was sitting ahead of me, on the other side or behind me. It didn't work out that way. When the bus was passing Maipú and Compañía, the revolutionary moral that our parents have instilled in us made me say to the driver: stop, stop, this bloke gets down here. So there I was, with the spastic in the wheelchair and an unprecedented mission, just because I was in no rush that morning due to boring errands. I told myself, well, let's do what we have to do, in the best mood. I faced the man trying to decipher his destination: where are you headed, mate? His reply was a series of movements and gestures that reflected his effort to communicate with me. At last he stuttered an incomprehensible: 'mmoottherrrfuckerrr!' I imagined that the gentleman was going either to the hospital or some rest house in the area. I set out walking in search of someone who knew the spastic. I asked here and there. Every time they told me 'no, he isn't from here', and he also said 'no', moving himself entirely from one side to another. Then I asked him again, where are you going? And again he stuttered 'mmoottherrrfuckerrr!' After an hour walking through the Quinta Normal, the closest parish and care centres, my revolutionary moral had vanished. The last thing I did was to knock on the door of a random house, with the intention of transferring the responsibility. A lady answered and after listening to me (you know, I've spent an hour on this too and now I'm beginning to be late, do you happen to know where this gentleman might come from?) she started

to try what I had already tried to the point of fatigue.
The answer continued to be 'mmoottherrrfuckerrr!'
His commentary seemed to me insipid: how evil,
how could they put him into the bus like this. Then
the lady excused herself by saying that the lunch was
burning and firmly closed the door. I looked at the
spastic with the most eloquent face that I could. I
suppose the guy must have felt awful, worse than me,
I don't know. Old man, it was really a circumstance
that I wouldn't wish on anyone. All of a sudden, in
a divine illumination, I understood his movements.
I noticed that he had an extremely wrinkled and
sweaty piece of paper in one hand. Don't tell me
that... I opened his fist feeling like a moron, and
read the paper: 'Maipú Street, house of ladies of
company'. I took me a moment to understand.
I looked again at the spastic and containing my
surprise exclaimed, 'You're visiting whores?!' The
spastic then repeated his 'Motherfucka! ucka!
ucka!' with evident joy, jumping in the wheelchair.
I directed myself without further delay to one of
those apartment complexes at the entrance to Maipú
Street which claims the dubious honour of being
one of the cheapest and most dangerous bordellos
in Santiago. I couldn't believe it, but after thinking
about it, now on the right track, I said to myself: and
what about it, why not, the crazy guy is a person

after all and obviously he needs some action. Then I asked him who the irresponsible person was who had sent him to the whores. This time it was clear: 'Apá'. I didn't exchange even a word with the first whore I saw. I left him in her hands, turned around and went out to look for a friend who lives nearby. You don't know what's just happened to me, let's go, let's go, please come with me because I need a good drink, I'll invite you man.

We laughed in good faith at this anecdote, perhaps remembering the multiple wounds that between games we had reported to one another, from my insignificant sprain, to the tibia and fibula fractures of Kokan Iturriaga and Nacho Ramírez, passing of course through the constant dislocations of Mimo, Parra, Pocho, 'the kid' César Albornoz himself telling the story, and Ché Sandoval, who between laughs exclaimed 'What a wanker! Rat: you have to write all this down!' And so I did.

*Luis Marín*

*The Star that Marks the Path*

Proverbs 4, 17

1

Early in the morning on 7 September 1995, a young man named Anselmo Bernedo, an inveterate reader of the Bible and H.P. Lovecraft, felt himself inflamed by an inexplicable rage, saturated by gin and fed by an idea that Lovecraft had applied to the cosmos. In effect, the American writer, whose *Complete Works* Bernedo had pinched from the German Bookstore in South City, maintains that there are an endless number of creatures which existed before subways and watches and even creation itself, which embody the wildest, 'most intense passions' and are struggling to once again take possession of the earth.

Bernedo, whose mother was a teacher who had passed away and whose father was an ex-civil servant of the military government, was nineteen years old and had left high school three years before. He felt that he was an autodidact whose only science was courage and its most undesirable complement: cruelty. His father had taught him, along with the arts of assault and the knife, that there is no emotion more intense and mysterious than horror, capable of disarming anybody and making the world tremble, 'as in fact I verified when I brought more than a few pricks into line', the old man claimed with alcoholic diction, as he looked at the stick with which he had often hit Anselmo and his brother when they were boys, not only for failing to be the most tough, but also for having made an incursion into something as unworthy as delinquency, 'as if your father were not a successful man!' But Anselmo was ambitious and wanted to demonstrate to his father, although without speaking a word to him, that he was also a respectable individual.

His fearful but never apathetic reading of the seventy-three books of The Bible had shown him a God who was noble and vindictive, although terribly just, leaving no offence unpunished. The episode that most impacted him from the Book of Books was the occurrence in the seventh chapter of the second book of Maccabees, which tells of the torture inflicted by King Antiochus on a mother and her seven children for refusing to betray her religion and eat the meat of swine: even after lashing them with the sinews of a bull, and cutting the tongue from one and the scalps and limbs from all, finally frying them in pans, Antiochus could not break their will. Surely those heroic people had earned heaven, reasoned Bernedo, but a verse of that episode managed to contradict this, for in it one of the seven victims, in addition to promising Antiochus the anger of God, said that he was guilty of the horror he was suffering, 'for at some point having offended my Lord, who after death will have me alongside Him'... What then was Justice if even the smallest error could lead to such a death? What then was Justice if there were so many lawyers, libertines, whores and politicians enjoying life? What then was Justice if his crude father, who had applied electrical current, sunk in shit, broken the bones of and even hanged by the genitals more than a few Marxists, was devoted to Our Lady of Mount Carmel and believed himself to have been just in his anti-atheist actions, due to which he believed he was saved? Justice did not exist, reasoned Bernedo, even less for the weak or unfortunate, and a single error annulled the universe, which was the work of an incompetent or heartless god. Because of this, he longed to destroy the foundations of that corrupt order, living by the sword and dying by the sword, to gracefully leave that reality where action was not the sister of dream… which the gods concealed in shadows had destined to those able to see.

2

Angelita Muñoz Segura, seventy-nine-years-old, and Olivia del Carmen Huillipán, eighty-one-years-old, had offered up the the circle of their lives to the Congregation of the Mothers of Charity. For some time they had collaborated at the Bethany Home on Uruguay 950, located a few blocks from Bernedo's house. Does it need to be said that the lives of both of these nuns, who consistently prepared the food and washed the utensils of the old people who lived there, were self-sacrificing and not a little pious? They lived alone, about a hundred metres from the Home, shut away in the midst of a small forest of acorns where a cabin was hidden from the street not only by trees, but also by the thick wall surrounding the property. Few knew of its existence. In summer or winter they got up at six in the morning despite their rheumatism, said their prayers, cooked, cleaned and did some catechism, retiring to their cabin at around five in the evening to pray or embroider until nightfall. They did not watch television, and went to bed early. Perhaps due to their advanced age, this almost absolute reclusion which they interrupted only to make payments did not provoke in them great anxieties, but rather a sentiment similar to happiness: scarcely a preamble to the celestial joys that the Lord would provide for them.

It would have been about three in the morning when Bernedo, drunk to omnipotence, felt that he was fleeing a cry, a debt or a threat of death. Had this come from the Stadium Bar, from the streets of dream, or from the mouth of a river of dead animals? What is certain is that when he had already surrendered to the alcohol, he felt a lust full of fury. With surprising ease he jumped over a thick wall of cement.

3

Over the course of his vast career, the inspector of the Homicide Squad had never seen such a singular crime. The refinement and cruelty with which the sociopath had acted, and his notable abuses, which apart from his virile member (there were samples of semen) included a bronze cross, some sewing scissors, an object with a sharp point, broken bottles and even knitting needles for wool, and extended not only to the vagina and anus but also to the mouth and navel of the victims, filled him to the brim with indignation. And the expert knew that this feeling was a terrible guide, since it prevented him from reasoning like this criminal brother. But what most distressed the inspector, sending a chill down his spine, was the apparent absence of motive. The investigations said it was a single man, young and strong, not seeking possessions or money (what fool would enter that enclosure?) and not even looking to satisfy low instincts (who could excite himself with two old ladies who looked like corpses?) but only to make an impression: to leave an indecipherable print on their minds, and a sensation of disgust and fear. The coarseness of the cuts and mutilations (the eyes of the nuns could not be found) which bathed the cabin in blood suggested the vengeance of narcotraffickers, but who would wish to take revenge on two nuns who had hardly left their confinement? Perhaps a satanic leader with a theatrical sense? The inspector, who was profoundly atheist and had a reputation for being insensitive, felt despite everything an emotion that he had never known: HORROR, a deafening horror that hammered at his brain and yanked him from his centre, making him feel like a child in the midst of a storm.

At the same time, only a few metres from the site of the crime, as in the city the Southern News sold more copies than ever before during its nearly eighty years of life, and a bishop with a white head and tortoiseshell glasses appealed for mercy and asked all of South City to pray, a young man with hair the color of a swan's wing slept like a boy. A few days ago, when it was growing light at dawn and helped by the rain, he had arrived drunk to his house, burnt his clothes stained with blood ('Could this be from the fight with Lucho Sata by the river in Santa Rosa?'), and told his father that he would never drink again. The latter, laughing with malice, passed him ten Alprazolams and urged him to forget this world for a time.

After three days, the dreams of the young man, confused by the atrocious wakefulness of a hammering head, began to repeat their images and shouts. He saw himself as an apostle exploring abysses without return. He dreamed that two pairs of eyes of a lamb examined him from the depths of his room while, walking in the storm and hearing a voice at once precise and indistinguishable, he received the bitter chalice of truth: 'after having destroyed the error of the stars, you will have brought this corrupt order to the safety of a new age of darkness, for you are the solitary star, the star that marks the path, and although they reject you, you will come to impose yourself and be eternal…'

In the meantime, outside, nine malevolent demons wearing bulletproof vests were entering his house through the patio.

*Iván Martínez Berríos*

*'Moving', from* People on the Road

Florencia watched the orange glimmer of the lights of the truck, reflected in the window. After eight hours, the move was at last complete. Pablo paid the driver his fees and said goodbye, thanking the two assistants. Along the hallway that led inside the house, some heavier belongings were still spread out, which the young man had been unable to carry. Pablo arranged them by the door, then began to bring them one by one into the main room.

'Did you count them?'

'Yes, they're all here: Twenty big boxes, ten bags of clothes, twelve boxes of books and the furniture.'

'Did anything break?'

'I don't know. I still haven't opened anything.'

'I'm hungry, and you?'

'Me too, but I'm exhausted. I can put something on bread, if you like. It's late now and there's no shop open around here.'

'If you want I can go out to look for a supermarket.'

'No. Don't leave me alone.'

The house is new, they have bought it under Florencia's name because her salary was higher and she applied first for the subsidy. They didn't marry for the same reason, because they want to acquire an apartment when they give the benefit to Pablo. They have lived together for ten years. They do not have children and believe that it's still not time. Florencia is a journalist and works at a women's weekly, she wants to be a mother before thirty-five because everyone tells her that afterwards it's risky, that the children have a higher probability of being born with Down's Syndrome. She knows this because these are topics discussed daily at the editorial department, but she still is not ready, they have just finished settling into the new house and have to pay the mortage.

Pablo doesn't have a good job, it isn't even stable, sometimes he earns money and other times he has to ask for a loan even to put gas in the car. They have a '95 Chevrolet Monza that they bought used on the internet. With it Pablo takes her to the office in the mornings and goes to pick her up in the afternoons. When they argue, she prefers for him to leave her near a metro station so she can return alone or, if she goes out with friends, asks one of them to accompany her to a taxi.

This is the fifth time that they are changing house since they have been together. They have always lived alone, except a couple of months one year when they put up one of Pablo's brothers, who had just separated. It wasn't a bad experience, but neither of the two would like to repeat it. They prefer to be alone. When they picked the new house they took this into account. Nothing near family or friends.

'In the refrigerator there's a half bottle of Coca-Cola left. It's still cold,' she tells him, handing him a plate with a ham and cheese sandwich on sliced bread.

Pablo settles himself on some boxes and eats, or rather swallows, the sandwich in two bites. He's tired, his arms hurt, but he watches Florencia put her naked feet on the parquet floor and thinks. He watches her pass from one side to another, and crouch down in panties looking for the bedsheets. It's summer and the wind hardly blows outside.

'Will you help me with the curtains?'

Pablo gets up. He's taller than she is. He picks up the curtains and puts them in their place. They are blue, with a white trimming. Florencia chose the colour, Pablo doesn't care about these things. Pablo would have preferred the colour white with little eyelits, or would have asked his mother to make them with an inexpensive fabric. Now it's almost night.

'Do you want to shower first?' she asks him. 'I want to take a bath in the tub and I'm going to take a while. I left clean sheets on your bed.'

'I thought that you'd changed your mind. You said you would think about it,' he answers from the entrance to the kitchen.

'Yes. I thought about it. I think that it's for the best.'

It's the first night in ten years that they will sleep in different rooms. Florencia has set it as a condition before the move. She says that Pablo snores and doesn't let her rest, that the light he turns on to read when he can't sleep annoys her and that the noise of the television wakes her up. Pablo only watches action films and Florencia has a hard time getting to sleep. Sometimes she is about to fall asleep when some explosion, a crash of cars, gunfire or the sinking of a ship brought down by the hero of the moment disturb her, and she has nightmares. She dreams, for instance, that they pursue her and in some cases end up raping her.

Pablo doesn't want to sleep in the other room. He knows that all the reasons Florencia puts forward are really mere excuses. It's been more than two years since they've shared an intimate life. Florencia cannot forgive Pablo for having had what he calls 'an adventure without importance'. But for Florencia it does have importance, above all because the woman

Pablo let himself be swept away by was close to the family and disappeared from one day to another. So Florencia is afraid. She thinks that the other woman will come back one day to claim a paternity by Pablo which will put an end to their marriage. Because, although they are not married, it is as if they were.

At the start, she had wanted to marry and Pablo hadn't. Among his reasons, he appealed to a better moment in the future. He preferred to put if off until they had the money to buy things for the wedding, and to spend the first year in calm. After five years, Florencia stopped insisting. She got bored. She learned to make the arguments of Pablo her own and defended them with full conviction at family parties. Afterwards nobody took the trouble to ask anymore. 'They love each other in their way,' they concluded.

Pablo turns out the lights and locks the front door with a key. He goes to the kitchen for a glass of water and sees Florencia drying herself after her bath.

'Leave the door open a bit because I'm cold,' she says to him as she wraps herself in her towel.

Pablo says goodbye and leaves the door half open. It's not cold because it's summer and the house hasn't had curtains all day long, but he doesn't argue.

He walks through the hallway to his room and lies down on the mattress without sheets. Pablo's bed isn't matrimonial-sized, it's smaller, the whole room is. His things are arranged in a corner, he doesn't have anything more than boxes with books, a small desk and some bags of clothes.

In her room, Florencia looks in the mirror, applies cream to her legs and picks out her pyjamas. Before lying down she leaves her things ordered next to the door. The shoes, a change of clothes, a blanket and small bag with battery-operated radio and lantern. She is afraid because everyone says that a stronger quake is coming than the summer before.

Florencia still remembers that night. The sound of the dishes shattering to pieces in the kitchen woke her up. She was alone. Pablo had an event and she hadn't wanted to go with him. She hadn't known anything about him for hours. She couldn't communicate with him because the telephones had stopped working at that moment.

Pablo couldn't go back home and leave the equipment. In the midst of the chaos he hadn't known who was supposed to pay him either. He had lost all his capital there. What wasn't destroyed was robbed, by people taking advantage of the darkness. At least that's what he'd told her when he arrived, almost at dawn. But Florencia had already suspected that things weren't going well, and after taking shelter herself and locating her parents, she had gone down to the plaza in front of the condominium and helped calm down her older neighbours. When Pablo appeared amidst all those people, she received him coolly, carefully listened to his explanations and asked for his help to order things. She showed no fear, anguish or anxiety.

No emotion that could betray to Pablo how fragile she had felt.

Pablo understood by this distance that Florencia did not believe his words.

On his way to the event, he and his lover had agreed to see one other at a motel at the end of the day. Florencia would not suspect, she was used to seeing him arrive late, for this same reason she had brought herself to accompany him only a few times.

Nobody had thought that the earth was going to shake with so much violence that night. In the darkness, Pablo dressed as best as he could. He thought of calling Florencia but would not be able to explain where he was, or with whom. His lover, overcome by an attack of hysteria, pleaded to him shouting that he take her home. And so he did. He took her to her house on the southern outskirts.

He accompanied her for no more than than half an hour, enough time to drink a coffee. Never again would they sleep together. This was the last time. She said goodbye to him crying from behind the gate and he left in a hurry, so much so that he didn't even see that the boot of the car had been forced open and the equipment taken.

Pablo can't get to sleep. He spends hours getting used to the sounds. All houses have sounds, but those of a new house are different. Florencia, on the contrary, sleeps deeply. Pablo gets up a couple of times to go to the bathroom, passes by her room and observes her. He would like to be next to her in bed. She sleeps, oblivious to any noises.

Pablo doesn't understand at what moment they began to grow apart. In the morning, Florencia prepares breakfast. The sun floods the entire house. The boxes have already been distributed in each room. Pablo hears her and rises.

'Did you sleep well?' she asks, as she pours hot water into two identical mugs that feature their names.

'Yes, more or less. That is… I didn't sleep much,' he answers.

Now they no longer kiss on the mouth when they wake up. When Pablo puts his arms around her waist, Florencia gets uncomfortable. She prefers to greet him from afar, sometimes without looking at him.

In silence, they eat breakfast and go over what they will do that day. Pablo will take care of the purchases at the supermarket, Florencia will revise the inventory and then choose a place for each item.

By the afternoon the house is ready. Florencia places the objects that still do not have a destination in the closets, or in a small storage room at the back of the patio. During the week they will request the installation of the cable, telephone and broadband plans. For now they must make do with the national channels that never transmit clearly. Lying down on a sofa, she goes through channel by channel. Nothing entertains her. At some point she stops on a documentary about animals and falls asleep.

Pablo is on the patio arranging the furniture that doesn't fit inside the house. He goes over the things he has to do the next day. He looks inside some boxes with folders of documents for clients he must visit.

When night arrives, they repeat the same ritual as the day before. They eat something, say goodbye in the living room, and each one leaves for his or her own room. Florencia has two free days that she requested from her vacation time, and will use them to finish arranging the house.

Before going to bed, Florencia crosses the hallway and approaches Pablo to return a book to him.

'Take it. I didn't like it.'

'Why not?'

'I don't know. The stories are absurd, the characters don't do anything. Open endings annoy me.'

'That's how Morel is. Maybe we could drink something and talk about it.'

'Not now. It's late.'

Pablo resigns himself and returns to his room. He goes over a couple of accounts which he will take to pay the next day. In the middle of a book he finds a photo of his lover. He looks at it and asks himself if he would have liked to change anything in the fact that she had appeared. Pablo doesn't want to leave Florencia.

He can't say that he regrets having been unfaithful, but neither would he like to deceive her again.

When Pablo goes out in the morning, Florencia observes him from the window. The house is now ready to receive family members. She wants everyone to come at one time and that's why she has an agreement with Pablo.

Only on the days when his parents from the south come to stay can he return to the bedroom. She doesn't want to give explanations to anybody, much less her in-laws.

The following weekend the house fills with visitors. Pablo prepares the barbecue, Florencia the salads. In the afternoon the men watch action movies, and the women leave in the car to visit the neighbourhood. The first day goes by amidst food, games, movies and the laughter of Pablo's nieces and nephews, who run around everywhere.

The first night, Pablo sleeps next to the window. Florencia prefers the door. During dinner, her brother-in-law had alerted them to an email that was going around, announcing a cataclysm within the following weeks. Florencia sleeps badly, and wakes up frightened at midnight.

'Did you feel it?' she murmurs, waking up Pablo.

'What?' he answers.

'It seems like it's shaking.'

Pablo denies it and in the darkness settles himself again into his side of the bed. Florencia is afraid and only for that night approaches Pablo beneath the sheets, takes him by the hands, asks him to embrace her and falls asleep. They do not make love, but for Pablo it is an advance.

After the visitors go, things return to normal. Pablo settles into the small bedroom and each night, when they get back from work, they have dinner and then separate to sleep.

Once in a while, Florencia arrives at his bed in the night and murmurs:

'Did you feel it?'

Pablo denies it, as always. He knows perfectly well that at night, tipper trucks go by with materials to build the second stage of the condominium. He knows it because he has paid attention to all of the noises of the new house. He only hopes that Florencia will pardon him before the works of construction end.

When day arrives, Florencia returns to her bed or heads to the shower, before arranging herself to go out. They never speak about what happens at night.

Sometimes, Pablo laughs when he remembers, but hides it so that Florencia does not ask why. And if she asks, then he invents some joke that does not amuse her in the slightest.

*Montserrat Martorell*

*'Other Women', from* Before the After

To insist. To find more voices, more stories. To come across testimonies. I was never going to stop this search. I contacted a new woman. Juana is her name. She's almost seventy-three years old and was tortured in the course of her passage through Costa Verde. Her body was not her body. Her body was material, a package passed from soldier to soldier, the last sunset of her humanity.

The only revenge and only forgiveness is to forget, wrote B. I don't agree. I didn't agree when I saw her. When I softly knocked on the door, a fat woman with a dark complexion opened it for me. Come in, come in, the señora is waiting for you in the living room. That house seemed like it belonged to a woman who had traveled a lot. It wasn't by chance. After her tortures at Costa Verde, she left for exile in Paris in 1974. There she met a Frenchman to whom she was married for a quarter of a century, and from whom she had been formally divorced since the previous year. We sat down very close together, in front of a little table. She offered me a glass of water. She had a couple of chocolate cookies. Quickly I put one in my mouth. Not out of hunger, I was anxious. The tickling in my stomach, which in another time we called butterflies, rose up to my throat. She began to talk and ask me about myself, but I needed her to tell me the hows, the whens, the wheres. I needed to put a name on my father. I needed to rechristen him with the force of truths, faces, women who had told me the identity of the raven of Costa Verde.

'You have his eyes.'

I didn't know if I needed to tell her thank you.

'He talked to us about you, about his family. About his wife, his daughters.'

'Is it true what they say?'

'What who say?'

'The women who were tortured by him... I know you were one of them. That's why I'm here.'

'You are brave for coming to see me.'

'And you for receiving me.'

'Your father was one of the most intellectual men in the Pinochet regime, yet look what he did to us.'

'He died six months ago.'

'I found out from the newspapers. I saw the photo. He died like a dog: alone. That was the only thing that mattered to me. I felt they were burying a knife in me.'

'It wasn't really like that. We held an intimate ceremony at our beach house. Many friends and family members came.'

'I guess there are always two versions of things.'

'And I came to your house because I want to know yours. I want you to tell me, to let me know if everything they say is true. I'm devastated.'

'You can ask me whatever you like, Olimpia' — and the letters of my name were spit from her mouth with a scorn that reminded me of the bullying of childhood, the fake laughter, the unhealthy indifference that sometimes overwhelms our adolescence.

The maid came in and set out two glasses of orange juice and some colourful cookies. 'In case you finish the chocolate ones,' I thought I heard.

'You lived in Paris in the '70s. That must be an incredible city to live in for a while. I've never stayed more than four days.'

'It was a sad period. I felt lonely. I didn't even know French. My children were very young. My husband was just another of the disappeared. I went alone with them. They learned the language quickly and began to forget Chile. They didn't know how to speak Spanish. I was isolated for the first five years of their lives. I couldn't tell them anything. We were all blocked, as if in a kind of limbo, an empty land. I had gone to Paris, but my life had stayed somewhere else, in Chile, in a place that I never found again. It's like an imaginary territory that has ceased to exist. It happens to a lot of people... For your father, maybe, paradise always had the name of silence; for me, in contrast, it means meeting with people who no longer exist, dead people who don't stop speaking to me, whispering behind the rubble where life goes piling up, playing in the shadows with my broken identity.'

I realised that Juana had remained in the past. That she had no way of leaving it. That I wasn't with a woman of seventy-three years old, but with the young woman who had arrived in exile many years before, without a language and without studies, having left her degree in architecture half-finished after her husband was killed by the MIR or disappeared by a dictatorship that would not admit anything.

'And to end by forgetting him. His gestures, his smiles, his dreams.'

Transforming ideas into memories and memories into emotions that were so distant.

'I took a long time to forget him. It was hard for me to stop thinking about him. It was hard for me to remember that last time we were together, when we made love with urgency. It was hard for me to let him go. That's what happens with people who disappear. The disappeared. Go tell a mother to forget her son when she has no idea where he is. Go explain to my children that they do not have a father because a system snatched him away from them. Go explain to them not to be bitter, not to bite their nails as they wait for a bone, a piece of dry flesh, a torn-up letter. Go tell them to forget.'

In Paris, once she was settled there, the world received her as a hero. After a few years she met a French politician, structured, full of rules and dogmas and certainties, who probably never made her happy but did help her to forget and change her life and leave behind what she believed was her destiny, an untiring struggle to build a country with ideas that in the long run were absurd, that in the long run were not worth it, that in the long run just the same took away from her what she most loved.

And the tortures. What happened with them?

I can't write these lines without feeling that something is breaking inside me. I can't write these lines without imagining her body and the body of my father and the body of my mother and my body hanging from the ends of a great canvas that is also an exploded crater full of blood and semen, with postures that are not my postures but which I feel because they are transmitted to me, because they come to me, because they split me open and lower me and raise me up and burn me and there is the electricity and the sharp blow and the deep blow and the flame that does not go out and the tongue in the ear and the tongue in the throat and the tongue between the legs, which is not the tongue we want to have, because you are making me do what I do not want to do, which you should not do. My hands disappear, the bruises grow large; the wounds, tiny; earth shelters our body and earth fills us with earth, and earth puts us to sleep and earth moves away from us without us realising that we too are dead.

*Carolina Melys*

*Logbook*

On the road, the posts passed so quickly she didn't manage to count them. They passed so quickly that they formed a single line. A post that stretched out until it reached the next one, and that one to the next, and so on for the entire journey. When Luna stared out the window without blinking, it seemed that the landscape could have been painted with a big brush, which mixed the colours and blurred the hills and trees alongside the highway.

Luna stuck her face to the window, flattening her nose and leaving the mark of her lips. Her breathing rapidly fogged the glass. With her finger she drew a happy face and waited for it to disappear. In this way she passed the time inside the car.

At the wheel, her mother looked at her out of the corner of her eye and offered her some grapes that they'd bought along the way.

'Just one last storehouse left, then we're going home,' she said, trying to get her excited about the idea.

When they got off at the exit, Luna opened her backpack and rummaged without ceasing to look outside. With her eyes wide open, blinking imperceptibly, she began to count under her breath: one, two, three… Taking out her notebook she said by way of resolution:

'I have twelve!' —as she took note of this with calligraphic numbers— 'Yesterday I counted fifteen, and the day before that only nine. My record is fifty-five in a week.'

'What are you doing, Luna?' asked her mother, more concentrated on finding the address of the factory than on her daughter's game.

'They're for my collection, mama,' she answered, without moving her face away from the glass. 'I collect them in my logbook.'

By the roadside she saw men like silhouettes, one behind another. Only men: all black, all young.

Since they had moved to the capital, Ana found herself obliged to take her daughter with her on the long trips that she made around factories near the highway, collecting for a plastics company. The advertisement in the newspapers said that she only needed to know how to drive and have a current driver's license. The aim of her work was —and she noted it on a piece of paper so as not to forget— to reschedule and commit the payment of debt.

Her administration would be considered a success once the money owed was recuperated. Only then would she receive her commission. The base salary was the minimum.

Ana accepted without thinking about it too much, as she needed to work and could take Luna with her while they settled into the city and looked for a school. She was going into the third grade.

Luna was already used to going from one place to another. To waiting for her mother in the car without touching dials or buttons, or to getting out to examine places while taking care not to distance herself too much, sniffing around between the storehouses and workers who said hello or made faces or simply ignored her, absorbed in their jobs. Sometimes, if she was lucky, she came across a baby animal and adopted it for a while as her pet. She was able to give it a name and scamper about with it for a bit, then they were on the highway again.

Once she wanted to take along one of the many stray dogs she had found during the stops her mother made. It had irregular black and brown patches and short fur, and was blind in one eye; she named it Sandwich. Ana was in the office for almost an hour, enough time for Luna not to want to separate from the animal any longer, as she imagined her new friend with her during those long days in the car, or sleeping by her side in a little bed that she would make herself using her clothes.

Neither the speech she had prepared, nor the tears that came afterwards, convinced Ana to take it along. They were not in the circumstances to have a dog, they couldn't take care of it, though Luna swore that she would as she sobbed and caressed the animal. One of the workers whistled and the animal ran off without thinking, without giving her enough time for a last hug or anything else. Luna held her breath, surprised, as with her gaze she followed the desperate sprint of that stray dog which had been hers. She bowed her head and climbed into the car, without speaking.

Luna didn't talk during the entire return journey to the city. Ana drove and hummed the songs on the radio, or told her some memory that came into her head, in a monologue that did not expect a reply. Luna didn't listen to her, or listened but did not give it any importance. Her head leaned on the glass, her eyes were on the road, then suddenly there was a bulge on the roadside. It went by too quickly to see details, but she was sure it was a dog. A ball of fur with earth and coagulated blood stuck to it. She turned her neck to follow it with her gaze. An abandoned body on the side of the road surrounded by trash and rubble.

The weeks passed, and the commissions grew elusive. Before getting out of the car, Ana turned her rearview mirror until she saw herself reflected. She painted her lips, applied blush to her cheeks and curled her lashes with mascara. 'Now I'm ready,' she thought, more as a gesture of self-affirmation than as a certainty. She needed the commission.

She got out of the car without looking at Luna. She checked her reflection for the last time in the window and entered that day's warehouse. It wasn't big, but the debt was. When it had begun it had employed twelve workers, and today there were around thirty. The majority were immigrants who looked in these factories next to the highway for some form of subsistence.

Luna also got out of the car, carrying her logbook, and walked towards one of the storehouses in search of something to write down. She quickened her step, as she imagined some alleged notebook thief. Or maybe some other girl who, accompanying her mother from factory to factory, collected treasures just like her.

She hid behind a few boxes. In the distance, a man raised and lowered a metal iron. Further on, another one sewed large pieces of cloth. He didn't call Luna's attention, since even if she did not quite know what they were doing in that factory, she did know each part of the process.

The logbook stuck slightly out of her pocket. To pass the time, she took it out and, sitting on the ground, checked that no pages were missing. She slowly read names and numbers, as if wanting to confirm that her jottings had not been erased by anyone and that no one had pulled out a page. Concentrating on this activity, she did not notice the presence of one of the workers of the storehouse fixedly observing her.

'You, what are you doing?' he asked her, making Luna drop her logbook to the ground. She stood up as the man with black skin and big shining eyes approached her slowly, as if taking care not to frighten a fragile little animal.

'You, what are you doing here?' he asked again in a Spanish that was exaggeratedly pronounced, leaving too much space between the words.

Luna stayed quiet and did not answer.

'How old are you?' insisted the man, trying to draw words from her.

Luna lifted her hands, and indicated her age with her fingers.

'And your mother, where is she?' he continued, seeing that he was getting results.

Comfortable with the possibility of not speaking, she pointed to the offices that could hardly be seen from the storehouse.

The black man looked around. Making sure that nobody was watching him, he lifted his shirt. At the height of his chest a kind of pouch was fastened, which fit only a few papers and bills.

Luna, who at the start had looked at him with distance, when she saw him take out those hidden papers thought that he also had his own collection. She smiled without taking her eyes off the man's hands, which went searching through his papers one by one, as if counting cards in a deck. He stopped at a photo with ragged edges, and held it out to Luna. The image was that of a girl with very dark skin and hair brimming with curls, tied up in two buns. She was smiling exaggeratedly, proud of showing her teeth.

'Leyna,' said the man.

Luna repeated the name in her head and shyly returned his smile.

Ana's heels sounded on the cement and echoed inside the storehouse. This was the sign she had to run to the car, and so she did. She didn't say goodbye or look behind her. She climbed into the car already waiting for her with the motor running. Ana accelerated, without waiting for Luna to buckle her seatbelt. She was breathing with agitation and as they moved away from the factory, she hit the steering wheel with both hands.

She merged onto the highway raving, in a soliloquy that was more venting than legitimate explanation. She didn't shout, but spoke in an accelerated way, unintelligible at times. Luna checked her pockets and the seat of the car. She was as upset as her mother, though she hadn't listened to a single word she had said. Her logbook wasn't there. Her logbook had been left at the storehouse and she knew that they were not going to return now.

Luna urgently asked her mother for a piece of paper. She took one herself from among the many papers on the backseat. She rested the page against the window of the car and began to write, as if in a frenzied race against oblivion. When she couldn't remember any more, she noted the week's record, reading each syllable that she had written in a low voice:

'Fifty-two plus Leyna.'

She dropped her pencil to one side, folded her paper twice, lifted her shirt and hid it underneath, keeping it fastened using the waistband of her pants. Then she let herself fall against the back of the chair and crossed her arms, as if wanting to make sure that the paper would never move from there.

*Fe Orellana*

*Marina*

When she began to understand the medical jargon, Marina felt overwhelmed by the whiteness of the walls. Her son was sick and the longest life expectancy they gave her was, at most, three years. She was still a young woman and there were no family precedents, no reason that could explain it. Maybe if she had carried out regular checks the situation could have been resolved before the delivery, but such inspections did not exist and Marina only arrived at the hospital to give birth.

The cold rose up her spine and her body filled with silence.

After they discharged the boy, she went back with him to their apartment.

The first nights she hardly slept. She stayed awake, listening to her son's breathing. The two of them were alone, sleeping in the same bed, a deep inhalation, that of Marina, harmonised by another one, practical inexistent. The light from the street lamp entered through the window and Marina took the opportunity to look for a distinguishing feature, a gesture.

Once again she saw a face that was flat and inexpressive.

With the passing of the weeks she discovered several things about her son's behaviour. First of all, he didn't sleep. Every time she looked at him, whether it was during the night or day, she found those small eyes very wide open, observing her. She also noted that unlike other boys, he never burst into tears or looked to breastfeed or, even less, clutched her fingers looking for maternal contact.

Everything that they had mentioned or she had read would happen did not appear in his case. It would seem the boy was incapable of feeling his surroundings or was simply indifferent to the world. Marina thought it was an illness, a symptom they had omitted in the hospital that was now manifesting itself in a sudden form. To test her hypothesis, she began to perform small experiments. Sometimes she pinched his arms and legs or buried needles of surgical steel to stimulate crying, denied him food for hours or opened the windows and left him naked on the bed on the coldest days, everything in the hope of some reaction.

Nothing. The boy remained silent, with his eyes wide open.

This filled Marina with rage. If she had been certain that her son would be capable of feeling, she would have forgotten about his not living long enough, and could have grown attached to him, generating a link despite it all. But no. She was the mother of a sack of flesh and hair incapable of perceiving his environment.

Another aspect, perhaps conditioned by his illness, was that his size increased in a disproportionate way. When Marina had to start working again, her son by far exceeded the average weight. Now his clothes no longer fit him, and there was no way that she could carry him in her arms. The boy clumsily moved his enormous bulk around from one place to another in the apartment, completely naked and knocking over everything that he found in his path. The floor was covered in glass shards, splinters and dishes smashed to pieces.

In time she returned to work and hired a woman to watch over the boy. The woman mentioned to her on several occasions that he was no different with her. He ate out of inertia and stayed there watching her from time to time,  through the rest of the rooms.

A routine was established. Marina left early in the morning and stayed out for a large part of the day, when she could be far from the boy and his eyes that never closed. Now they had almost no contact, and this did not matter to either of them. The boy watched her pass when she arrived, sitting in some strategic place in the living room, not making a sound.

When she came back, the woman gave her an inventory of the things that had been broken, and to relieve herself of responsibility, she always blamed the size of the boy. She was not lying in this respect. The boy kept growing disproportionately. After a year, when he should have measured a little over sixty centimetres and weighed seven kilos, Marina's son was taller than the measuring tape and weighed more than fifteen kilos.

His dimensions could only keep increasing.

At this point, Marina had already lost all illusion of maintaining an emotional link with her son. He did not need her and she could not feel herself linked to him. But one afternoon when she returned to the apartment, Marina noted something new in her home, something heard from the door at the entrance. At the start she thought that it was a hallucination or that it came from another place and had filtered in through the open window, but the laughter was coming from there, very nearby, in her bedroom.

She pricked up her ears.

Yes, it was a boy's laughter. She was filled with hope and fear.

Could it be that her son was just now beginning to feel? Nearly two years had passed since he had been born and the boy had at last awoken from his lethargy. He was laughing. He was a human being and, though little time remained to them, a series of possibilities opened up. Would their relationship begin to define itself from that moment?

But when she arrived running to the room, her face distorted when she saw the red puddle on the ground. All the hopes she had harboured vanished. A strong smell of iron. A stain of clotted jelly that wound a path towards the corner, where her son occupied the whole available space from floor to the ceiling, leaning his back against the entire wall. He was truly immense, as if he had tripled in size in her absence. His mouth was stained with blood and it broke at the extremes into a smile. On the ground was the dismembered body of the woman who looked after him. The boy was pulling out bits of flesh and tossing them into his mouth. It seemed that he was swallowing them without even chewing. Then he laughed.

He swallowed and laughed.

He swallowed and laughed.

Marina's stomach turned.

When he saw her, the boy looked at her as he always did, as if it were the first time she had appeared. Marina took a step back and slipped on the blood. She fell on her back against the floor and stayed there, paralysed by fear. Her son, who was hardly able to control his body, crawled with difficulty towards her.

Marina moved backwards on the ground. The blood soaked through her clothes and she felt it, warm and thick, touch her skin. In front of her was the giant that had come from her stomach. She was disgusted by what she saw, by what she felt, of having brought him into the world. The boy cornered her against a wall. First he smelled her, then he passed his tongue over her hair. It was ragged and moist. The hand of the boy grabbed Marina's leg and lifted it into the air. She had a déjà vu sensation, the same as when they had told her that her son would live only a few years; cold, silence, whiteness.

A pressure on her leg. The boy lifted her up and from an inverted position, Marina heard his laugh. She thought that with each bite, each piece of flesh that would be removed, his reaction would only go about increasing, that everything contained by that boy during the short time he had spent on earth had to be liberated.

Then came the first battering of her head against the wall.

The boy waited.

By the second, Marina had ceased to feel pain, and when she headed in a trajectory towards the third, she had already stopped breathing. Cold, silence, whiteness. It didn't matter. The boy kept pounding over and over until the body of his mother became a puddle of jelly on the ground. Then he turned his attention to whatever limb was left. He crawled towards it and picked it up. The heat descended down his throat, and he swallowed a satisfying piece.

Cold, silence, whiteness.

And the boy laughed.

*Juan José Podestá*

*Ordinary Life*

At the airport I closely observed a woman with red hair: I've always liked gingers, and they have never paid any attention to me. Someone watching would think I was hypnotised, but the truth is that at heart I had lost all desire, or so I wanted to believe. My son and my wife had died four months before in a seaside town in Peru, and now nothing tied me to anything. I left my doctorate, cancelled some accounts —not all—, gave up my scholarship by email and returned to Chile with the only aim of letting time pass, and seeing if at some point the will to do anything came back.

There were two hours until my flight to Santiago, and once the redhead had gone, I stayed observing a boy who worked hard to annoy his sister. I couldn't overcome my will to cry and went to the bathroom. I had lost everything, and in my country, with luck, I would have the friends whom I had left behind; friends whose words of consolation would bore me, as they had already done by telephone. I wanted to arrive, lie down and shut myself away long enough that nobody would ask me anything when I got up.

I saw Juan José Casanello arrive at the check-in area: imposing and majestic, with an infernal boredom (sadness?) on his face. He was carrying hand luggage and a bag for his jacket: the lightest baggage in the entire airport. He signed in, and went to sit down not far from where I was. No doubt my expression wasn't so very different from his.

Sometimes fates conjugate, certain things move and everything ends up being as one secretly hoped. The fact is that Casanello ended up in the window seat, while I was in the one in the middle of the same row. His appearance was that of an old-fashioned gentleman; his clothes were starched, his shirt impeccable, his hands delicate —almost as if carved—, a perfume that I had never smelled enveloped him and a beautiful watch drew the attention of anyone passing through the aisle of the plane. We looked at one other and exchanged greetings like two incompatible row companions. Of course, I was dressed very differently from him: a denim jacket, a wrinkled shirt and some trainers that were far from elegant, which I had bought the first year of my arrival in Peru to study a doctorate in history. I admired his solemn way of ordering a drink, the way he pronounced 'thank you' and his gestures of cordiality to the hostesses. He was not Chilean, and one noted this. Only after a while travelling did I learn that he was Italian; under his breath he had begun to sing a song that I had heard from Professor Rimassa, when we went out to town in the streets of Lima. I told him so, and this was how everything began.

After speaking of some things without importance, almost as if forced to talk, we began to interest ourselves in one another almost without realising, perhaps surprised that anything could draw our attention again. He told me that he was sixty-five years old (younger than I had thought), that he was the owner of a textile business and that he had spent the last twenty-five years living in Lima, where he resided, it could not be otherwise, in Miraflores. I told him what I was doing in Peru, and he was interested very much in the idea of my research (a thesis about the influence of Ricardo Palma on the Peruvian journalistic chronicle). We spoke for a long time about *Peruvian Traditions*, about the life of Palma and Andean literature. He was a businessman, but extremely knowledgeable about literature and art. This drew my attention, for my prejudices and experiences had created an image not at all favourable of his type.

Ítalo Casanello was an enviable conversationalist. He spoke to me about his past in the Red Brigades in Italy in the '70s, about how the police had arrived at his house suspecting that he had been involved in the famous Moro case. The fact is that after this, he went with his wife and son to Peru where, helped by the immense Italian community, he set up a business of fabrics, which was what he knew most about following politics, as his father and uncle had been owners of the textile business. He had never wanted to continue the family business, and in Italy had worked giving history classes in small schools, since he had never obtained a degree. His will for a revolution and his necessity, however, had led him to end up in Peru carrying out the same business as his forefathers. 'You are also a history teacher,' he said to me, 'but I do not have a degree, unlike you, a complete intellectual. I went from being a revolutionary to being a businessman who sometimes converses about history. Or so I believe,' he said, looking at me with a face that, in a strange way, moved me. Ítalo made a small fortune in Peru, and two years after his arrival separated from his wife, who came to Chile with their still very young son. And this is why he was here. He had come because of something that sounded terrifyingly familiar to me: his son in Chile had become a famous rock star, and almost a year before had died of an overdose of cocaine in an apartment in the centre of Santiago. A week later, his mother had committed suicide by taking sleeping pills. Casanello came first to the funeral of his son, who was thirty-five-yearsold (the same age as me), and later returned for the funeral of his ex-wife. 'Now I don't have anybody. There only remain to me my fabrics, my workers, some drinks at lunch and a lover who desires me only for money, which isn't even that much,' he said, with the kind of calm I hoped one day to recuperate. Now he was coming back for something 'very specific', and explained: he wanted to see the apartment where his son had died. The greatest grief had already passed, he confessed, and he was ready to visit the place that he had been curious about for a long time.

'I don't know why my son transformed into an addict,' he said, as if far away. He told me that he had seen him a few months before his death, and that they had spent time with one another like the good friends that they were, since for all those years they had taken care to maintain a tight link, despite distances. They ate pasta like madmen in the apartment of his son, who was coming out of a separation; they sang, cried and laughed as never before. 'I didn't see anything strange, except his appearance, worse than that of the hippies from my time,' he laughed, and his eyes grew moist. What he wanted now only responded to a very intimate and deep desire, 'just to see where the fuck my son died. I have the right to know, yes?' he meditated in front of me. Hearing this intention of his almost broke me.

As things were going, I couldn't lie to him. When I told him the motive for my definitive return to Chile, Casanello simply grabbed my shoulder, as his eyes became as deep as the sky which at that moment surrounded the plane. My story was far more ordinary. A beach, a mother and a two-year-old child who go to the shore to take the temperature of the water; a bitch of a wave, some shouts, a boy who drowns, a mother who tries to save him, a father unconcernedly out buying drinks for them and at the end, the end of it all, two corpses.

The five hour trip to Santiago was brief. At the Arturo Merino Benítez airport we gave each other a tremendous hug after finding our luggage, and when a taxi stopped to take away Juan José, he asked: 'Will you come with me?' I asked him where, though I already suspected it. 'Come with me,' he repeated. In the taxi he gave the address: I'm going to Mosqueto street, in the centre of Santiago. I told him that I had lived there during my student period, and we chatted about the area. 'The day of his death, Franco had been partying the whole day with his friends at one of their apartments, on that street. I found out where he'd been since one of his best friends told me afterwards. They consumed *that* when it was already night. At around two thirty Franco began to feel bad and before he collapsed, in an incomprehensible act, he threw himself from the apartment. It was eight floors. The autopsy revealed that he was already dead from a stroke before falling. Overdose.' I didn't know how he was able to tell me this.

When we got to Mosqueto —the two of us carrying our luggage— the obvious truth became clear. The building and apartment where Franco had died was the same one where I had spent my long afternoons as a student finishing my undergraduate degree in history.

Of course we didn't make any move to go upstairs; we only stayed looking at the window from which a rockstar given to excess had thrown himself during a stroke brought on by cocaine, and where I had spent the best years of my life with the woman who had accompanied me to Peru, and had drowned trying to save the son she gave me.

Juan José Casanello stared at the building, frowning, mysterious and sad, as if he wanted to cross through the concrete wall and go see the place where his son had spent his last day.

Afterwards, we went for a drink.

*Víctor Quezada*

*from* bulge

I made it to thirty years old without a penis. Videla died yesterday at 88, sentenced to a public prison; the other son of a bitch died as a good Christian on a bed of the Military Hospital at 2:15 pm on 10 December 2006, in Santiago de Chile. I will die one way or another, maybe sad or content, surrounded by those I loved or in solitude, it's all the same to me. What's relevant in this case is that at the moment of my death the public spaces will completely prohibit the practice of love, the contraband of species, dissidence. Now, as I write this, new towers of commerce are being erected in Santiago, a park in the middle of Buenos Aires has been surrounded, and forests burn.

*

My father is dead. I am standing in front of what has been my house for the last four years, but nothing seems familiar to me any longer; this façade only gives me the idea of fleeing, the happy idea of finally moving away from the Capital. I have to go back to Antofagasta, to travel back two thousand nine hundred kilometres through time, to meet with the dead body of my father.

I've had to spend these last few hours in the apartment in front of the mutilated image that the mirror returns to me, deciding what clothes will be best for setting out on such a long journey, crossing the cordillera, taking the route towards the immensity of the Atacama desert, staying fresh. I fold the clothes on the mattress and organise combinations appropriate for different climates, other kinds of men. How should my family view me when I arrive? What body, belonging to what man, will Mom have to take into her arms? I imagine myself passing through the door in these shoes that say nothing of my shame, my shirt well-buttoned and my pants clean, maybe wearing my beautiful grey jacket, or crossing irreverently in shorts over the threshold of the pious home. The clothes I wear on the day of my arrival will be responsible for telling them all how much I loved my father and how much of him I retain; starting from my outfit, they will speak of how well it went for me in these years outside Chile and my grandfather will say that at last I have become a complete man. Wrapped in the clothes of others, I will pay respects to the dead body of my father and maintain silence; no doubt someone will begin to wail when the earth hits the wood and the hearts of sad men shrink, but no one will shed a tear, I will be perfectly dressed and all will see in my body the body of a husband, in my hardened face the face of a son; I will shake the hands of men and I will kiss the cheeks of women and children; my hand will be clasped and my cheek will receive their kisses. This is the image I want for myself.

In front of the mirror, I tried out ways of supplying the emptiness between my thighs, forms of appearing before their eyes as that image that I so long for. I make myself a new bulge, a bulge that fits into the palm of the hand, that falls naturally on the right thigh or confidently occupies the crotch. I take a condom and fill it with cotton and salt to simulate its weight, I tie it to one end hoping to retain its old consistency and with its new weight achieve the old softness and old heat between my fingers, but on my palm it lies too light, so light I fear that not all the salt of the earth will make it equal. My hand attempts to take hold of the bulge and squeeze, it insists on trying to give life to that inert material.

**\***

There is a hideout behind those trees, a good place to curl up and let the storm pass. For surely towards the afternoon, the sky is going to collapse. By then I will be protected in a bus headed for the cordillera and poor Gato will have been left alone, without love or a child and, very much despite himself, with a body living through my absence.

We set out for the embankment along the waterfront. I accepted his company for a few pesos, but I'd be lying if I said that I don't enjoy his presence here by my side, while his face multiplies on the walls along the road; the day is a happy republican fiction, we all seem beautiful and free beneath the sun of this flag. Following the line of shadow we take refuge from ultraviolet rays and intruders: to protect privacy and skin in the middle of the street may seem an idle task, but why not, the care of the body has a thousand faces, just as does temptation or god or surveillance or the desire to be someone else. Maybe we can go back to the coast, board the ship and tear away towards Recife, or wait for the storm to extinguish, at last, the life of our bodies.

Onboard the sailboat Gato showed me his girdle. With his pants around his ankles he explained to me how he hid his genitals, very proud of the flatness of his bulge. With his right hand he pulled his scrotum to the height of his anus and then, with the left, pushed the penis backwards. Squeezing his thighs together, he held his genitals in that position as he lifted the panty girdle: the whole matter depended on this girdle, it had to be at least two sizes smaller, made of tulle, cotton and silicon or some other combination of materials that assured a gentle consistency and firmness. He asked me about my preferred technique, which gave me the greatest pleasure. Embarrassed, I told him about the genital bandage I had been wearing for some time. He asked to see it, so I lowered my pants and showed him that dressing similar to a nappy which covered my wounds. I explained the procedure to him.

First you fold the dressing in the form of a triangle, you tie the ends to the base behind the waist and pass the third part through the perineum, you join it to the rest taking care to make a firm knot on the back. Interested, he speculated about the disadvantages of the material of my bandage in a climate like that of the Capital, as the cloth could come to be a big problem due to humidity and sweat, and the aesthetic was a consideration too, nobody would want to shag a kiddo in nappies, he told me as he strained to find the reflection of his face in my eyes, a subtle way of consolidating our friendship or whatever it is, to buy my sentiments, to win my favour, to get in my pants. Gato is not a tranny, he just enjoys using feminine clothing, he told me. I imagine him thinking of my penis, trapped in my crotch, pressing my testicles against my anus as I walk through the streets of the Capital with immense care so as not to twist them, I imagine him thinking of the erection of my penis that ruins suddenly but definitively all my work of transforming it. I imagine him thinking of the mystical disappearance of the penis that allows us to exist more clearly in front of the mirror. Gato wants to make his body disappear, to replace his old organs with new ones to keep himself alive and, in this way, impress those who die. But I do not want my body to disappear, I want the permanence of my body and with it, a dignified death and life that can confront the shame of waking up in the midst of injustice. I want this body to remain despite the breaking away, I want this body I have despite its wounds, I want to love this body and for this body to be loved by another.

The outline of the sailboat blurs as the sun merges with things. All of a sudden we are the only ones on the bank of the river. In the distance, hundreds of migrants form a line to obtain precarious residence.

*Maritza Requena de la Torre*

*Magic Tricks*

One Saturday in November, Daniela left one of the chapters of her Master's thesis in Literature unfinished, and decided to go out for a get-together with friends at the University, who not long before had rented a shared apartment in Ñuñoa. At 25 years old she had already achieved the majority of the aspirations that any woman of her generation could have, as she had studied at an expensive private school that led her towards obtaining a professional title and economic independence. She knew that she was letting herself be somewhat irresponsible, because she had to hand in the completed draft at the end of December latest.

At school she had always been the best in the class, the most studious and organised; even at university her classmates often asked for her notebooks to make photocopies, but she was young and also wanted to have fun. She took a bus from the centre, which was where she had managed to rent an apartment for herself the previous year thanks to the classes she gave at a known college prep course. She got down on Grecia in front of the National Stadium and from there walked along Maratón towards José Domingo Cañas listening to 'Love will tear us apart', her favourite song by Joy Division.

Once she had gathered with her friends, among them young promises of Chilean poetry and budding academic assistants proud of their triumphs in applications for Fellowships and Cultural Grants, Daniela met Roberto, a 27-year-old colonel in the Army, who seemed to be single, just like her. After a couple of beers, Roberto gained in confidence and, encouraged by one of the poets on the eve of his first publication, he dedicated himself to showing fellow diners his hidden talent. He took out his deck of cards, shuffled them neatly and began: 'cut the deck', 'choose a pile', 'choose a card', 'show it', 'for everyone to see', 'I didn't see it', 'I don't know what card it is', 'was this your card?' He succeeded in all the tricks and the literary group interacted with him, fascinated, losing themselves in the game and the alcohol. How entertaining he seemed to Daniela!

After having passed to piscola, the rest alternated conversations about the impact of social networks on the diffusion of a work of art, with the traditional reproaches: 'no doubt you forgot that I introduced you to the Pragmatics assistant just so you'd stop publishing in the magazine', 'maybe you don't remember that when I asked you to invite me to the meeting of young poets, you dismissed it by saying you had no influence in the decision of people who would participate?', 'better if you pass me the ice and, you, don't drink all the liquor.'

Daniela, who did not often participate in these kinds of discussions, asked herself who could give her a cigarette. She didn't usually smoke, but she had a rule: after midnight and four drinks was the moment to begin. Then she saw that Roberto had gone out to the balcony. There, amidst the hanging clothes and the cacti that hadn't been watered for months, he offered her a cigarette and told her he was friends with the brother of José Manuel, one of the occasional tenants, who was a translator and almost separated. She lit her first cigarette of the night, showing off a new theory.

'Have you noticed that the simple toys of *Toy Story* represent the entire history of the United States?' She couldn't say that Roberto was interested in the topic, but he seemed intrigued.

'Which one? The first?'

'Yes, the first, the truth is I haven't seen the others,' she answered, as she blew out smoke.

'How is that?'

'Obviously, it's like *2001: A Space Odyssey*,' she began to explain, moving her hands quickly, 'you've seen it, right?'

'Yes, I've seen it,' he answered her, smiling this time.

At that moment Daniela knew that it was time to make her own an idea that a university professor had mentioned during undergraduate classes: 'Well, when in the movie *2001* the ape launches the bone upwards and the camera focuses only on the bone in the air and then the bone that the ape threw transforms into a spaceship through a spectacular editing technique, that change of scene, that temporal ellipsis, at bottom sums up the whole history of humanity. In the same way, in *Toy Story* we have the farmer and the astronaut, you understand me? and that change of paradigm turns out to be the great conflict of the film, because there's a rural past that resists giving way to the conquest of the space.'

'Mmm... I don't know, maybe so,' was the only thing it occurred to Roberto to say about this.

Then they went in, because Daniela wanted to go to the bathroom. As soon as she came out, Roberto invited her to drink a mojito on Manuel Montt. He had come with his bicycle, but could leave it at the apartment until the next day. It was a good time to leave, since the literary friends had already started to dance to nineties hits like 'Disco 2000' by Pulp and '1979' by Smashing Pumpkins, taking off their clothes and throwing a roll of toilet paper from one end of the room to the other as a signal of friendship and fraternity, as if they had never destroyed one another's egos. As Daniela and Roberto went down the stairs together and he took her by the waist, The Smiths could be heard from inside.

'I have to tell you something, it's serious, I shouldn't, because if they know that I'm telling you, that you're a civilian, I could have problems. The thing is, I haven't told anyone, not even my family, but I'm going to go north, that is, they assigned me to a mission on the border, it's terrible, no one knows, but there's going to be a war, can you imagine that? Comrades, friends might die, and I'm going to be in charge and will have to comply since it's for the good of the country, since if not, Bolivia and Peru are going to invade. This isn't in the press, but it's true, there's evidence that they're arming themselves and are ready to attack us, it makes me really sad, but it's true, a war is coming to us—.'

Roberto was crying, sitting at the bar with a rum in hand. She sympathised with the fate of his mates in the Army, she knew that his career was about this, kill or be killed, but until now she hadn't felt the anguish of having to go to war to maintain peace. Daniela was sceptical, and carefully analysed her discourse, word by word. She stayed for a while thinking of what had been said and also what had not been said. But it was already late, they were drunk and for all that she tried, she couldn't manage to draw conclusions on the matter.

Daniela can't remember who paid the bill. Roberto went to drop her at her apartment expecting he'd be able to come up. That night they tried to have sex but couldn't, he wasn't able to get it up or, well, yes, but not enough. Each one slept on a side of the bed, she thinking that never again would she let herself be carried away by a magic trick, and he imagining the possibilities of them calling him from the Army to be part of a war, knowing that he wouldn't be able to use his magic tricks there to deceive anybody.

*Vladimir Rivera Órdenes*

*Mar*

My daughter Mar used to be complicated. She argued and fought with her younger sister Isidora, and one day even bit her. We had to take her to the psychologist, where she said that she hated her sister, and wished she hadn't been born. She used the expression 'I hope she dies'. At home we've never used expressions like that, and it sounded strange coming from the mouth of a five year old girl. They put us in therapy. We did exercises, activities: yoga, walks, stories of ho'oponopono: drugs for children. We completed them thoroughly. Yet her hatred towards her sister kept growing. Unconsciously we participated in her game to see her happy. We began to separate the girls. I did activities with Isidora, their mother with Mar. One day Mar hit Isidora. This made me very angry. I gave her a very hard slap and immediately regretted it. She cried. I took her out for a walk. I asked her where she'd gotten these words, which we never used. She told me from Alex, the boy who lived in our house. I said that no Alex lives in our house. All of a sudden I remembered my wife's grandmother, who had schizophrenia which, maybe, Mar had inherited. I spoke with my wife, and also with the psychologist. It seems that it is common to have imaginary friends at that age. One night, when I read her a story, she told me that she would go with Alex, that his house was more fun. My hair stood on end. I got angry. Two days later she refused to go to kindergarten, she peed on herself. My wife and I decided, after a long discussion, that the best thing was not to force her. After three days she bit Isidora again. The situation was too much for us, and we didn't want to turn to any other chemical to calm her. During those same days I saw an advertisement for television about closed circuit cameras installed in houses. 'Do you want to know what your child does when you aren't there?', the sign asked. Mentally I answered: 'Yes, I want to know.' So I put them in. I would know what the girls did when I wasn't there. Those same days I alternated shifts with my wife, one of us staying with Mar and the other with Isi, because they couldn't be together.

One day we spoke with Mar, and told her that if she continued like this, we'd all go and leave her in the house alone. Mar didn't even get upset. She replied to us, with resignation or arrogance, that maybe it was for the best. We looked at each other. She was barely five years old and put us to the test each second of our lives. I thought of leaving her alone, of scaring her. It would be a therapy that worked. The three of us left, and I stayed in the car, keeping a watch on her through the closed circuit camera. My wife and Isi went to the park. Strangely enough, Mar did the same things that she always did. She sat at her table, made her drawings, went to the bathroom, set up her blocks, everything was the same, until all at once I saw a shadow pass behind her.

It startled me. I followed it with the other camera to a different room; then I followed it with a third camera. It was true. The shadow was human, bigger than an ordinary person. The shadow began to talk to Mar. I got scared and went to open the door of the car to run home, which was a few metres away, but the doors were jammed. When I looked at the cameras, Mar and the shadow were looking at me directly through one of them. The cameras began to go out one by one, until they cut out entirely.

I broke the window and ran home. It was ten or twenty seconds away, at most. But when I arrived nobody was there. Mar had disappeared.

This was exactly what I said to the police. This was exactly what I said to my wife, but no one believed me. Everyone held against me the slap that I had given her. I was left alone. I had to go sign at the police station once a week. I couldn't leave the city for a long time, or see Isi.

Twenty years passed like this, until one day Mar appeared outside my door. She told me she had forgiven me. It was her, though she didn't look the same at all, and had different hair, different coloured eyes. She was grown up now. I ordered some DNA tests and her DNA from me was a 99.9% match.

It was Mar. She was my daughter and had returned. From where, for what, I never knew.

*Christopher Rosales*

*Cosplayers*

Denisse picks up the photo of the boy she likes and examines it. He looks happy, his smile is sincere, it's a nice shot. He has the face of an idiot, thinks Denisse and laughs, then sighs with love and sorrow. He was taken by surprise, the position of his legs and his half-bent, twisted torso give it away. *So nice*. She sighs again.

He wears a Naruto t-shirt and a plaid button-down tied around his waist, along with black jeans with holes at the knee and Converse sneakers. A lock of silky black hair completely covers his left eye. He also wears a black wristband, on which there is no way to make out a logo, name or anything else. It rests on the shoulder of somebody with whom he shares space in the middle of the photograph, a girl with glasses and wavy hair, with green-coloured tips. It's not Denisse. It's her friend Nelichán, her best friend.

She is beautiful. She does not seem to be conscious of just how pretty she is. A slut, thinks Denisse. She is the girlfriend of Kuroro, which is what they call Juan, the protagonist of the photo. Denisse has always liked Kuroro, she feels that he is the love of her life, and yet he is the love of her friend, of her best friend who did not take her into account. *Cursed friend, cursed love.*

Never has Denisse told her friend that she has always been in love with Kukoro, ever since they met five years ago. She should know it, she thinks, we are friends, she understands me, she notices when something happens to me, she intuits it, she sniffs it out. Now she is playing dumb, Denisse thinks, when it suits her she plays dumb, she confirms this as she embraces the picture of Nelichán immortalised in the photo.

A year ago Denisse took it herself, the same day that Kuroro told her he was going out with Neli. *Seriously? How fantastic, it's obvious that you two are made for each other, I hope that you last a long time.* A well-aimed stab to the heart, to the kokoro. *Do you want me to take a picture?*

Denisse has the photo in her hand, she contemplates it, she pores over it, she stops at certain places, she investigates it pixel by pixel in search of some secret, of something in Kuroro's gaze beyond the camera lens which can give her a sign that all is not lost, that he truly loves her, or at least that at some party or animé expo something might happen to change, once and for all, the direction of the story. Unlikely. Denisse knows it. Impossible. She refuses to accept. This is why she examines the picture inch by inch, running her eyes over the edges, the background, the colours and what does not manage to appear in it, herself, for example. She imagines the sounds that surround the moment, she thinks of the joke that made Kuroro's usually sad face break into an absurd, limitless and real smile, and she notices how stupid Nelichán looks with her small, shy and humble laughter, submissive to excess: fake, boring.

'Say *Baka*' and click, photo.

She keeps everything, every detail, she embeds the image in her mind, she chisels it into her heart, it becomes a shackle that fetters her for the rest of her young days, a machine for torture that traps her from which there exists only one way of escaping… Denisse seeks never to forget the photo: it is the burden she carries on her shoulders, her cross.

Denisse inspects the photo one last time, and sorrowfully kisses each of the figures that appear in it. She sighs. Then she opens the freezer and leaves it hidden at the bottom.

"They will be better off there," she says, as she closes the upper part of the refrigerator. After this, she climbs upstairs to her room and opens the closet. There is a costume of Chun Li. She tries it on. She poses. The next convention will be soon. Kuroro will attend, and probably also her friend Neli, who told her that she would go disguised as Jill Valentine with the little cap and everything. *Slut*, she says again. She throws herself a kiss in the mirror. She tugs down her neckline. She smiles.

*Pablo Sheng*

*from* Extinction

On the beach we're like ants in a desert. That's what Dad tells me as he hangs seaweed over his shoulder. A car horn sounds. I look towards the town, the houses, the cove. I have to go, I tell him. I fix my eyes on his moustache. They're coming to look for me, I say again and tell Dad goodbye with a long hug. He turns his face towards the rocks, with his back to the pickup truck; he hides his gaze in the waves and I climb in without hurry, zipping up my jacket. Little Brother has always said that Dad is crazy. Now, in the pickup that Pops Devil drives, he says it again and says that it's lucky that he's not his son, that he doesn't have to see him once a week, that he doesn't have anyone who takes him to the beach and makes him gather seaweed. But I, Big Sister, know that Dad is Dad, and that there is no more blessed man than him. When I look at the vacant lots and then up at the sky, I see Dad hidden and absent like the clouds when the sky clears. Big

Sister, says Little Brother, Mom called and said you shouldn't show up until next month. I've been out of the house for almost a year now, with that line about coming back next month. Pops Devil doesn't talk to us as he drives. I don't say anything to Little Brother. I concentrate, so as not to become dizzy, on the vacant lots, the main street, the football field, the dried-up trees. We get home. Pops Devil turns on the radio and we listen to the lunchtime news in silence. In Los Vilos, about twenty kilometres south of the Port, they killed a teenager while he was sleeping. I squint my eyes, I wrinkle my forehead and furrow my brow. Pops Devil serves himself wine in a metal tumbler. Little Brother and I go into the kitchen and keep listening. They killed the girl, fifteen years old, blonde, pretty and pale-eyed, with a stab to the heart. Listening to that sure makes my chest go cold. They can kill you even in your own home. We sit at the table. From the skylights of the roof drops fall on us, one after another, even on our plates of the noodles that Pops Devil cooked. Even though they are stuck together and oily, I eat them with desperation, with hunger. I even want to finish first, so that I can take from Little Brother whatever he has left. The news changes topic quickly, from murders to football and from football to politics and from politics to bachatas and sentimental songs that last all afternoon. Perfect for going to sleep. I have to wash the dishes. As I dip the sponge and toss in Quix, I see the photo faded by the sun in which I appear with Mom and Dad. I'm small, four years old. Dad has the same moustache and speedo. Mom wears a bikini. There are rocks, ice cream wrappers, beer cans, glass bottles. I haven't lived with Dad since he went crazy, according to Pops Devil. Once I saw Dad run from the house to the beach, naked, sprinting away from Mom, who shouted at him: How can you read the Bible all day long, how can you have left your work at the tuna factory to come back every afternoon with seaweed and kelp on your shoulder. That time I didn't see him for around two months. He appeared all of a sudden at the house, with a big beard and reeking, his shoes broken, wearing some potato sacks as pants and carrying a Bible under his arm. Pops Devil caught him and Dad told him that the school kids were a salary, also the tommy guns, that in the desert he had seen a snake and that it had tempted him as it did Christ. Starting then, when I went down to the beach to get together with the girls and guys at the Port, it embarrassed me to see him picking up seaweed, carrying it to the hut that came from his Fisherman Dad and leaving on his patio bits of algae, flattening it with a shovel and not even selling it. I got used to it and now it's all the same to me. Together we drag seaweed along the beach, we let the dry sand trickle down in streams and sit for a while to eat cheesy potato snacks that Pops Devil sends me or take licks of a Centella ice cream that we buy with coins which Dad collects. I try to sleep. Pops Devil and Little Brother left to rent a room. I haven't talked to Mom for months. Now she thinks that I'm going mad. The last time she talked to me, she said that your dad is crazy and you turned out to be a whore. It must be because at night I'd slipped out to go with the guys. A friend told me that she's given a blow job, but I have never even given the guys a kiss. Sometimes we get together on the beach, we smoke some cigarettes and I take little sips from bottles of beer. We watch the sea as it goes black. It makes the guys laugh to see us girls drink. Some get drunk, but I never do. I like to suck on cigarettes, and make little circles or waterfalls with the smoke. That never makes me dizzy, though going in a car with Pops Devil does. I hear on the radio that they found a girl buried in the patio of her school, in Los Vilos. Her parents saw her for the last time five days ago. They can kill you at your own school. It's five o'clock now and I'm going to the beach. The oldest guys stayed to make a bonfire until late. I want to go back early so that Pops Devil doesn't say anything and so that when Mom calls he doesn't tell her that I go out all night. One of the guys, Loopy Julio, passes by, high, and I like that he goes around high because he's like the breeze, the swell of the waves. Calm. He also wears gypsy shirts with starfish. I see myself in those stars, dragging them up towards his first undone buttons, towards his neck, maybe with Dad but better with him, with Loopy Julio. He always stays quiet, as if in his own head. Nothing bothers him and none of the girls dare to talk to him. All of them go for the Spider; he always makes them laugh, lights the bonfire, opens beers with a lighter and throws little seashells past the buoys. I always delay between ten and fifteen minutes to come down. It's not so long if you consider that I entertain myself looking at street lamps, and the seagulls and the pelicans that fly slowly towards the beach, trying to find some shoal of fish to feed themselves. So as not to get bored, I buy a lollipop or watermelon gum. My tongue turns red, I try to make the biggest bubble in the world and it never works, even though I adjust my breathing, my air, the way that I should, to the point that concentrating so hard on making it swell so it doesn't burst, it does burst and my lips get all sticky. No one is there anymore. I'm alone. I have some cigarettes stashed in my panties. I feel that a little roll is growing on my hip. It's all the same to me and I light a cigarette. I sit on the promenade. A group of sailors runs in circles. There's one who's older who yells for them not to hurry, for them to go slower. The sun begins to set, it starts to grow dark and I see Dad on the shore, dragging seaweed. From the town Loopy Julio is coming, high as always. He doesn't see me and I walk towards the sea. I greet Dad, I help him. I hold algae while he repeats his line that on the beach we're like ants in a desert. I can't find any sense in what he is saying, but I imagine being an ant, a point that one hardly notices, that no one sees, that can die like all the girls who have died, only microscopic insects in the world. Nobody cares and I follow Dad. We head to his house. We leave the beach, we remove the remains of the sand from our clothes, we continue on the dirt street and arrive at his shack. There's a cactus and a heap of algae that dampens the rubble and dirt of the patio, where we throw the seaweed. The wood of the house is black and greenish. Papa smells like that, damp, like armpits. Inside is a table, a wicker chair, the radio that he turns on immediately so silence doesn't consume us. There's no light. Dad lights up the room with a lantern and some candles that don't ignite. The bathroom is outside, a latrine. When it's cold, he once told me, he goes in a chamber pot. Since the sun has set I don't see much, shadows, his dark profile and the dense hairs of his moustache. I lie back in the wicker chair. On the radio they say that in Los Vilos six girls have disappeared, all of them it seems dead from the way that they're telling it. I wish only for all those deaths not to come here, to the Port. I zip up my jacket, I want for us to go out and I let Dad know. I can't bear the radio now or the darkness or to see the posts illuminated by that yellow light. Dad also zips up his jacket and we go out again together, towards the sea, to see how the tide rises and makes the sand cold. We go down to the beach, we walk close to the shore without the water getting us wet. Far away I see the group of guys with the girls, I also see another group of men with green jackets surrounding a pickup. It seems that they're keeping watch over the boys. From the sea we make out a girl who is drowning in the distance, almost out by the buoys, along with a cop in the water. The girl is chubby, I notice, and Loopy Julio, near me, says that she is dying. Now the cop swims out to sea and reaches her. Both sink, they can't manage to stretch their bodies towards shore. The waves, repetitive, pass over their heads. The rest of the cops know that nobody else can enter the water, that with three the matter gets complicated. The guys say that the girl appeared out of nowhere in the sea, they say that the current brought her there and that maybe someone even tried to drown her near the dock or cove, or as far away as Los Vilos. Dad and I sit near the guys' bonfire. We zip our jackets to our necks. I take out a cap to cover my ears. Dad takes it from me. We see the cop coming onto shore, wet. On his back he carries the girl, half-dead, spewing water.

*Juan Manuel Silva Barandica*

*'Carlos Valderrama', from* Italia 90

Rudy Völler, could a name be more ridiculous, passes to Pierre Litbarski, the fakest of fake players, so he can move along the left wing of the Colombian defence and lash the mane of Higuita with his left hand. We all yelled, but different things. Because at that time we believed that the Europeans were shit and that, beyond the particular Nazism of each family, every selection from our continent deserved the respect of a foreigner. But no.

At the liquor store they shouted, at the delicatessen, the boys of the housing complexes all shouted after the goal by Germany. With my mama, I think, we watched, and she, who hated blacks, said: sons of bitches, fags, may it motherfucking shit all over Germany. The clock marked only the forty-third minute of the second half, in just another game in just another World Cup, but my mama, who was just another immigrant in just another insignificant country, decided to stop watching. My papa, henpecked by her without any alternative, condescending with us, told her: cut it out. I think that to this day I remember the accent on the last syllable, just like the last minutes of that game, in which nothing I believed, apparently, was in play.

My papa didn't celebrate anything. He said something about the quality of the strikers. I couldn't manage to say anything definitive. My stuttering must still vibrate in the adobe of the house. Then Völler himself it seems went along the left wing and lost it. Leonel Álvarez with his laminated moustache passes to 'Bendito' Fajardo, who goes upfield with the game and the championship riding on him, and yields it to Valderrama the Kid. The world and its echo stop. Carlos turns around, trips, thinks and intuits a pass will be useless, considers an opportunity to switch to the other side and decides, finally, to give a touch to the side, without losing the axis of his movement, to Rincón, who passes it on with a touch to Fajardo who, without looking, gives it back to Valderrama.

After learning a name, it is difficult to keep using it after somebody changes. And I know, because I don't recognise my papa in the photographs in the family album, and because my mama was not my mama when she was going out with that man named Claudio Silva, soon hassled by my future presence. I saw a blonde afro, without knowing who this man was who ran little or not at all, in the middle of a World Cup pitch that was the start of something, that was a halftime for a country. My papa didn't drink beer or wine, and had no friends to speak of; he had me, a boy of seven years old, by his side, watching a game between Colombia and Germany in the final minutes, alongside a Sindelen paraffin stove. I had always liked the word Sindelen, it reminded me of 'el Supe', words with 's', words that seem to refer to a series of people in a world situation they must call work, waking up every day very early, even when one missed school, to construct all the things we used. Sometimes I thought of the Germans building perfect boilers so there was never an explosion, or North Americans with their cars which would bring us to the other side of the mountain range and beyond, when my papa had money. But Valderrama was that pause, that silence. *Quel sogno che comincia da bambino e che ti porta sempre più lontano.* And my papa —who had talked during the entire game saying that Colombia was a banana republic, that it would never beat a superpower and that history was destined to repeat itself— remained silent. Because that man with blond hair had stopped the ball, lifting his head to give a touch to the teammate who was closest, the easiest to reach. Rincón gave a touch to Fajardo and my papa yelled: pass it, motherfucker.

Valderrama. How to say it without vowels and consonants, without the accents a name so long and a game with so many interruptions would merit. Carlos, I say, because Carlos is now almost my friend from naming him so often, gives the ball a touch then does not touch it. Think, those people would say who have never played football. Because it's so easy to say that a profession means to arrive and repeat a movement. On countless occasions Carlos Valderrama must have repeated a deep pass between defenders for Unión Magdalena, and his coach must have congratulated him. We all have the possibility of doing things well at the moment that nobody asks them of us. But Carlos Valderrama was in Santa Marta, not playing against Augenthaler or Buchwald, not at the Giuseppe Meazza, not in Milan, not in Italy. Valderrama turned around to see his teammate, Freddy Rincón, who between defenders, with big strides, ran in the 47th minute towards Bodo Illgner, a monster framed by three bars, who could do nothing about that gentle penetration with the right foot. *Non è una favola e dagli spogliatoi escono i ragazzi e siamo noi.*

*Cristóbal Soto Calistro*

*from* All the Young...

Those times were contradictory, at least for me. There was a sanity to living in a country with possibilities for improvement, but we moved about in the darkness of a Chile suffocated by its past, by the dead, by frustrations. People spoke of 'the road to development', of 'free trade'; of how 'happiness' was on the point of arriving, of the 'democratic transition'. I remember it well, but I'm not sure that it mattered to us; I'm not sure if we paid any attention. We didn't give a shit about their growth, their country and their development, that was what we always said. Even so, I remember the entire message very clearly. They filled their mouths with the word 'reconciliation'. I remember a television commercial in which a guy showed up in a car, simple but new, to his DFL-2 house, and when he came in began to stare at his neighbour's trash bin, focusing on two empty bottles of *Alto del Carmen* pisco. Silently he approached the neighbour's bin, took out the two empty bottles and quickly transferred them to his own bin. Then he went into his house. The slogan? 'You are what you drink.' I remember this commercial now, so many years later, as a key, the formula that produced the result of conformity which dominated the following years with such efficiency.

Once, Pato and I talked about choosing a life. I told him that I would have liked to have been a farmer and driven a tractor, but he answered that he would have preferred a world in which any life could be the best. This was on a trip to Valparaíso, in '95 I think.

Maybe that was when the idea of a trip to the south began to possess us. Even now, every time I go to the port, pass through the Zapata tunnel and see the Curacaví Valley, it reminds me of that conversation with Chico Pato. A trip that would define our youth, maybe that's the idea we had engraved in our minds. At best, it was what kept us living as we did. But where should we travel? Looking around now, I don't see that I'm in a place that I'd have liked to visit, without tractors or countryside. And I'm definitely millions of kilometres from the place where I was at that time.

On that trip we didn't stop talking. We always had topics. I remember he said that he got along really well with Maite. We still had a vague idea of relationships. We weren't boys but we could not boast of experience either. We were, rather, beginners. We fell in love easily. Life itself could be turned inside-out entirely by someone whose name we would hardly remember a few years later.

Going, coming back, moving around. I don't understand how we yielded to that form of being adrift, without knowing where we drifting. But I wanted to start over and live again, with a bitterness that belonged to me, not another. Experimenting with the future, with the complete right to send good judgement to hell and reinvent myself every time that I wanted.

Pato tried his hand at politics and was happy despite the defeats and infighting. Leo formed a band and wrote songs, and we encouraged him to continue. We thought it was going to be the greatest Chilean punk band of all time. We accompanied him to rehearsals and helped him at some gigs. Life seemed to hurtle along and insist that we arrive at our futures quickly. It makes me laugh to think of this. Leo could have lived even more adrift than anyone else, but he didn't want to. He was a unique in his discipline.

The band was called Dead Bottles. We sang the chorus of a song that Leo had written at the top of our lungs, we almost shouted it. I think this was the same year, in '95, the last one before our trip.

*Enrique Winter*

*The Complaint*

*Was she told when she was young that pain would lead to pleasure, did she understand it when they said that a man must break his back to earn his day of leisure,* he sang off-tune the words to 'Girl', one of the two songs he knew by the Beatles along with 'Mr. Moonlight', as with folders in hand, he came back from going up and down the buildings under construction, wearing a white helmet over his helmet of hair, curly and also white, just as he had done every working day for thirty years, on the night of Wednesday 20 August 2008, when Juan Figueroa, one of the three porters of the building where he had been living for the last decade, the same one who, during his first months there, had called his office to let him know that a police investigator was waiting for him in reception, whispering to him 'Better if you don't come back tonight Don Enrique', now handed him an envelope with four folded and stapled pages.

We haven't seen cops around here for a while, Juan winked his smaller eye and smiled. He would help him to hide as many times as was necessary, until every one of the uniformed policemen who came to look for him in the reception of the building put down roots in the fake leather sofas, but Enrique was able only to thank him and ask out of habit if any other mail had arrived, without anything else to comment on almost a week after Universidad de Chile had won against Palestine, since the game between Colo and Unión had been suspended, and Temuco was in the second division, poor Juan, and the elevator doors open. On Monday they would have a topic for conversation again.

As soon as he got into the elevator, without looking at any of the three mirrors, he unfolded the letter, surprised by the lawsuit that claimed violence within the family. He was on the point of returning it to the porter, it wasn't for him, but there was his name. He opened his mouth and swallowed saliva; the grinding of his teeth was leaving him gumless and the sensitivity of his exposed teeth did not encourage him to use the dental plaque he had been prescribed. He raised his head when he saw that the plaintiff was Tina. He thought of the money, among the first things he thought of was the money that she had left for him in the drawer when he was a boy, when she could not manage to see him. Until his wife's lawsuit he had never set foot inside a court and in only ten years the two women in his life had both reported him for violence, fans of Colo and Unión to top it off, just to go against him even in that. When he got off at the sixth floor he thought he didn't have any oats for breakfast, but he had bought more on Monday, he now remembered, when he had gone to the Jumbo like every Monday for the five percent discount, unlike other nights when he arrived directly from work to the kitchen to prepare a fish or turkey of the kind that already contains seasonings, accompanied by rice or salad like he did for the beefsteaks with tomato that Krystyna had also left him when he was a boy. Irritated by already remembering his childhood with her twice, he threw himself straight into bed to read the text that now blamed him. It was already late when he finished underlining the lawsuit, denunciation and summons; he toasted a few slices of wheat bread and spread some soft cheese over them. He ate in bed with the television turned to the news. After the weather report had been announced, he called me.

On August 21st, at mid-morning and in the best mood, he sent the scanned lawsuit to me by email. He then coordinated the urgent delivery of cement and iron for two suppliers. With his hand still on the telephone he decided to call La Reina police station to ask for Sergeant Edith Pinochet. I am Krystyna Modzelewska's son, he said, and waited on the line. The sergeant could not believe that the fly and rat lady had a son; she remembered this very strange name, however, and looked for it in the dossier before finding it in the biometric system. They must have found Mr Winter thanks to the lawsuit, she thought. Let's see, let me see, yes, tomorrow you could appear in person, do you know where the station is? Only a few minutes later she must have regretted to having agreed to receive him the next day without anyone forcing her to do so, someone capable of throwing his own mother between trash bags. By telephone he sounded courteous, even gentlemanly, like the bad guys in those series with which she killed time during the night shifts that, thank God, were no longer assigned to her. If the sergeant had known that Enrique lived alone and out of contact with anybody except workers and porters, since years ago he had renounced the burden of friends and colleagues, as well as the problems that lovers bring, she would have had the firmness, or the fear, to refuse to receive him.

Enrique was building in Agrícola and crossed Santiago to park punctually in the huge entrance area in front of La Reina police station. A couple of centennial trees and grass cut in the neat form which he had expected flanked his nervous and somewhat clumsy step, because the truth is that not even he really understood what he was looking for there, where the scent of flowers, jasmines perhaps, reached him at the beginning of the season. They told him to wait sitting down and he remained standing, reading the photocopies on the wall panels and looking towards the door. Every policeman who entered greeted him, and he found himself forced to reply in a murmur until he distanced himself from the entrance and the plastic chairs. After examining him, Edith told him to go in. She was thirty-something, a redhead with eyes that were dark green like her uniform, who excused herself for the delay and above all for the procedure, she was only following orders; she then described the conditions in which the old lady was living. Enrique did not bother to give his reasons for being there before he asked who had given the orders. Her superiors, of course, on behalf of a claim from the senior citizens of the municipality. From, let me see, I have the name here, from Miss Carolina Valencia. And where can I find her? Right here, if you'd like we can call her. Obviously. Enrique looked closely at the frames on the wall, he looked beyond their reflection just in case a policeman appeared behind him, while Edith called Carolina and explained to her that the son of the dog lady was in front of her, yes, in front of me, Carolina replied, yes, he has a job, I'm telling you that he exists, he wants to speak with you, we have no answers about that, how could we if you were the ones who ordered the procedure. He couldn't know what Carolina's replies were on the other end or if she retained the same silence that he did, listening from there. Before she tried any excuse, Enrique told Edith with his right palm at the edge of his mouth and slowly, as if in this way she would interrupt him less, that he worked too far away and was already here in La Reina with permission from his boss, so could Carolina please receive him now? Edith put her hand over the receiver, separated it a little from her face and stretched her mouth in the gesture that said she could do no more, as her green eyes met with Enrique's of the same colour. Now he did hear something of Carolina's voice on the line.

The municipality of La Reina was close, in the upper zone of Santiago, where the motels begin and the automobiles end. He saw only trees afterwards, and Carolina's office. He had met the old lady a while before, she had arrived with the neighbours' first complaints. Now there are a pile of them, every month I receive something, she commented to Enrique, looking over the pile of folders. He listened to her without interruption, as she went on about infectious areas and the threat to children. About the layers and layers of trash bags. About the barking of dogs. About the great sorrow that it gave her to see this European lady in such reduced conditions, so alone. She goes about looking so shabby, she said, if you will excuse the expression. As she spoke and halted, she began to realise how little this engineer, taller than one metre eighty with the face of someone lost, fit the image of someone who abandons his destitute mother among the flies. Enrique did not live in a shack that the bosses had lent him out of charity on the construction site where he was working, as Carolina had once heard Krystyna say when she admitted that she had a son, though sometimes she said no, that she didn't have one, and she had believed her until under an hour ago, when Second Sergeant Edith Pinochet confirmed to her the opposite.

In those days Carolina was doing the paperwork for a joint pension for Krystyna, one of the new ones offered by the Bachelet government, and did not regret doing so when she found out that Enrique would have the resources. Eighty thousand pesos are never in excess and there must have been some reason that a teacher friend of Krystyna's had filled out the forms, along with, why not say so, herself, knowing that she was gambling her position to be able to help someone who did not need it. But she did not say a word of this to Enrique. She couldn't be sure which of the two was lying, the engineer or the beggar woman who was pushing around a shopping cart with cardboard boxes and bedspreads picked up at the market, followed by dogs. Carolina was cordial, but firm just the same: the lady's rubbish dump was a problem for the municipality, and she had to see it shut down. She was grateful for the appearance of Enrique; in reality she only told him that she was grateful, since he had come, with his mere presence and through the fault of the Police, to complicate the plan which she had already traced with fumigations and cleanings, on the one hand, and the hospitalisation of the lady, on the other, with nothing to offer her but doubtful good intentions.

*Biographies*

**Daniela Acosta** (Santiago, 1982) published the poetry plaquette *the other speed* with La Calle Passy 061 ediciones in 2010. Her story Resbalín appeared in *Voices -30: Anthology of new Chilean narrative*, published by Ebooks Patagonia. Her first novel *The Other Time* was published by Libros La Calabaza del Diablo in 2016.

**Constanza Anabalón Tohá** (Santiago, 1987), is a writer and sociologist at the Pontifical Catholic University in Chile. She published the novel *Voice Box* in 2016. She received a grant for Literary Creation from the National Fund for the Promotion of Books and Reading in 2016 and 2018. In 2018 her story 'I'm Afraid to Lose You' was included in the book *Superstar Escort* as one of the winners of the 'New Literature Under 30' National Story Contest.

**Óscar Barrientos Bradasic** (Punta Arenas, 1974) is a Chilean prose writer and poet. He is the author of several books including *The Dictionary of Weather Vanes and other Tales from the Port* (2003), *Portuguese Caravel* (2013) and *The Ships of Skeletons*. He has won several awards, among them the Francisco Coloane Prize and the Julio Cortázar Iberoamerican Prize.

**Natalia Berbelagua** (Santiago, 1985) has published the books of stories *Valporno* (2011), *Beautiful Death* (2013) and *Sunday* (2015), as well as the book of poems *The White Mark on the Ground from a Body That Was Shot* (2016). *Valporno* was translated into Italian in 2016 by Edicola Ediciones. Stories have been published in Chile and abroad, among them 'The Art of the Smile', published by Suburbano Ediciones in Miami.

**Juan Carreño** (Rancagua, 1986) has published the books of poetry *I Buy Iron* (2008), *Petrol Bomb* (2012) and *Oxicut* (2016). He has also published the book of chronicles *Going to La Trinchera* (2015) and the novel *Budnik* (2016).

**Juan Ignacio Colil Abricot** (Santiago, 1966) is a history teacher. He has published the books of stories *8ighty Stories* and *To the Rhythm of the Wheel*, and the novels *Tsunami*, *Lou*, *The Division of Oblivion*, *The Dead Can Always Wait* and *An Abyss Without Music or Light*. Some of his stories have been included in anthologies and have received literary prizes in Chile, Argentina and Spain. This story was published in *To the Rhythm of the Wheel* (Das Kapital Ediciones, 2010).

**Matías Correa** (Santiago, 1982) studied philosophy and is an honorary fellow of the University of Iowa's International Writing Program. He has published the novels *Geography of the Useless* (Comba: Barcelona, 2015), *Soul* (Literatura Random House: Santiago, 2016) and *Self-Help* (Metalúcida: Buenos Aires, 2017).

**Mónica Drouilly Hurtado** (Santiago, 1980) is a narrator and playwright, and holds degrees in aesthetics and civil engineering from the Pontifical Catholic University of Chile. She has studied Literature, Theatre and Journalism at different institutions: the University of Chile, Finis Terrae University, Flacso Buenos Aires and the Centre for the Investigation of Memory. She won the XVIII National Exhibition of Drama and the Paula Story Contest. She is the author of *Rear View Mirror* and *Dear John / Take a Chance On Me*, in addition to the co-playwright of *FIN* by Marabolí + Piriz.

**Ricardo Elías** (Santiago, 1983) is the author of *Overcast Sky* (Librosdementira, 2014) and *Going to Jail* (Altopogo, 2017). His texts have been published in literary magazines in Chile, Argentina and the United States. He received a grant for literary creation from the Fund for the Book in Chile and won the Fifth International 'Latin Contact' Novel

Contest in the United States with *Going to Jail*.

**Cristóbal Gaete** (Valparaíso, 1983) has published the following short novels in underground editions: *Valpore*, which has circulated in six editions in Chile and Argentina, *Avocado Realism* and *Black Motel City*, which won the Municipal Prize for Literature in Santiago in 2015 and was also reissued in Argentina. He has worked as an editor, given workshops and written cultural journalism. His literature is about Valparaíso, where he lives.

**Ernesto González Barnert** (Temuco, 1978) has received the Pablo Neruda Award for Poetry in 2018 National Book Council Award for Best Unpublished Work in 2015, the Eduardo Anguita National Prize in 2009 and the Pablo Neruda Award of Honour from the University of Valparaíso in 2007, in addition to several other recognitions and grants for his poetic work. Among his latest books published are *Travelling Light*, an anthology organised by Mauro Quesada for the trans-Andean publisher La Carretilla Roja, along with the reedition, also in Argentina, of *Works of Light on Water* for HDEditions in 2017. In Chile he recently published the book *We Were Stars, We Were Music, We Were Time* (Mago Editorial, Raúl Zurita Collection, 2018).

**Emilio Gordillo** (Santiago, 1981) won the Gabriela Mistral Municipal Prize (2008) for his book of stories *The Changed Games* (Contraluz, 2010) and the prize for best unpublished literary work from the CNCA (2011) for *Chroma*, his first novel, published by Alquimia in 2013. He also published *Green Indians* in 2018 (Narrativa Punto a Parte). He founded the magazine *Contrafuerte*, which no longer exists, and gave classes in Mexico, where he lived between 2010 and 2014. He edited the narrative collection *Page Zero* for Alquimia Ediciones between 2010 and 2015, as well as *CHL: Anthology of Chilean Writers*, the special issue about Chilean narrative for *Punto de Partida* (UNAM) at the FIL in Guadalajara (2011). Now he lives in Mexico again.

**Constanza Gutiérrez** (Castro, 1990) has published two books: the novella *Incompetents* (La Pollera, 2014) and the stories *Terriers* (Hueders + Montacerdos, 2017).

**Rodrigo Eduardo Hidalgo Moscoso** (Santiago, 1976) is a journalist and language teacher. He forms part of the board of directors of the Manuel Rojas Cultural Centre. Between 2005 and 2016 he was Coordinator of Literature and editor of the publishing house Balmaceda Arte Joven Ediciones. Between 1998 and 2004, he was editor of the magazine La Calabaza del Diablo. He has been a judge and evaluator for different grant competitions and national literary contests. He is the author of the novel *Out of Tune with the Cold* (Ed. La Calabaza del Diablo, 2013). A longer version of the story here was published in the magazine La Calabaza del Diablo nº 29 in November 2003, under the title 'Orthopaedic Anecdotes'.

**Luis Marín** (Lota, 1972 – Temuco, 2019) published the books of narrative *Palacio Larraín* [Larraín Palace] (La Calabaza del Diablo, 2006) and *South City* (Del Aire Editores, 2011). In 2015 he co-authored the biographical essay *Nostalgia for the Future: A Biography of the Poet Jorge Teillier* (Del Aire Editores). He made his home in Temuco.

**Iván Martínez Berríos** (Arica, 1974) has received among other recognitions the Gabriela Mistral Literary Games Story Prize (1991) and the Pontifical Catholic University Institute of Literature Story Prize (1997). He was a finalist in the 1º 'Books of Lies' Story Contest (2008), and was selected to be published in the 5º Manuel Francisco Meza Seco ExpoArte Story Contest Prize in Talca (1993). In 2011 he won a grant for emerging writers from the Fund for the Book from the National Council of Culture and the Arts.

*People on the Road* (2012) is his first published book.

**Montserrat Martorell** (Buenos Aires, 1988) studied journalism and social communication at Diego Portales University and a master's in creative writing, and is currently a doctoral candidate in Hispanoamerican Literature at the Complutense University of Madrid. She works as an academic at different Chilean universities, directs a literary workshop and is writing her third book. She has written the novels *The Last Ash* (Oxímoron, 2016) and *Before the After* (LOM Ediciones, 2018).

**Carolina Melys** (Santiago, 1980) is a language teacher, critic and researcher of literature. Her books include the stories *The Uncorrupted* (Montacerdos, 2016), which won a Grant for Literary Creation from the National Council for Culture and the Arts, and was included in the volume *Living There: Anthology of Stories about Immigration in Chile* (Ventana Abierta Editores, 2017).

**Fe Orellana** (Santiago, 1991) has received the Roberto Bolaño Novel Prize and the Gabriela Mistral Story Prize. Since 2012 he has been the coordinator of LEA (Laboratory of Writing from the Americas), an international literary project that occurs simultaneously in Argentina, Bolivia, Colombia and different cities in Chile. In 2017 he published his first novel *Woman Hanging From a Rope* (Pornos Ediciones).

**Juan José Podestá** (Tocopilla, 1979) is a writer and journalist. He has published the book of poems *Noir Novel* (Cinosargo, 2010), and the books of stories *The Matter is Complicated* (Punto Aparte, 2013) and *Cemetery Beach* (Punto Aparte, 2015). He has participated in literary readings in Chile and abroad, as well as in different poetry festivals. He appears in anthologies of poetry and narrative. He holds a master's in Latin American literature.

**Víctor Quezada** (Antofagasta, 1983) is the author of *Yoko* (2013) and *bulge* (Libros del perro negro, 2016), among other books. Currently he is organising the online project *Open Diary*.

**Maritza Requena de la Torre** (Santiago, 1984) studied literature to master's level at the University of Chile. She has participated in the writing workshops of Nicolás Cruz Valdivieso and Cynthia Rimsky. In 2017 she won honorary mention at the 7° 'Teresa Hamel' National Story Contest, organised by the Society of Chilean Writers (SECH).

**Vladimir Rivera Órdenes** (Parral, 1973) is a Chilean script and prose writer. He is the author of *What Does Peter Holder Know of Love* (awarded the prize for the best published book of stories by the Council for Books and Reading in 2013) and the novel *Floral Games* (2017). Soon he will publish the collection of stories *I Am a Bird Now*, which includes the story here.

**Christopher Rosales** (Santiago, 1989) studied Literature at Diego Portales University and Education at the University of Chile. He was awarded in the 2015 Roberto Bolaño contest and has been published in different anthologies of stories and poetry. He is the author of the novel *Spectral Songs* (2016) and the book of stories *My Life with Sasha Grey* (2017). In 2018 he published the novella *Notes for a Novel about School Massacres*.

**Pablo Sheng** (Santiago, 1995) is the author of *Charapo*, published by Cuneta in 2016. In 2014 he received a writing grant from the Council for Culture and the Arts. He was also a grant holder at the La Chascona poetry workshop at the Pablo Neruda Foundation. He received first prize in the Roberto Bolaño novel contest in 2016 and 2017. He writes for *Revista Santiago.*

**Juan Manuel Silva Barandica** (Santiago, 1982) has an undergraduate degree and master's, and is completing a doctorate in Literature at the University of Chile. He received a Conicyt fellowship for his doctoral studies and a grant from the Pablo Neruda Foundation in 2007. He won the prize for the best unpublished Chilean literary work in 2013 in poetry, for his book *Casimir*. Currently he is an editor for the publishers Montacerdos and Planeta. In 2015 he published the novel *Italia 90* (La Calabaza del Diablo).

**Cristóbal Soto Calistro** (Santiago, 1981) has organised the meetings of TrasAndes Poetry in Mendoza and Santiago with other writers since 2010. He published his debut police novel *The Case of the Dahlias* with Libros del Perro Negro in 2012. He has written many articles and reviews.

**Enrique Winter** (Santiago, 1982) has been published in eleven countries and four languages. His works include the book of poems *Tying Up the Boats*, *Skyscrapers*, *Receipt of Delivery* and *Sign Language*, along with the album *Powdered Water* and the novel *Trash Bags*. He has translated Dickinson, Chesterton, Bernstein and Larkin, and received the Víctor Jara Prize, the National Poetry and Young Story Prize, the

National Pablo de Rokha Prize and the Goodmorning Menagerie Prize, among others. He is a lawyer, holds a master's in Creative Writing from NYU, coordinates the diploma at the PUC in Valparaíso and is a resident writer at Los Andes in Bogotá.

## Un árbol puzzle de monos:
## Nota de la traductora

Al comenzar, un trasplante: el árbol de la araucaria se
encuentra en todo Chile en diferentes variaciones,
desde la clásica *Araucaria araucana* en el sur hasta
la *Araucaria angustifolia* importada de Brasil. En
Inglaterra se le llama el 'árbol puzzle de monos', y
en algunas partes del país la creencia popular dice
que un diablo habita en el árbol, de manera que se
advierte a los niños que se mantengan alejados de él.
¿Pero de dónde viene el mono del nombre? Según
un ensayo de Matthew Wilson en el Financial Times:

*En algún momento a fines de la década de 1840 o
principios de la década de 1850, Sir William Molesworth
compró, por unas 20 guineas soberanas, un ejemplar de la
entonces infrecuente Araucaria araucana para plantar en su
jardín en Pencarrow House, cerca de Bodmin, Cornualles.
Cuando mostró su inusual adquisición a un grupo de
invitados a la cena, uno de ellos, el conocido abogado y
benthamista Charles Austin, observó que las hojas duras
y muy espinosas y su extraño arreglo superpuesto en las
ramas 'sería un puzzle para un mono'. Hasta entonces, la
Araucaria, se había manejado sin nombre común aparte
de 'pino chileno', bastante insípido (y botánicamente
incorrecto). A pesar de la ausencia singular de monos para*

*que el árbol arme un puzzle en su patria chilena, no pasó mucho tiempo antes de que el 'monkey puzzler' y después 'monkey puzzle' entraran en la lengua vernácula y se atascaran. La referencia a los primates en el nombre común tampoco está limitada al Reino Unido; en Francia pasa por el más triste désespoir des singes.*

En Chile, la *Araucaria araucana* es un símbolo sagrado para el pueblo mapuche. En su 'Oda a la araucaria araucana', Pablo Neruda la utilizó para alinearse con resistencia india a los invasores españoles, así como para rendir homenaje a las semillas nutritivas de la araucaria, los piñones, que son enormes y comestibles, y se parecen a las lanzas de los guerreros: 'Antaño, / antaño fue / cuando / sobre los indios / se abrió / como una rosa de madera / el colosal punado / de tu puño, / y dejó / sobre / la mojada tierra / los piñones: / harina, pan silvestre / del indomable / Arauco.'

Cuando compilé y traduje esta colección, una araucaria brasileña estaba constantemente visible desde la ventana de mi departamento en Santiago. Tiene un tronco grueso y robusto y grandes ramas con agujas puntiagudas y curtidas que se curvan hacia arriba. Nunca antes había vivido junto a un árbol tan grande y de aspecto tan noble, y me ha llegado a parecer una especie de guardián, una fuente de fortaleza. Sobrevive a través de calor y frío, pide poco y no cambia drásticamente de una temporada a otra. Para los biólogos, es un 'fósil viviente'.

La araucaria persistió como símbolo durante todo el proceso de trabajo. Durante las etapas finales del libro, editando el pdf, asistí a una feria de libros usados en el magnífico patio interior de la Facultad de Artes de la Universidad Mayor en Santiago. En un cuaderno, comencé a anotar impresiones sobre lo visto en los estantes: literatura nacional e internacional, tratados del Este, diccionarios de música, libros de arte y cocina. Una obra de teatro popular se realizó con el acompañamiento de guitarra y teclado alrededor de una fuente que gorgoteaba efusivamente en el centro, mientras cerca niños en un rincón jugaban con las coloridas piezas de gomaespuma de un puzzle, las que no parecían de unirse.

Luego, en una sala tranquila, noté un enorme cartel con una araucaria. Sus brotes se ramificaron, y su tronco se transformó en una pluma estilográfica. La feria de este año, edición XXVII, estuvo dedicada a los escritores de la región de La Araucanía del sur de Chile, una celebración de la riqueza de la zona. Pablo Neruda, Jorge Teillier, Luis Durand, Gloria Dünkler, Miguel Arteche, Yosuke Kuramochi Obreque y otros escritores aparecieron en fotografías en blanco y negro detrás del vidrio, junto con las ediciones clásicas de sus libros.

Esto era un suave recordatorio de que existen provincias, y de que Santiago no es Chile. Hay muchos climas y regiones, y el árbol del puzzle de monos es solo un ejemplo de la vasta extensión de la naturaleza en el país. La Araucaria es un inmigrante más en la expansión concreta de la capital, arraigado en su variante chilena, generalmente sobre los mil metros.

Araucaria: orden y caos se pueden encontrar en este árbol majestuoso, algo monstruoso, con sus brazos superpuestos que se extienden, buscando agarrar algo: ¿para qué? Tal vez ni siquiera ellos lo saben, pero saben que están buscando.

Para los propósitos de esta antología, interpreté 'Santiago' de manera bastante general, llamando escritores con alguna conexión con la ciudad. La mayoría de los narradores son criaturas urbanas, más familiarizadas con departamentos y campus universitarios, discotecas y avenidas ocupadas, que con el silencio de un bosque. Por esta razón, la araucaria se transformó en el símbolo perfecto.

Al igual que el árbol que fuera de mi ventana aparece cómodo, incluso si está ligeramente fuera de lugar, lejos de su territorio nativo, todos los escritores de este libro tienen una relación parcial con Santiago. Esto se debe a que nacieron en otro lugar, o se identifican solo de cierta manera con la ciudad, o se identifican plenamente, pero limitan el mundo de sus sueños a ninguna ciudad; sin embargo, esta parcialidad no hace que la relación sea menos profunda.

Durante la transición entre las regiones físicas, o entre las regiones físicas y mentales, puede surgir una nueva flora. Estos actos de imaginación producen historias. De la misma manera, un acto de creación se produce con la traducción. La transición de la araucaria chilena al puzzle de monos inglés resulta en formas que no son solo bilingües, sino una especie diferente. Sin embargo, un elemento de misterio persiste en la relación entre historias, y entre los originales y sus versiones. Este gran libro podría haber sido cinco veces más grande, pero aún así los relatos formarían un puzzle de monos. Las ramas robustas no se entrelazan, sino que coexisten en paz.

Aquí, entonces, te esperan las ramas de una araucaria: intensa, humorística, bella, patética, grotesca. Muchas veces me sentí atraída por el vigor de una historia, sintiéndola como una rama de vida. A veces me sentía incómoda con una historia, con encarnarla. (A menudo se habla de la traducción como una especie de transformación del agua en hielo, como si no se perdiera nada en el proceso, como si la escarcha en la rama no se rompiera bajo la más mínima pisada de una ardilla).

Más de una vez pensé que la inclinación de una parte de la historia no era mi manera de inclinarme, que las sobresalientes y las protuberancias del crecimiento, su forma de arrojar cierta información de la vida o ciertas alucinaciones del sueño, eran demasiadas, que las historias caerían por su propio peso, demasiado furiosas o solitarias, o que las ramas se transformarían en los dedos frenéticos de los autores, lanzándose salvajemente sobre el teclado, desesperados o demasiado enamorados.

Pensé estas cosas cuando vi las ramas del árbol mecerse fuera de mi ventana en el invierno, sosteniendo valientemente contra una dura tormenta en ciernes.

¿Qué es una ciudad? ¿Está compuesta de deseo, horror, sueño, tranquilidad, memoria, domesticidad, agallas, de un pichintún o más de angustia o esperanza? ¿Qué es una historia? ¿Cuáles son las formas, cuáles los peligros, de escribir mitos e imaginar la geología de una mente? Ciertamente, tengo más preguntas que respuestas: el lector escondido en algún rincón de Manchester o Mumbai o Ciudad de México o Menlo Park ahora puede recorrer estos caminos de madera, doblar estas páginas, por sí mismo.

Los guío fuera de este claro de mis reflexiones hacia el bosque, hacia este árbol en particular. Puede sostener sus extremidades hacia usted en un abrazo, o hacer que miren de una manera amenazadora, o agitarlas como pompones. En cualquier caso, estoy muy agradecida de estos autores y por las palabras que nos han confiado a nosotros, sus lectores. Con el tiempo, estas piezas de madera se agrietarán y caerán, pero dentro de la rama de cada historia se puede encontrar un *piñón* exquisito: la semilla de un nuevo árbol, nuevas historias.

— Jessica Sequeira

*Daniela Acosta*

*de* El otro tiempo

**Asunto: encontré pega**
**Fecha: miércoles, marzo 25, a las 20:47 horas**

Las semanas que pasaron fueron todas mandar cv y entrevistas. Hasta que hoy me llamaron. Encontré una pega chica de medio tiempo en un call center, así que me queda el resto del día para ir a clases y pasear. Además, esta semana volví al nado. Es simplemente maravilloso.

Salgo de la piscina sintiéndome bonita. Agarro el metal y mis brazos se tensan, el agua resbala tibia por mi cuerpo. Estoy contenta porque logré hacer el círculo necesario para el estilo mariposa, a pesar de mi mal estado físico y de lo pequeña que soy. También estoy contenta porque sé que lo hice mejor que varios de mis compañeros. Me gusta esa sensación de superioridad física, de destreza, más bien, pues cualquiera de ellos podría tumbarme con solo una mano en la vida real, fuera de la piscina.

Estoy contenta y estoy linda. El agua resbala y sudo, con las mejillas muy rojas.

¿No te parece hermoso eso de nadar en una piscina? Al principio con problemas de coordinación, la respiración se agita hasta que sientes el cuerpo como una máquina, ya no piensas en tomar aire, tu cuerpo lo hace solo, te deslizas por el agua en una especie de mantra. Se desarrolla la técnica, se afinan los movimientos, como una orquesta a punto, un trabajo de todos los músculos para moverse como otro animal, uno del agua. Cambiar el hábitat por unas horas, el cuerpo hormiguea entero, los movimientos se hacen precisos y refinados. Todo para nadar sin ir a ninguna parte.

Me cautiva esa belleza sin propósito lógico. No quiero ser más rápida, no es mi asunto, aunque nado cada vez más fluidamente. Quisiera ser una con el agua, ser parte de ella, que mis movimientos se vuelvan elegantes y tranquilos en ese ambiente.

En estos días la natación me ha servido para meditar moviéndome. Has pasado muchas veces por mi cabeza mientras voy por ahí, nadando.

¿Cómo estás, mi amada? Cuéntame lo que sea, necesito leerte.

**Asunto: ser compacta**
**Fecha: sábado, abril 26, a las 10:47 horas**

Me gusta tu nombre, no el mío. Me habría gustado llamarme María si no fuera tan religioso. Un nombre solo, compacto, fuerte, corto, casi duro.

En cambio tengo este nombre que denota ternura, sumisión. Yo no hago caso, por supuesto. O más bien: lucho contra eso. ¿Tendría que entregarme? Mi nombre debiera ser Pedra, Juana, Sara, María o Ana, como tú.

¿Puedo ser yo misma si no elijo mi nombre?

**Asunto: cabaio**
**Fecha: martes, junio 18, a las 12:33 horas**

Trato de caminar lo más posible, te lo he contado. O más bien: trato de tomar la menor cantidad de transporte público, aprovechar que dispongo de tiempo para conocer nuevos caminos. Para eso, opto por agarrar calles chicas que nunca he recorrido. Una vez leí que le hace bien al cerebro eso de enfrentarse a pequeñas cosas nuevas. Dejar de seguir siempre el mismo patrón al caminar, cambiar de vereda. No sé si estimule mi cabeza o si lo estoy haciendo de la forma adecuada. También me da un cierto miedo perderme, por lo que voy haciéndolo de a poco, tratando de familiarizarme con las piedras, los árboles, las diferentes fachadas, como si todas esas cosas pasaran a formar parte de mi vida, como si yo de algún modo también pasara a ser parte de la suya.

De todas formas, a veces, casi siempre en las madrugadas, tomo algún colectivo o un taxi.

Hace un par de noches, volviendo de una reunión con las chicas del curso de cocina, el taxista, luego de que le preguntara de dónde era (su tono no parecía de Capital), me respondió: vengo de donde se le dice *cabaio* a lo que acá llaman *cabasho*.

El hombre era amable. Llegamos pronto.

Cuando subí al departamento y me senté en el living, solo con la lámpara para leer encendida, me quedé pensando en si hay caballos por ahí que corran libres, que no pertenezcan a ninguna persona. Hace muchos años había tenido el mismo pensamiento y llegué a la conclusión de que no, no había, ya no había más caballos que no estuvieran domesticados. Cuando lo pensé me puse triste.

Pero ahora, tal vez por la amabilidad del hombre, por la peculiar forma en que se presentó y pronunció las palabras, cuando eligió precisamente a un caballo para diferenciarse de los demás habitantes de esta ciudad pensé en que él era un *cabaio* libre.

Imagínate. Un caballo que escapó. Un caballo

que corre por las noches, sintiendo el viento en sus crines, que ondulan y brillan bajo la luz de la luna en los montes.

Un caballo que no se deja domesticar.

**Asunto: pobre niño con dinero**
**Fecha: martes, septiembre 10, a las 19:47 horas**

Hoy fui a la verdura. Es cierto, siempre voy a la verdura. Todos los días que me animo a salir del departamento, al menos. Estaba Verónica, que es mi favorita, pero no me atendió. Me pidió atender primero a una vieja que estaba con su hijo y le hice el gesto de obvio. La vieja me la encontré una cuadra antes, cruzando la calle. A veces voy sin audífonos para escuchar a la gente y con lentes oscuros para que no se note tanto cuando los miro. La vieja retaba a su hijo por un vuelto mal recibido. Iba con dos hijos y retaba al mayor, de unos 8 o 10 años, no soy muy buena con las edades. Le decía que hiciera las cuentas y se acordara cuál era el cambio que le habían dado. Insistió con lo mismo y con la responsabilidad de gastar plata. Una cebolla morada. Que para tener plata, hay que trabajar, que cuesta mucho. Dos tomates redondos. Que mamá y papá trabajan duro para darle plata. Un morrón rojo. Que cómo no se fija en el cambio, que tiene que ser responsable. Un repollo morado chico. Que cuando lleguen a casa se acuerde y ahí le devuelve la plata. Mejor un morrón picado, que cuesta la mitad. Que deje de llorar, que tiene que acordarse del cambio, que no puede andar así sin mirar lo que da y lo que recibe. Un rocoto, pero que pique. Que cómo no se fija en lo que da, en lo que le devuelven. Que cómo no cuenta. Que qué estaba pensando. Que tiene que ser responsable. Que la plata cuesta. Que papá y mamá trabajan todos los días para tener plata y la plata les sirve a los adultos para comprar cosas.

Ya tengo todo para hacer el saltado. Viene Alan y me cobra. Me voy.

**Asunto: sobre**
**Fecha: martes, octubre 15, a las 19:47 horas**

Cuando se va el mar de la roca y pretendes domesticarla con la mirada, pero viene otra ola y ya nada es tuyo ni lo será.

Algo más grande está sobre los objetos.

Algo más grande está sobre mí.

**Asunto: alguien se masturba pensando en ti**
**Fecha: miércoles, noviembre 24, a las 02:02 horas**

He seguido viendo a los chicos del call center, es más difícil coordinarnos, pero seguimos como antes con lo de juntarnos a comer y conversar. Soy feliz. O bueno, estoy tranquila (¿será lo mismo? A veces se me parecen mucho, si es que no se igualan). Sigo buscando otra pega, pero no ha pasado nada todavía. Recién van unas semanas desde el día glorioso de la renuncia, así que todavía no estoy desesperada. Me he forzado a dibujar más y aunque me falta disciplina, creo que lograré crearme una rutina o algo parecido, hacerme caso cuando tengo una idea y no dejar que el miedo me paralice ante el cliché de la página en blanco, que verdaderamente a veces me da terror. Ahora no tengo ninguna excusa, así que nada, enfrentarme al tema.

Eso me ha puesto contenta. No el hecho de pensarlo, sino de hacerlo. Es raro, como que se me olvida el placer y la satisfacción que me provoca dibujar, estar en ese lugar que solo a mí me pertenece, estar también ahí para los demás, entregarme.

Sobre tu asunto: no sé a ciencia cierta si la persona en la que se piensa mientras te masturbas siente algo cuando acabas. Supongo que así debería ser. Es mucha la energía, la concentración, la explosión. La otra persona debería sentir algo, que algo le pasara. Debiera haber un dicho como ese que dice que se te ponen rojas las orejas si alguien habla de ti…

Cuando me masturbo me viene una cosa: que estoy completamente segura de la conexión con la persona en la que pienso, que algo de toda esa energía y calentura debe transmitirse, ¿no? Cuando me explota la cabeza, cuando mi cuerpo completo explota y soy pura energía tiene que poder llegarle algo de todo eso.

Por otro lado, si yo no siento nada, ¿es que acaso nadie se masturba pensando en mí? No creo que sea así. Me parece muy poco probable. Me masturbo pensando en tantas personas diferentes, ¿cómo ninguna se va a masturbar de vuelta conmigo? Quizás pasa que alguien se masturba pensando en mí y yo me acuerdo de esa persona en ese momento. O algo así que tal vez no estoy leyendo. Debe haber un signo.

¿Y si estoy masturbándome pensando en alguien y esa persona reacciona y a su vez se masturba en ese instante pensando en mí? Si fuera así, puedo decir tranquila que son varias las personas que lo hacen.

Me gustaría saber qué se imaginan, qué hago cuando me piensan, que pudieran contarme, poder saber. ¿A ti no te intriga? Tal vez una forma de saber es ese momento bello de la confesión cuando le dices a alguien que te fijaste en el roce de los dedos, cuando recordaste el hombro, su textura, un diente torcido que brillaba más, y que eso te hizo masturbarte en varias ocasiones. ¿Se usa eso de la confesión o me estoy pasando?

Te mando un beso muy grande, por favor sigue preguntándome cosas.

*Constanza Anabalon Tohá*

*de* Caja de resonancia

Mi madre era del Partido Nacional y mi tía sólo era de izquierda. Sin militancia ni partido. Mi madre tenía quince años cuando comenzó la dictadura. Mi tía, treinta y cinco. El tío regalón de mi madre era un latifundista del sur, español recio (o rancio, no sé), franquista hasta la médula. El tío regalón de mi tía (valga la redundancia y posible confusión) era ministro de Allende.

Mi tía fue exonerada por las gestiones de un prestigioso académico de la Facultad de Estética de la P. Universidad Católica de Chile. Su único error fue haber asistido a una cena en casa de amigos, donde uno de los invitados era mirista. La DINA los siguió hasta la casa. Sus hijos dormían.

Mi tía fue brutalmente torturada. Mi madre no se enteró. Mi tía fue exiliada. Mi madre quedó atónita. Mi tía regresó. Mi madre entendió todo.

Una vez tomé un ramo con este prestigioso académico. Al ver la lista me preguntó si era pariente de ella. Frente a la afirmación, tembló. Les juro que lo vi temblar. En cambio, a ella se le oscureció la mirada, y me dijo que le enviara saludos. Dile que yo le envío saludos, me dijo seca. Por favor dile. Así lo hice. Nunca había visto cómo a alguien se le caía la cara de vergüenza, literalmente. Es como si su cara se hubiese transformado por unos pocos segundos en cera de vela, y hubiera comenzado a escurrir. Se derretían sus mejillas y sus manos nerviosas y sudorosas que no sabía dónde esconder. Vi cómo adelgazaba dentro de ese traje negro que solía usar, hasta hacerse polvo, nada. Una cucaracha disfrazada de académico. Kafka se revolcaría en su tumba. Boté su ramo de mierda.

*

La noche en que se los llevaron, mi tía tocaba el piano. Habían regresado de la comida con mi tío filósofo. Él se preparó un whisky y fue a ver una película de Fellini, como todos los viernes. Se sentó en el sillón de la pieza del planchado, cruzó sus piernas dejando en evidencia los pantalones con la basta muchísimo más corta que los calcetines. Mi tía, en cambio, se sirvió una copa de vino blanco y se sentó frente al piano, que estaba en el *living* de la casa de Antonio Varas. Llevaba días obsesionada con una partitura. Sentía que no lograba sacarla del todo bien. Antes fue Rachmaninoff, ahora es Bach. LA — SI — DO — SI — LA— MI — SI — SI — MI — LA — LA — MI — LA — SOL#, solfeaba mientras rayaba el papel con lápiz mina.

Estaba en eso, totalmente absorta en el tocar, en poder interpretar de forma perfecta la pieza, en cuál debía ser la presión justa que debía aplicar sobre las teclas. Justa, justa, no un sobajeo inútil con la tecla, tampoco hundirla sin piedad, debía llegar al punto justo, a la *phronesis* como le habría dicho su esposo riendo, mientras ella daba pequeños sorbos a la copa quedando su labial levemente marcado. Seguía rayando obnubilada, su largo pelo le tapaba a ratos la vista, sus rulos creaban un tejido alrededor de sus brazos, y ella los apartaba de igual forma como tocaba las teclas. Era maravilloso ver cómo se movía en su asiento, cómo era poseída por la felicidad misma, cómo era poseída por la música, por los movimientos, cómo la música y ella se hacían una sola. Imagínate, ella y la partitura una sola, cómo sus dedos se alargaban cada vez que se acercaba a la perfección de la interpretación, cuando golpearon fuertemente la puerta. Golpean con locura, suena, retumba, aparece mi tío con cara de espanto, su whisky está a medio tomar, pálido, no sabe qué hacer, es un niño que no tiene idea hacia dónde correr. Botan la puerta y entran cinco tipos, chaquetas de cuero, barrigas infladas, camisas blancas, jeans, brutales, pateando, destruyendo, mi tía corre a ver a los niños, a mi tío lo agarran de inmediato y lo botan al suelo entre tres, le amarran las manos y le vendan los ojos, mi tía corre escaleras arriba, corre a ver a sus hijos, le dice a la mayor que cuide a sus hermanos, que se escondan debajo de la cama, *que por favor no salgan, por favor mi vida no salgan no salgan no salgan de acá, no importa lo que escuchen, no salgan, no salgan, no salgan,* mi tía desesperada da vueltas en el canto de la escalera, baja no baja, si baja suben, si no baja también suben, milésimas de segundos suben no suben, apenas siente que un pie hace el amague de subir ella se lanza a correr escaleras abajo, encontrándose de frente con el puño del que daba las instrucciones. Perdió el conocimiento. Más tarde sabría que se trataba de Basclay Zapata.

*

Diez días más tarde los fueron a botar a las cercanías del Estadio Nacional, en la calle Campo de Deportes. Estaba amaneciendo, había terminado el toque de queda hacía muy poco. Los obligaron a caminar sin mirar atrás, con las manos en la nuca. Ella tenía la mirada perdida, sentía que había llegado el final. Él no tenía expresión, sólo sudaba helado. Les gritaron que se arrodillaran. Lo hicieron. Esperaron en esa posición, él con los ojos apretados, ella con los ojos muy abiertos.

Después de un rato él se volteó temblando, y los milicos ya no estaban. Se acercó hasta donde estaba su esposa, la tomó del brazo y caminaron hasta la casa. Él nunca más volvió a salir de la pieza del planchado. Se aferró a sus películas y a su canal ARTV. Ella, en cambio, se cortó el pelo a tijeretazos y nunca más volvió a tocar el piano de la casa de Antonio Varas.

*¿Habrá algo más que la muerte?*

*Óscar Barrientos*

*Corazón de látex*

Este que ven aquí, de mentón cuadrado, calva perfecta, rostro de muñeco articulado, labios finos que jamás esbozarán una sonrisa, orejas tan redondas que parecen las de un alienígena, no tiene nombre. Y sospecho que nunca lo tendré. A los que me crearon se les olvidó bautizarme. Mono, maniquí de boxeo deportivo, muñeco de golpear podrían quizás definirme. Aunque en sentido estricto mi ficha técnica rezaría así: Century Bob Training Bag, cubierto de plástico muy resistente, relleno de espuma de alta densidad. Peso. 270 Ib, 7 ajustes de altura de 60 a 78, 125 cm a 198 cm.

Pese a mi tronco musculoso, mis omóplatos dignos de un deportista olímpico, los pectorales perfectos y las calugas de mi vientre, no tengo brazos ni piernas. Tampoco los necesito. Soy un mono de goma color granate, perfectamente amputado y empotrado. Han reemplazado mis extremidades por una base con forma de resorte que contiene el peso.

Que no tenga nombre, no quiere decir que no tenga pasado. Mis orígenes se remontan a la ciudad de Cleveland, estado de Ohio. En el corazón de un polígono industrial populoso y urgente. Una vez salido del gran útero de la fábrica, fui embalado y despachado en un hermético ataúd vía Panamá hasta llegar a Santiago de Chile, y de ahí, rumbo a la región de Magallanes y Antártica Chilena. En ese trayecto sólo escuché voces, la dialectalidad confusa de lo que no importa.

Fui adquirido vía internet por un profesor de artes marciales radicado en la ciudad de Punta Arenas, un tipo sonriente de apellido ruso que tiene en la polera estampadas las banderas de Estados Unidos, Japón y Tailandia ya que practica técnicas combinadas de *full contact, kick boxing y muay thai*. Su academia queda en calle Quillota, en pleno barrio croata y es una vieja casa de lata amarilla que en otrora fuese una frutería que el mismo atendía. El dojo posee un tatami y un ring de boxeo. Las paredes están tapizadas por posters de ídolos del combate y por guantes, palmetas, protectores, escudos. También tiene una vitrina de trofeos, trozos de triunfo, fragmentos de gloria.

Tampoco crean que mi supuesta inmovilidad sea un fin en sí mismo. Mi rutina semanal es muy intensa y puede definirse así. Los alumnos saludan al profesor con una reverencia y pronuncian la palabra 'os', vocablo que traduce la venia o señal más visible de que todavía estás dispuesto a aprender lecciones nuevas. Luego trote, abdominales, flexiones, dorsales. Ahí entro yo, el maestro les explica usando mi cuerpo las zonas de contacto propicias para provocar más daño al adversario tanto en la pelea callejera, como en el ring. Ahí recibo codos circulares y patadas en las costillas, la clavícula, el abdomen. Los días lunes y miércoles llega un grupo pequeño compuesto por tipos un poco mayores, estudiantes universitarios, contratistas, padres de familia pasados los cuarenta y profesionales jóvenes estresados. Los martes y los jueves arriban más de treinta personajes, algo más violentos que trabajan de estibadores, obreros de la construcción, bodegueros, peonetas o que empaquetan cajas en Wall Mart. Hasta la violencia es clasista al momento de repartir puñetes.

Para que el simulacro de la pelea sea sublime, suenan en los parlantes la banda sonora de Rocky I, II y III. Aunque mi favorita es *Eye of the Tiger*. Así que cuando recibo los golpes, yo mentalmente les traduzco 'Es el ojo del tigre / es la emoción de la lucha/ Risin ' preparado para el desafío/ de nuestro rival/ y el último superviviente conocido/ acecha su presa en la noche' *jab y cross* 'Risin' con la espalda recta a la cima/ teniendo las agallas, tiene la gloria/ fue a la distancia/ ahora yo no voy a parar/ sólo un hombre y su voluntad de sobrevivir' *jab y uppercut de derecha* 'Ojo de tigre/ cara a cara, en el calor' *jab, jab y swing*. En eso me paso la tarde.

Si mi cuerpo no fuera esta paradoja, si no tuviera el corazón de latex, si todo no fuera esta permanente anestesia, estoy seguro que me dolería mucho el zurdazo que me propina un sujeto rapado con tatuajes en el cuerpo y aspecto de *skinhead*. Si tuviera piernas y brazos el vuelto no se lo llevaría en besos. Pero yo soy el ángel de la contención. He sabido que ahora apareció un modelo nuevo llamado *slam man* o saco de boxeo con apariencia humana y que va equipado con un ordenador, dotado de ocho LEDs, así que el entrenamiento consiste en golpear siguiendo la secuencia de los blancos luminosos, los sensores detectan los impactos y pueden calibrarse con tres niveles de sensibilidad. Uno de esos, supongo, me reemplazará cuando jubile.

En una vuelta, un milico del Regimiento Pudeto me dijo: '¿Y tú qué mirai, comunista de mierda?' Le hubiese contestado: 'Tu cara de gorila imbécil y descerebrado'. Pero no tengo voz. Además es inútil explicarle que justamente yo nací en la cuna del imperio capitalista, que si alguien fue parido por el libre mercado ese justamente vendría a ser yo, que soy el representante de la simulación. ¿Qué se yo de El Capital, el 18 Brumario y el Che Guevara? Nada concreto, sólo que en la goma y el plástico radica la sabiduría del mundo, la desechable sapiencia que adoptaron todas las eras inútiles. Lean en mí el abecedario de lo inútil.

Algunos me llaman 'mono porfiado' por el vaivén, porque siempre retorno después de la trompada. En el fondo, también me parezco a ellos, en eso de la porfía. Y también por otras cosas. Hay tanto que quisimos ser y sólo somos ferrocarriles en el agua, porque la felicidad no cuadra en el diseño de nuestra existencia. Así que como dicen los curas 'Ora et labora' Mi trabajo consiste en volver con toda la inercia a abrazar el puño, negar la existencia del dolor.

Le escuché a uno de los muchachos comentarle al profesor que cuando era un bebé estuvo a punto de morir por una deficiencia cardíaca. Se salvó milagrosamente gracias a las oraciones que su madre elevó a San Sebastián. Por ello, la señora, hasta los días de hoy, todos los años viaja a Yumbel para cumplir la manda por el favor concedido. Cuando hablaban, me imaginaba al mártir del cristianismo, al santo de Narbona que se negó a la idolatría que implicaban los ritos paganos y prefirió ser amarrado a un poste y entregar su cuerpo al castigo de las saetas antes de renunciar a la fe. Así, el Apolo cristiano recibe la congoja de los otros y le entrega a cambio un milagro. Es curioso que, aunque ambos sabemos tanto de la geometría del dolor, yo envidie su destino. Quizás porque no puedo devolver nada.

Supongo que la vida es un poco la repetición de los mismos vicios.

También los escucho planear sus asados para el fin de semana, ahí mis pupilos golpeadores se sumergen en el humo de la leña como en la niebla viscosa de una identidad también simulada, donde hasta pueden enorgullecerse del antepasado croata ustacha o del chilote rompehuelga o torturador, porque vino desde lejos con una mano delante y otra atrás a fundar el comercio y la agricultura en medio de un paraje que se asemeja a una base lunar. Yo también soy un pionero. Igual vine desde lejos hasta aquí. Mi oficio es recibir golpes.

Cuando las luces se apagan me quedo solo en la oscuridad. A veces dialogo con los poster de Bruce Lee, Chuck Norris, Jean Claude Van Damme, Jet Lee, Steven Seagal. Nuestro silencio es un diálogo, ya que ellos también callan, son la representación de alguien que encarnó un personaje. Algo así como yo. Si tuviera lágrimas, lloraría. En los fines de semana invernales escuchó en la oscuridad a unos jóvenes que rapean en la esquina, en medio de la nieve, como si fueran neoyorquinos. Ay, como quisiera que mi corazón rompiera el plástico y salir con ellos a disfrutar la intemperie, el duende del suburbio.

A veces mis ojos dan a la ventana. Logro ver una estrella. Creo que es Dios. Le rezo mi plegaria para que antes del vertedero y en el cese del beso de los nudillos, se lleve mi alma unos minutos al paraíso de los muñecos articulados para alcanzar la vida eterna, la completitud, algo.

*Natalia Berbelagua*

*El origen de mis palabras de piedra*

Vino un gran temporal que impidió por varias jornadas mis labores de jardinería. Hubo días en que estuve bien, pero vinieron otros que me llenaron de pánico. Comencé a tomar una mezcla de hierbas traídas desde Lima con el fin de ayudarme con el útero y la enfermedad trofoblástica. Por la noche dormía con unas hojas de repollo tibias sobre el vientre y a la mañana siguiente iba a enterrarlas en el patio.

El salir a enterrarlas ya era toda una complejidad, porque parecía que se iba a acabar el mundo de tanto llover, y los árboles del comienzo del bosque hacían gestos circulares y se acercaban peligrosamente a la casa. El escritorio estaba en línea directa a sus troncos, entonces no había más que enfrentar mi eterno miedo a la muerte. Apagaba la música y me dedicaba a mirar el baile de las maderas, y si no soportaba la angustia, me iba a acostar tapada hasta las orejas, para no seguir pensando.

Cuando leí 'Escribir' de Marguerite Duras, vivía en el cuarto piso de un edificio vacío. El departamento era una caja metálica que le golpeaba el viento por todas partes, y por temor o arrojo, me sentaba en la cocina con la música fuerte a mirar desde el interior de esa pajarera el movimiento de la calle. Recuerdo una frase que escribí en esa época: *Lo único que la hacía pensar que estaba viva, era la música de los cables de luz.* Esa alta tensión quedó atrás después de una intoxicación involuntaria con gas mata termitas y los planes de irme del país, que nunca concreté. Duras, decía en su libro, que nunca hay que mostrarle los escritos a los amantes o a los maridos. Recuerdo como si se tratara de una maldición, el darle a leer uno de mis cuentos a un científico de Guatemala, especialista en árboles. Nos vimos por primera vez en una fiesta cuando una turba me tiró a sus brazos, y luego yo estaba ahí, ese fin de semana, publicando un libro en extremo melancólico que sellaría la secuencia fatal de que me acabara leyendo. No todo fue tan malo. Hablamos durante varios meses, algunas veces por teléfono, donde me corroboró que una alucinación que tuve con amanitas muscarias era real. Las raíces de los árboles tienen electricidad y están interconectadas por debajo de la tierra.

Leer a Marguerite Duras es querer adosarse a un tratado de la soledad, como si ella fuera tu vecina que bebe con la cortina abierta y prácticamente no come. Recuerdo un pasaje de alguno de sus libros donde decía que no tocaba el piano cuando estaba sola, y que si hubiese sido una profesional, no habría escrito. Sé de lo que habla, porque a veces pienso que mis dedos tienen vida propia, se manejan más allá de lo que yo desee o espere de ellos. Cuando no escribo por tres o cuatro días, se ponen rebeldes, y se resisten a apretar las teclas que corresponden o se ponen tiesos como dos lapiceras. Rafael me contó una vez que habían creado un primer teclado que era mucho más rápido y funcional que el que se popularizó, pero que por cuestiones médicas había salido del camino, porque era tan veloz que podía causar daños en las falanges. Tal vez debiera tratarme las manos con más cariño. Si algún día decidieran independizarse de mí y hacerme la vida miserable, no podría rascarme ni los ojos.

Después de los asuntos médicos volví al pueblo con la energía renovada de querer vivir y los dedos desacostumbrados al teclado, así que retomé la jardinería. Era fin de semana largo, por lo que había algo más de actividad en el pueblo. Circulaban parejas jóvenes en camioneta intentando encontrar terrenos para comprar, a los que no les dábamos ninguna información por recelo.

Las cosas con Rafael estaban tan bien como cuando nos habíamos conocido. Después de las turbulencias de un vuelo incierto nos conocíamos en profundidad y disfrutábamos cada momento juntos. Sabía que nuestra vida era también una extensión del lugar en el que habitábamos. Y así un día cualquiera se había ido esa incomodidad de ser ciudadana de la nada y el miedo al olvido. El trabajo de sacar maleza me hacía querer el terreno, y las raíces tras la lluvia eran dóciles conmigo. Salían al primer intento, y aquellas dueñas del espacio sucumbían ante mi movimiento preciso de los tres golpes de metal.

No me di cuenta cómo fue que mi fuerza y la misma tierra, que parecía querer ser reforestada, estaban contribuyendo silenciosamente a que me apegara a la vida. Florencia me escribía, para comentar los avances sobre la lectura del diario de Sylvia Plath, y su reflexión era que tanto ella como yo, es decir, nosotras, un cierto tipo de mujeres, íbamos en un tubo directo hacia la muerte, pero mi estómago, que tenía una nueva fuerza vital, me llevó a contestarle que se podía traducir la experiencia de ir por ese tubo, por haber nacido en el espiral de un hoyo negro, pero se podía hacer algo al respecto.

Para mí, una descendiente de dentistas, el tener un embarazo molar era el signo más claro de que mi ataque a mí misma venía desde antes de nacer. Y en la palabra etimología, la disciplina a la que recurría para mis análisis psicoanalíticos, encerraba el molo en la mitad, resguardando en sí misma, el origen de mis palabras de piedra.

Ese fin de semana, antes de salir a buscar leña a unos cuantos kilómetros donde teníamos una reserva, abrí por bibliomancia el diccionario de símbolos, y apareció lo que andaba buscando. Leí con apertura de los sentidos y comprendí que las piedras están vivas, que no deben ser talladas porque se profanan, he ahí el destino trágico de los escultores, y que las mujeres enfermas como yo, tenían la posibilidad de sanarse frotando con una piedra la parte moribunda, para encerrar ahí el maleficio.

Salimos de la casa y tomamos la carretera. De camino vi unas gallinas al borde de picotear unos vidrios molidos, lo que me llevó a pensar en huevos transparentes. Cuando llegamos al lugar de la reserva, nos encontramos casualmente con Alicia, una mujer del lugar con fama de bruja que tenía unos terrenos que íbamos a comprar. Apareció de la nada, como sin camino, y llevaba en la mano derecha un balde con callampas amarillas recién recogidas. Era una versión mía, mapuche y analfabeta, con los ojos como dos almendras, la cara angular y el pelo espeso. Nos saludó y entró en la retahíla de los hombres y mujeres del campo, el habla en bloque que no permite interlocutores. Habló de que ya no tejería más calcetines para vender porque las callampas eran más lucrativas y la hacían salir de la casa. Después habló sobre los abogados y los jueces y los trámites de los terrenos, de su hijo enfermo al que querían declarar interdicto, de medicamentos, leña húmeda y otras cosas. Solo preguntó si éramos pareja y dijo que estaba bien, que Rafael estaba en buena edad para eso. Antes de irse le pregunté por las hierbas que sirvieran para los problemas del útero, y mencionó el poleo, la salvia y la menta blanca. Una vez que cargamos la leña y que Alicia seguía hablando afirmada del otro lado de la reja como un animal del zoológico, bajamos por otro de los caminos suicidas de Rafael para llegar a otra playa desierta. Nos recibieron unas rocas amarillas y rosadas, la arena estaba llena de cuarzo y espuma blanca. Nos sentamos en una de ellas a ver cómo la marea subía. Dentro de poco volvería a llover.

Cuando íbamos subiendo por el cerro convertido en greda, mi celular se volvió loco y le envió un mensaje a mi madre que involucró unas letras sin sentido, el emoticón de una cara sudada, una parte del número de su carné de identidad y una cancha y un guante de box. Apagué el teléfono, porque me sonó más a virus que a premonición y caminé hacia el auto. Rafael le quiso tomar una foto al contenido de la maleta, un cerro de piedras, maderas y unos atados de algas que hicimos nosotros mismos. Yo me instalé detrás del vidrio. Ahí fue cuando creí que Alicia se había devuelto para despedirse o seguir monologando, y él del otro lado se giró porque sintió lo mismo. Pero solo vi pasar algo humano o no humano y transparente, y nos quedamos pasmados con la idea de que los rumores podían ser ciertos.

Cuando encendí el teléfono, llamé a mi madre desde afuera de la panadería para preguntarle si tenía algo que decirme, pero solo me contó de un sueño que involucraba a varios de sus primos. Uno decía que ya iban a llegar los otros, que están todos muertos hace años. La escuché hasta el final, también sus nuevas preocupaciones por su salud, no le dije nada sobre el guante de box ni los números. Mi nueva actitud involucraba cierto distanciamiento del útero primordial, del que me había desprendido hace treinta y tres años.

*Juan Carreño*

*de* Budnik

*Viernes 21 de junio del 2012, 2:14 am*

Yo abandoné la pizzería porque estaba viva y en cualquier momento le tiraba los shops, los panes de ajo y las pizzas por la cabeza a todos esos cuicos conchasdesumadre, fantaseaba con mancharles la ropa con aceto balsámico y con pegarle una patada voladora a ese viejo culiao que me gritó ¡TÚ SIEMPRE TRABAJARÁS DE GARZONA!, por haberle contestado que si tenía tanta hambre, que si quería comer rápido, se fuera mejor a un macdonald y dejara de güear en una cagá de restorán como éste, pero no, luego de haberle tirado el baucher al suelo me dijo altanero, salivando, el muy hijo de puta, ¿estás enojada porque no te dejé propina?, ¿ESTÁS ENOJADA PORQUE NO TE DEJÉ PROPINA?, por eso yo me viré, porque estoy viva, porque quiero estar viva, roja de pena y de rabia me fui a la bodega donde me aguanté el llanto, me tiré agua helada en la cara, me miré en el espejo y lo decidí: salí en dirección al bar de la pizzería, le dije al negro John que me entregara una botella de jim bean, que el jefe la había mandado a pedir (ése jalero facho repugnante), cuando me la pasó me despedí de él con un beso en la mejilla y salí a la calle corriendo, todos los edificios, los más altos y colosales de Latinoamérica reflejaban la luz de manera violenta, enceguecía lo fálico-arquitectónico del empresariado y sus espejos, ellos, los pichula de perro, dueños de un país donde juegan a la semana de la chilenidad y a la crianza de caballos de raza, todo bajo un estricto árbol genealógico, los equinos más ilustres de estas tierras, reflejo de ellos mismos, sí, sangre pura, fría y el vértigo de ver a todas estas personas vestidas iguales, hombres con camisas color crema, pantalones de tela sin riesgos ni hilachas, todo zurcido en Vietnam pero representado por intentos de madre y rostros arios de campañas publicitarias, porque toda la puta familia chilena se refleja a sí misma en la publicidad, en los espacios de poder, se reproducen endogámicamente, con instinto de poodle meón pajero, porque esto es Sanhattan, la punta de lanza, la punta de un pico donde se solazan los dueños de todo, aquellos rezagados de la experiencia que están adentro de estos edificios donde siempre me ha costado un trabajo infinito imaginar vida, '¿estás enojada porque no te dejé propina?', ¿¡qué me importa a mí que su hijo se haya demorado 15 años en comprarse la carrera de medicina!? Vaya al macdonal si quiere comer y tragar algo rápido como todos los chanchos culiaos de esta zona, pero aquí se me abalanza la imagen de un pitbull que asesina un perro, y yo, tirada en el pasto a orillas del Mapocho, junto a obreros que en su hora de descanso fuman su paragua, le pegaba unos chorros a la botella, tímidamente, como un animal en peligro de extinción bebiendo del pozo, pero con una convicción de laboratorio, de un sabor plástico (todo este espacio está lleno de cámaras y control), y brindada por el negro John, que una vez intentó seducirme para la fiesta del 18 de septiembre, brindaba por don Miguel, el nochero que cuidaba la pizzería, que siempre me tiraba los cagados cuando nos veíamos por las mañanas, brindaba por la bomba que se le puso al monumento a Jaime Guzmán (la pizzería está a menos de 100 metros de ahí), y le pedí a Dios y a Satán, al pueblo Sirio y al Norcoreano, y a todos los que de alguna manera conformamos el universo existente, que un santo suicida agarré un avión y se estrelle contra el Costanera Center dejando hecha mierda a todas las tipas que se andan probando vestidos o mirándose de reojo en el espejo (menos a mis amigas que chorean en las tiendas), quería que todo ese espacio, el eje del mal en Chile, se viniera abajo, ejercitaba mi mente en el caos, necesitaba de la violencia como los ricos necesitan perdedores, brindaba por los motoristas peruanos, por todos los inmigrantes que le trabajan y le chupan la callampa y le sacan brillo a los dueños de Santiago, por los colombianos, cubanos y haitianos que desembarcaron en este puerto creyendo ingenuamente que por un celular o un par de zapatillas dejarían su color, olor y pobreza, brindé por el río Mapocho que arrastra toda la mierda de los barrios altos a los núcleos pútridos de la ciudad, brindé por todos los deportistas disfrazados de deportistas, por los que paseaban a los perros y les deseaba enfermedad y cáncer, quería que lloraran al salir de las duchas al darse cuenta de la finitud material y que desde la altura de sus puestos estaban haciendo carne molida con los de abajo, los mismos que al desclasar la cabeza y el cuerpo entregan el corazón en bandeja, despreciables guardias de supermercados que tantas veces me tocaron y golpearon cuando me pillaron con las botellas y los quesos bajo la chaqueta, brindé por todos las niñas y cabros que crecieron solos en sus casas porque sus padres llegaban tarde a comer y a dormir con la tele prendida, porque yo estaba tirada en el pasto, frente al río, dios impredecible, y el cielo era lo más parecido a una medusa en descomposición, una lágrima de ballena, escupí la tierra, me dije que nunca más me metería con ellos, todo estaba acabado, archivado, sentía que lanzaba a un frigorífico toda mi experiencia, no quería ver más dueños, oficinistas, secretarias, juniors adolescentes, yo era la más parecida al Estrecho de Behering en ese instante fulguroso, sentía que dejaba pasar las bestias migrantes, con las semillas inauditas pegadas a sus lomos para que fueran a encontrar la muerte a la concha del mundo, al final del ají, apretando los dientes como si fuera la dueña de un secreto (que era de lo único que me permitía ser la dueña), me decía que nunca más les serviría la comida, nunca más les retiraría los platos sucios, jamás, desde ese segundo, volvería a sonreír por una propina, porque me di cuenta que estaba viva y respiraba, tenía conciencia del aire que me entraba a los pulmones, pensaba y se me hacía inverosímil la fórmula química de mis ojos con las consecuencias del orden de afuera, me golpeaba la cabeza con las manos, me decía Anita, qué chucha esta güeá, y brindaba por mis manos y mis piernas, por los caminos del desierto que se dirigen hacia la selva y el horror, cuando se me acerca este tipo, una especie de secretario o contador en práctica que duerme con su madre, mucho gel, mucho Axe, a preguntarme que por qué lloraba, mi niña, y yo, qué llorar conchetumare, ¿no ves que estoy contenta?, y ni la falta de estrellas de la ciudad hizo mella en mi espíritu franco de odio y amor por la violencia, caminé Santiago abajo como en una caminata lunar, de pasos extremadamente largos y lentos, quería un beso y un abrazo, sobre todo un abrazo, buganvilias o arreboles, quería estar con mis amigos homosexuales, drogadictos y lesbianas y gritar, quería que me mordieran el corazón y que todo se me chorreara como un pan con exceso de palta, quería abrazar a un par de amigas y llorar cantando, pero sólo me encontré con la calle San Antonio atestada de funcionarios y obreros que volvían a sus casas con bolsas en las manos, todo el mundo con bolsas plásticas, como si llevaran trozos de un cadáver, un homicidio colectivo, nunca voy a tener plata para pagar la micro, le dije a la anciana vestida de amarillo que resguardaba el pago por el servicio de transporte, yo no voy a ser ni más rica ni más pobre, me contestó, levantando los hombros, resignada, como escolar pobre embarazada, dejé pasar una y dos micros, trece y catorce más, todas llenas, empañadas, ¿acaso tú sabes cómo es la mirada de una cabeza de chancho en la vitrina?, y seguí dándole mi alma a la botella como un vaquero antes del duelo final, nuevamente nunca más volvería a ver aquellos rostros con los que alguna vez trabajé como garzona y que por error confundía con amistad, cierto compromiso canero a consecuencia de la educación sentimental exigida a los que siempre nos marchamos, a los que siempre tenemos que despedirnos porque un algo nos dice ya cabrita, si continúas con el espectáculo te pudres, de la cara te brotarán gusanos, vírate u olvida el sueño: para llegar al camino en el que estás debes abandonar la ruta que has elegido, no hay atrás ni adelante, nadie vendrá a despedirte a la estación, esta es una práctica de buzos o paracaidistas, higiene al vacío de los que no aguantan, pero que de verdad no aguantan más las sucesiones del tiempo y sus rostros, hay que abandonar, Anita, la pérdida es lo único que te pertenece, y refugiada en mi botella robada y mi poca tolerancia al copete, estuve mucho tiempo mirando el pasar de las micros que me servían, una especie de metáfora intratable en ese mismo instante, hasta que la noche, el hambre y los perros me la ganaron, me subí a la micro, y aquí estoy, sentada al fondo, al final, fumando paragua con vendedores ambulantes que me tratan de mi niña como si yo tuviera los mocos colgando aún, me regalan calugones, yo les convido de mi trago, que me lo terminan por matar, hombres, cómo no, un guitarrista nos acompaña con Sol y Lluvia y por la ventana de la micro, que es lo más fiel a mis sueños, la neblina lo cubre todo, fábricas, blocks, grafitis, y me trato de no dormir, aunque todo hace mucho tiempo parece lo contrario, porque yo me llamo Ana Rosa Tapia, vivo en el paradero 30 de Santa Rosa, en Venancia Leiva, en un departamento, sola, huérfana y ex trabajadora, actriz, 26 años, sin trabajo teatral hace más de dos años, dos años de garzoneo partaim hasta el día de hoy, en el que decidí tatuarme a cuchillo y fuego que no me dormiré para olvidar el sueño, que me mantendré despierta para defraudar a todos estos jiles culiaos que me invitan a sus casas con la ingenua esperanza de que yo les pueda chupar la callampa, ay, Anita, ¿con esa boquita comes?

*Juan Ignacio Colil Abricot*

## Mi amigo Marinao

Mi amigo Marinao tiene un carro en el que vende completos y bebidas. A veces muy de noche he pensado en ir a conversar con él, pero siempre hay algo que me retiene o que me hace olvidarlo.

Lo conocí hace varios años cuando trabajábamos en el mismo lugar, pero nuestra amistad surgió un día en que sin aviso se sentó enfrente mío y me pidió que escribiera su historia. Me dijo que él había tratado de escribirla varias veces, pero nunca alcanzaba a terminar una frase. Sé que tú escribes y necesito que me ayudes, eso fue lo que me dijo. Cuéntame tu historia, le dije sin mucha fe. Comenzó a hablar con una voz tímida, pero con los minutos fue ganando confianza y su relato fue llenando la oficina. Me habló de su juventud, de sus años en un liceo técnico, de su amistad con un tipo que también era rechazado por el resto de sus compañeros y que, con el paso de la rutina escolar, se fueron haciendo amigos hasta que se metieron en lo del robo. En ese punto mi curiosidad despertó y me sentí un verdadero escritor. Algo así como el Truman Capote de 'A sangre fría'.

Su amigo le enseñó un verde billete de cien dólares y le dijo que sabía dónde había más. Bastaron esas palabras para abrir una ventana. Planificaron el asalto con la calma que pueden tener dos muchachos de dieciséis años. A veces se sentaban en la plaza y dibujaban sobre la tierra con un palo el plano del lugar. Otras veces solo caminaban por los pasajes de la población lanzando ideas vagas e imaginando una vida de lujos.

Se trataba de una agencia de viajes situada en un barrio elegante. Comenzaron a observar, a tomar los tiempos, a contar a la gente que trabajaba y sus horarios, consiguieron un socio experto en cerraduras y así como conversaban y planificaban fueron pasando los días, hasta que llegó el momento final.

Se reunieron por la tarde en un parque que estaba a unas cuadras de la agencia. Casi no hablaron. Esperaron hasta que se hiciera de noche, caminaron las cuadras que los separaban de su objetivo y entraron al lugar. Descubrieron un cerro de dólares y luego apareció un cuidador que nunca habían considerado. Un viejo que los amenazó con un escobillón tan viejo como él. Sin pensarlo mucho lo tiraron al suelo y le dieron un par de puñaladas, luego lo amordazaron y lo metieron en un baño. El viejo se desangró por un par de horas. Pusieron los billetes en sus bolsos, mientras pensaban en la vida que se les abría por aquella ventana que dibujaban en sus mentes ingenuas. Cuando se fueron pensaron que todo había sido una jugada maestra, el golpe perfecto. Dieron vueltas a bordo de un Mercedes por un Santiago que amanecía. Se reían, se miraban y volvían a reír. Pensaron en buscar una puta y celebrar su nueva vida en una cama grande y una botella de champaña. Pensaron en la ropa que se comprarían. Marinao también pensó en comprarse una radio casette y pasar las tardes escuchando música. Las calles comenzaban a iluminarse con una luz fría y ese Santiago de mediados de los años ochenta les pareció una ciudad que los llamaba a gritos.

Los atraparon a las horas. Nunca se dieron cuenta por donde apareció la policía. De improviso se vieron rodeados, empujados, encañonados, derrotados. A golpes los tiraron al suelo. Ni siquiera alcanzaron a gastar un solo billete. No hubo puta ni celebración ni radio casette. La ventana que había vislumbrado se cerró de golpe. Marinao estuvo preso dos años. En la cárcel vivió de todo. No me dio mayores detalles, pero ese todo incluía golpes, riñas con estoques, tipos a los que quemaban con agua hirviendo, violaciones masivas, días de incomunicación, el menú completo.

No pregunté detalles. Dos años. Me dijo con dolor y luego un silencio se apoderó de él por un largo segundo. Dos años y yo aún no cumplía los dieciocho. Mis viejos se gastaron todo por buscar un abogado. Perdieron la casa y se ganaron el desprecio de los vecinos. El sujeto los entretuvo durante los primeros meses leyéndoles códigos y hablándoles de casos similares. Los hizo firmar papeles, los citaba a oficinas oscuras en el centro. Luego desapareció. Les costó darse cuenta que el tipo los había embaucado y yo ahí dentro sin poder hacer nada, sin nada que ofrecerles a mis viejos que se iban secando de pena y rabia. Marinao hablaba con los ojos puestos más allá de mí. Hablaba como si estuviese en un espacio abierto. La libertad le llegó de improviso. Una mañana simplemente ya se encontraba en las calles con las manos en los bolsillos. Me contó que buscó trabajo, aplanó calles tratando de encontrar lo que fuera, enfrentó decenas de entrevistas y test, y por supuesto nunca pudo encontrar nada. Sus años de cárcel lo seguían y no lo iban a soltar. Nadie estaba dispuesto a correr riesgos. Una vez que falseó los datos de sus papeles, las puertas de un trabajo honesto por fin se abrieron.

Intenté escribir su historia durante mucho tiempo, hice dos o tres ensayos que no me gustaron y a él tampoco. Pero eso no nos importó porque nos hicimos amigos o algo parecido. Luego él se fue del trabajo y solo nos vimos un par de veces en los meses siguientes. En una de esas oportunidades me contó que algo había sucedido con su hija, no me dio detalles, y eso despertó viejos fantasmas en él. Se veía mal, parecía nervioso, cansado. Me habló de su niñez y de su viejo que era de Puerto Saavedra o algún lugar cercano. Me habló de cerros y de olas golpeando la costa. Me habló de la lluvia y de cielos cerrados. Me contó la historia de sus tíos y lo que le habían hecho cuando él era un niño. Me habló del desprecio, de las burlas. Me dijo que tenía miedo de verlos porque podía llegar a matarlos. No había dramatismo en sus palabras. Le dije que no lo hiciera, que no valía la pena. Pensé que debía decirle algo que lo tranquilizara. Algo que aquietara sus ímpetus de venganza. No sé si me entendió. Creo que al final logró pensar con más calma el asunto.

La última vez que lo vi fue por casualidad, me lo topé en una calle del centro. Él venía saliendo de un banco. Conversamos un momento y me contó lo del carro de completos. Me dijo que ahora trabajaba de noche y que deseaba conversar conmigo. Le dije que bueno, que un día de estos pasaría. Creo que ya han pasado un par de años de ese encuentro.

*Matías Correa*

*de* Autoayuda

Antes de descubrir la autoayuda, incluso antes de acomodarse a su nueva cara, Genaro conoció a Delphine. Tal como le pasó con la pintura, también fue en Lovaina donde aprendió a familiarizarse con esa francesa despreocupada por el maquillaje, el sicoanálisis, y las películas en blanco y negro. Ella era de Marsella y estaba en Bélgica terminando un magíster en bioquímica. En la biblioteca de la universidad, se sentaban a unos diez puestos de distancia, ocupando todas las mañanas, de lunes a sábado, cada uno el mismo lugar.

Cuando la veía de cabeza sobre los libros gordos que estudiaba, su pelo negro se tragaba la poca luz que había en la sala de estudio. Delphine tenía la piel pálida, tanto que al encorvarse sobre la mesa aparecía una nuca blanca de maniquí. Genaro decía que era linda y chiquitita, menuda:

—Parecía estar esperando a que la envolvieran como una sorpresa, con cinta, papel de regalo y todo.

Después de un tiempo, en vez de paisajes y retratos de filósofos, Genaro empezó a llenar blocks de dibujo con los bocetos que hacía de ella. Comenzaba con lápiz mina, primero por su cuello, parte de la espalda y los hombros; de ahí, con tinta china, acababa el pelo, y, más tarde en el dormitorio, usando acuarela, coloreaba su nariz, los ojos, sus labios, toda la cara y las orejas. Un día cualquiera, mientras la dibujaba, Genaro se descubrió siendo espiado desde el otro lado de la mesa que ambos compartían. Se puso rojo entero, acalorándose tanto que comenzó a traspirar. Ella lo notó nervioso, sonrió de vuelta y Genaro se escondió tras sus apuntes. Él le preguntó su nombre antes de abandonar la biblioteca. Después hubo un café, un par de salidas al cine y algunas fiestas con gente que Genaro ya no recordaba. El primer beso lo compartieron en un bar de estudiantes, donde grupos de novatos vitoreaban en coro los nombres de sus respectivas fraternidades.

Los dos todavía tenían menos de veinticinco y la primera vez que se desnudaron, una tarde de invierno, Genaro comprendió que, enclaustradas en eventos físicos, las experiencias más reveladoras pueden compartirse sin la ayuda de una sola palabra. No en la cabeza, tampoco en la punta de la lengua ni menos en el corazón: los sentimientos sobreviven en la superficie de la epidermis. Esta epifanía la tuvo en la pieza que arrendaba Delphine, envuelto en sábanas, dentro de su cama. Descansando entre las piernas de Genaro, ella le dio lecciones sobre las capas de piel que separan el cuerpo del resto del mundo, el sistema endocrino, el nervioso y también las carreteras neuronales, esos mapas que inadvertidamente se trazan en la corteza cerebral cada vez que uno repite conductas, palabras y gestos, como cuando se intentan los mismos besos con la misma persona.

—Eso duró —me confesó Genaro— hasta que Delphine se vino conmigo a Santiago, después de la defensa de mi tesis doctoral. Acá alcanzamos a vivir juntos dos años y medio. De repente un poco menos —hizo una pausa—. Un día me pidió perdón: se había enamorado de un compañero de trabajo. Le pregunté por su nombre y ella me devolvió las llaves del departamento. Ahora viven juntos en una comunidad ecológica, camino al Cajón del Maipo.

Quise poner mi mano sobre uno de sus hombros, esconder con un ademán el silencio que flotaba entre nosotros. En vez, abrí la boca y me escuché decir «Puta» en un acto reflejo, tras el cual la ausencia de palabras se prolongó todavía más, hasta que él replicó:

—Puta... No sé, no creo. Se casaron, tienen una hija. Contraté a un tira jubilado para hacer averiguaciones. Su marido se llama Pedro Pablo Cerda. Un químico farmacéutico, que ahora tiene cuarenta y tres años.

Pregunté si nunca se atrevió a encararlo:

—Porque algo tuviste que haber hecho.

—Claro, casi —contestó titubeando—. Un día lo esperé en la carretera, frente a la parcela donde vivían y seguí su camioneta hasta llegar a un camping. Estaba solo cuando se bajó. Quería pegarle y me quedé en el auto, con las ventanas cerradas, esperándolo. Al volver, el tipo venía con una niña de la mano. Era chiquitita y blancucha. Tenía un gorro de cumpleaños en la cabeza y acarreaba una bolsa. Con dulces, supongo. Me puse a llorar ahí mismo, asándome de calor, sudando, con el motor apagado.

—Puta.

—Sí, puta.

*

En el curso de los acontecimientos posteriores no hay originalidad alguna y lo que mi vecino hizo tampoco fue inteligente: como el fingido funeral de una tía abuela o un resfrío de mentira, Genaro convirtió a Delphine en una mala excusa para eludir algunas de sus obligaciones más urgentes: comer bien, dormir de corrido, trabajar, mantenerse vivo.

Mi vecino había decidido matarse de a poco por una mujer que no lo quería:

—Después de explicármelo por mail y gritármelo a la cara, Delphine me lo cantó en castellano y de corrido, por teléfono: «Genaro, ya no te quiero». Eso fue un jueves. Estaban terminando mis vacaciones. Al día siguiente partí al campo, donde vive mi abuelo, en Pahuilmo. Desde aquí, son dos horas de viaje. Una y media, si tomas la cuesta de Peñaflor. Mi abuelo es agricultor y viudo. Un señor mañoso. Entre los dos hicimos un asado a la hora de almuerzo y por la tarde salimos a cazar conejos. Me preguntó por la Delphine, si pensábamos en casarnos. No sé qué, pero algo le inventé. Esa noche manejé de vuelta a Santiago con tres animales muertos y una escopeta en el maletero del auto.

Todavía existen los recortes de diarios, los archivos de los noticiarios y registros de los audios de las radios. Muchos recuerdan lo que pasó esa madrugada de febrero. Cada quien tiene una anécdota privada sobre el episodio. Esta ocurrió en el baño de un McDonald's de carretera, el que hay junto a la Shell de la Ruta 68, camino a la costa, poco antes de cruzar el túnel Lo Prado. Había pocos autos en la doble pista hacia Santiago; si no hubiera tomado el retorno, habría tardado menos de veinte minutos en llegar a la casa. No tenía hambre ni sed, pero quería parar, despejar la cabeza. Olvidarla a ella, dejar de pensar en el maletero, los conejos y la escopeta.

Era de noche y desde el estacionamiento se podía escuchar el ruido de la disco Broadway, a casi un kilómetro de la bomba de bencina. Apenas como un zumbido, sentía los bajos amplificados rebotar en las cajas de los parlantes, atravesar los muros de la pista de baile y hacer eco al interior del auto. Dentro del McDonald's de la Shell tampoco se podía estar en silencio. Además del aire acondicionado, tuvo que haber sonado una canción de Picnic Kibun, Javiera Mena o Alex Anwandter en una radio FM, pero nadie parecía prestar demasiada atención a la música. A esa hora, pasadas las dos de la mañana, la gente tampoco se percató de la bolsa de supermercado ensangrentada ni del maletín de lona negra que quedó en el suelo, bajo una de las mesas. Había una pareja indecisa frente a la cajera y más atrás, en la cocina, una jovencita morena jugaba con su delantal, aburrida de mirar el reloj de la pared y contar las horas que faltaban para el cambio de turno. Como el lugar estaba casi vacío, no fue necesario compartir la mesa, donde después quedó tirada la bandeja con el envoltorio de un McFiesta con palta, una caja medio vacía de papas fritas, un sobre de kétchup y un vaso con Fanta aguada.

Al entrar al baño traía el maletín en una mano y la bolsa plástica en la otra. El de minusválidos, más grande que el resto, estaba vacío. Una barra metálica de apoyo y la comodidad de sentarse en un wáter más amplio le daban a esa cabina un aspecto más atractivo que al resto. Además, venía cargado; necesitaba espacio para los conejos y la escopeta. Quería evitar la posibilidad de miradas y murmullos sobre el loquito que se paseaba por el baño con animales muertos.

Tuvo que haber pasado más de tres cuartos de hora antes de tomar la decisión de abrir el maletín y encajar el cañón entre los dientes. Tal como palpar el filo de un sacapuntas con la punta de la lengua, al sentir la escopeta dentro de la boca, lo que se experimenta son cosquillas detrás de la nuca, escalofríos que avanzan a lo largo del espinazo. Advirtiéndote con temblores involuntarios, es tu cuerpo que te dice: «No deberías estar haciendo esto». Entonces, te preguntas si vale la pena y ahí es cuando pasa: te acobardas. Sacas la escopeta de tu boca, apoyas tu mentón sobre el cañón, ahora baboseado y menos frío que antes; tragas saliva, la recuerdas a ella y tus náuseas se convierten en algo más que una sensación de acidez en la boca del estómago: vas a vomitar, piensas, y antes de echar pie tras, aguantando con los ojos húmedos, de nuevo: los temblores. Apartas la escopeta de ti, dejándola a centímetros de tu cara, y, de pronto, el cielo falso se te viene encima. No alcanzas a escuchar el disparo. No entiendes qué está pasando. No sabes que del McDonald's la gente escapa desesperada. No hay nadie en ese baño para decirte que no es culpa tuya. A veces pasa: el mundo se cae a pedazos y a tu lado no hay nadie a quien abrazar. Se siente como un terremoto, piensas antes de que todo se vaya a negro, hasta que mucho después un bombero perfumado en bencina te rescata de entre los escombros:

—Tranquilo —dice—, vas a estar bien. El temblor estuvo fuerte, pero no te asustes, ya pasó.

*

En la primera de las borracheras que compartí con mi vecino, ni Américo ni sus Cajitas Felices se aparecieron por el edificio. Lo habíamos llamado por teléfono y, mientras lo esperábamos, Genaro cayó rendido en un sillón. Roncaba todavía con la bolsa de papel en la cabeza cuando abandoné su departamento; el pañuelo negro lo encontré tirado en el suelo, a la salida del baño de visitas, donde Sandra picoteaba migas de tostadas y restos del aperitivo que había ofrecido el anfitrión. Tras salir al pasillo y cruzar los pocos metros que me separaban de mi dormitorio, me eché en la cama y encajé el computador sobre mi estómago. Quería encontrar comentarios sobre *El hombre contra el espejo*, el último libro de Genaro. En la barra de búsqueda alcancé a escribir «el hombre con» y automáticamente Google me sugirió cuatro entradas:

el hombre con
el hombre con el **miembro mas grande del mundo**
el hombre con la **pena mas grande del**
el hombre con **mas musculoso del**
el hombre **contemporaneo**

Frente a la pantalla, pensé en Genaro, en su imitación del hombre elefante, las películas de David Lynch y las historias que terminan mal; me acordé de mi mujer, de sus teleseries mexicanas de media tarde y de cómo para los mexicanos la pena también significa vergüenza. No necesité forzar la imaginación ni adjudicarle a una sola persona la pena más grande del mundo: la mera posibilidad de un primer lugar para la tristeza basta para hacerse una idea. De todos modos, quise saber de qué se trataba, conocer la cara de quien podría ser más miserable que el resto de nosotros. Di con un listado de diez páginas en inglés; salvo por tres de ellas, en todas aparece un video, donde alguien que se llama Mr. Mark está dando una entrevista con los pantalones bajo las rodillas.

Antes de que el video acabe, la cámara se concentra exclusivamente en su cara, mientras una voz en off dice con acento español:

—Seis años de inyecciones de silicona han dejado a Mr. Mark incapacitado para tener relaciones sexuales penetrativas y orales, pero él no se queja: es el hombre con el pene más grande del mundo.

Hay algo heroico en un hombre poseedor de un gran pene que no sirve para nada. Como una incomprendida obra de arte, el grotesco miembro de Mr. Mark puede ser causa de perplejidad, detonante de estallidos de risa o, incluso, percutor de vergüenza ajena. Sin importar la perspectiva que adopten los espectadores, lo que Mr. Mark tiene para ofrecer es todo un espectáculo.

*Mónica Drouilly Hurtado*

*Las últimas décadas del invierno*

1. Fue un proceso lento eso de no contarnos las cosas, parecido a esa historia del perro que muere feliz en una tina que se calienta poco a poco. Le pusimos Duque al perro y pasó a integrar en muy poco tiempo la lista de personajes ficticios de uso frecuente en nuestra relación. Esa historia me la contaste tú: un perro negro es arrojado a una tina de agua hirviendo. Muere rápidamente entre gritos espantosos y sin dejar de luchar por su vida. Otro perro —blanco esta vez— es arrojado en una tina de agua tibia que se calienta poco a poco. Luego de un tiempo, el perro blanco también muere, en este caso, sin haberse enterado nunca de que estaba siendo cocinado: vive feliz sin dimensionar lo que enfrenta y completamente cómplice de su destino. Siempre pensé que el perro blanco era tu metáfora para hablar de mi relación con el dinero, ahora pienso que tal vez estuviste hablando todo el tiempo de nosotros dos.

2. Sabía que al ordenar me enfrentaría a todo tipo de cosas terribles: Cosas que despiertan una querida memoria del pasado. Cosas elegantes. Cosas que no pueden comprarse. Cosas espléndidas. Cosas incómodas. Cosas que han perdido su poder. En *La magia del orden*, Marie Kondo no se detiene a hablar de este tipo de inconvenientes emocionales. Es mucho más práctica en lo que se refiere a las cosas: enseña a desapegarse con objetos que no tienen mayor importancia como cremas vencidas o calcetines viejos mientras va dejando las cosas con carga emotiva para el final.

3. Mi gran fin de semana con Marie Kondo comenzó exactamente igual como terminó: contigo parado en la esquina donde hace un tiempo habíamos visto a un murciélago agónico. Te ayudé a terminar la maleta, tomamos desayuno y dije que te acompañaba hasta la calle. Tenía que ir a la ferretería a comprar un buzo protector para no ensuciarme al seguir mi plan de orden. En la sección de pinturas encontré una oferta irresistible: un buzo amarillo, importado, respirable, repelente al agua, con solapa y capucha protectora. También llevé paños atrapa polvo y unas cajas plásticas organizadoras para separar tus cosas mientras me desapegaba de las mías.

En la sección de pinturas me detuve frente a los catálogos de colores. Saqué varias tarjetas, como si temiera su desaparición en caso de no llevarlas conmigo: rescaté de la extinción a una treintena de colores claros. Se me acercó un promotor y me preguntó si estudiaba arte. No. O diseño. De nuevo: no. Me pesó su mirada. Le dije que estaba pensando en remodelar el living y que aún no decidía el color, que tenía que convencer a alguien, que para eso necesitaba los colores, las tarjetas eran mi instrumento de negociación. Me pidió unas disculpas extrañas y recalcó que los catálogos eran para los clientes. Créeme, soy tu cliente, le dije sin saber todavía que era cierto.

Al llegar a casa me puse el buzo, era larguísimo, para una persona que midiese unos 25 centímetros más que yo. La espalda me terminaba en las piernas y el tiro me quedaba cerca de las rodillas. Fue entonces cuando te mandé ese mensaje: 'Lista para ordenar, parezco un minion'. Después de eso me puse la capucha y me enfrenté a nuestra casa como si fuese Chernóbil, escondida detrás de los implementos de limpieza como si nuestros muebles, recuerdos y objetos fuesen residuos tóxicos, una peligrosa amenaza biológica o me preparase para entrar a una escena del crimen.

4. Ese primer día de orden pasé por un shawarma justo antes de llegar a casa. Mientras almorzaba revisé el catálogo de colores claros. En muy poco tiempo había logrado una colección personal con treinta tipos de blanco. Alguna vez leí que es mentira eso de que los esquimales tienen cincuenta palabras para decir blanco y ninguna para saludar. Entre mis favoritos tenía: *Prelude to Pink. Pink Prism. Soothing Pink. Mystical Mist. Frost. Unwind. Calcium. Arcade White. Snowfall White. Sentimental Beige. Confident White. Almond Milk. Spanish Sand. Bit of Sugar. Timid White. Pink Mirage. New House White. Sweet Roses. Opulent Opal* y *Melodic White.* Todavía estoy segura de que el *Confiden White* te podría llegar a gustar. Separé su tarjeta de mi catálogo personal cargado al rosa pálido y a blancos tímidos y la guardé en mi billetera. Nunca te la llegué a mostrar, de algún modo sobrevivió a todos los procesos de purga iniciados ese fin de semana y aun ocupa un lugar junto a mi tarjeta de suscriptora de El Mercurio y la credencial universitaria ultra vencida que uso para comprar entradas al teatro con 50% de descuento.

5. Lo primero que hice después de ponerme el buzo protector amarillo, impermeable, profesional, liviano y talla única fue botar archivadores, carpetas, fotocopias y materiales educacionales. Marie Kondo

dice que hay que botar todas esas cosas. Si un curso o taller sirvió de algo, los contenidos ya se saben. Si no se saben, entonces hay que tomar el curso de nuevo. Dice que es mentira eso de que después alguien va a revisar esos apuntes, que nadie lo hace y que si alguien quiere hacerlo, bueno, para eso está internet. Fue súper sencillo dejar en la sección de basura ese montón carpetas relativas a técnicas de liderazgo, lenguaje de señas, astrología, mapudungun, cocina consciente, galaxias muy lejanas, desafíos de gestión en el siglo XXI, literatura chilena, ciencia y educación, relaciones internacionales Chile-Japón, nuevos medios y distintos tipos de expresiones artísticas.

Ahí se fue el material del taller de crítica cinematográfica donde nos conocimos. Chao efecto Kulechov, chao Christian Metz, chao cine de autor. Casi todos los talleristas eran periodistas veinteañeros orgullosos de sus aspectos desaseados, de su cabal desconocimiento de cómo funciona el mundo real y de sus páginas webs llenas de *banners* que les permitían completar sus ingresos con cervezas y entradas a conciertos. Muchos de ellos pasaban la mayor parte de la sesión con la mirada clavada en algún punto de la muralla del fondo y el labio inferior ligeramente caído, como si respirasen sutilmente por la boca. El crítico que guiaba el taller nos invitó a transformar el espacio e intentamos poner las sillas en círculo para jugar a eso de vernos las caras, terminamos formando una herradura irregular, alguien dejó caer sus cosas —una libreta y un lápiz, por decir algo—, otro quiso ser amable recogiéndolas, algunos sonreímos, nos presentamos: dijimos nuestro nombre y por qué estábamos ahí. El crítico nos contó cómo funcionaría cada sesión y nos liberó 10 minutos para que fuéramos por el *coffee break*. Volví con un vasito de plumavit en la mano y el secreto triunfo de no haber tenido que hablar con nadie. Ahí estabas tú sentado al lado de mi silla. Supongo que estuviste en ese mismo lugar todo el tiempo aunque no me hubiese dado cuenta. Me viste torpe y manca y, sin preguntar, me ayudaste a desarmar y rearmar la herradura para que no derramara mi Nescafé sobre nuestras cosas. Ibas disfrazado ese día, con esa mezcla de casual y descuidada propia de quienes llevan mucho tiempo lidiando con los ritos de salida de una carrera universitaria.

6. Volví a la ferretería por un par de tarros de pintura antes de terminar de ordenar. Tiene algo magnético la sección de pinturas, me cuesta salir de ahí. Mi tarjeta cromática favorita: P180B. *Guava Jelly*, *Watermelon Slice*, *Pimento* y *Top Tomato*. Para esa gente que gusta de seguir dietas de colores. *She Loves Pink*, podría

ser una página web de crítica cultural postfeminista desde la ironía y el camp. *Raspberry Smoothie* y *Sugar Beet* podrían ser sabores de protectores labiales. *Melted Marshmallos* y *Pink Sea Salt* son un poco color piel. Quién le habrá puesto *Positivie Energy* a un verde deslavado. *New Day* y *Melting Moment* también son verdes. Y *Sounds of Nature*. Apuesto a que no lo sabías. *Future Vision* es algo así como un lila gris. Me hipnotizan estas cosas. Leí alguna vez que el ojo humano está diseñado para distinguir miles de tonos de verde. Reviso el catálogo completo y no logro dar con un azul que me convenza. El azul artificial es incapaz de transmitir la bastedad del mar o la profundidad del cielo, sin embargo, el verde limón me transmite el sabor de la limonada y la picazón de nariz que siento al cortar un limón por la mitad. Hace siglos, en Japón se utilizaba la misma palabra para nombrar el verde y el azul: *aoi*. Hoy, para decir verde dicen *midori*. Hay gente que usa esta información para afirmar que los japoneses no distinguen el verde del azul. Qué insensatez pensar algo así de un país con cuatro estaciones. Prefiero pensar que para los japoneses el verde fue, por mucho tiempo, una gama del azul. Creo que nunca te hablé de estas cosas, a ti sólo te importaban la vista y el oído en un sentido narrativo.

7. Lo segundo que hice después de ponerme el buzo protector amarillo, impermeable, profesional, liviano y talla única fue enfrentar tu colección de películas. Habías copiado el catálogo de un videoclub en decadencia que conocimos el 2010. Insistían en arrendar VHS y su catálogo parecía haberse detenido en 1989. Te enamoraste de ese lugar, de su computador con disquetera y su base de datos de películas y socios en un kardex con fichas de puntas gastadas rellenas a lápiz mina. Tenías, igual que ellos: Caserones en sombra y mansiones embrujadas. Científicos y médicos locos. Fantasmas y apariciones. Demonios y posesiones. Psicópatas y asesinos seriales. Satanismo y brujería. Mascotas peligrosas. Asesinos al volante!! Más asesinos que nunca!! Superhéroes. Industria nacional. Comedias descerebradas. Comunismo e incorrección política. En algún lado tenía que estar. Mondo movies. Animación japonesa. Hombres lobo. Vampiros. Frankensteins. Momias. Zombies. Animación. La serie que las parió. Blaxplottion. Bichitos asesinos. Aliens. Ciencia ficción. Cuentos de la cripta y otros. Películas degeneradas. Gore a lo bestia. Vampiros sexys. Mujeres de armas tomar. Monjas de clausura. Thrillers con violencia gratis. James Bond/Agentes secretos. Spaghetti westerns. Cine catástrofe. Futurismo y post apocalipsis. Simios y gorilas.

Godzilla y sus amigos… Malditos policías. Mujeres entre rejas. Espada y brujerías. Peplum. Samuráis. Viva Santo y México. Yetis y Big Foots. Secuelas, sagas y trilogías. Terror oriental. Demencia oriental. Cult movies. Jesús Franco. Joe D'Amato. Tinto Brass. Paul Verhoeven. Abel Ferrara. Peter Jackson. George A. Romero. Darío Argento. John Woo. Paul Nash.

Todavía me persigue eso de las monjas de clausura, no recuerdo haber visto alguna de esas películas. Google me dice también es conocido como Nunsploitation. Nunca logré compartir tu interés por el cine B. O el C. O el Z. Estoy convencida de que lo intenté. Me di cuenta, mientras guardaba las películas en los organizadores que compré especialmente para tus cosas, de que tal vez había comprendido mal tu manual de instrucciones, que tal vez no había que llegar a conocerte, que no teníamos que compartir gustos e intereses, que tal vez sólo bastaba con repetir de memorias algunos de los datos o afirmaciones que dejabas caer mientras yo pensaba en mis cosas. Que al tratar de conocerte había caído en la trampa de los plurales creando ese monstruo terrible llamado nosotros que nos igualaba socialmente mientras de a poco iba disolviendo aquello que nos hacía únicos. Al cambiar de lugar tus monjas de clausura y tus mascotas peligrosas pensaba que ese nosotros era un bestia de dos cabezas que cabía perfecto en alguna de tus categorías cinematográficas y que su gran mérito había sido acabar contigo y conmigo al mismo tiempo. En su libro *La magia del* orden, Marie Kondo no se hace cargo de ninguna de estas cosas.

8. Cuando volviste el departamento aún tenía olor a pintura, sentía dolores musculares en partes de la espalda que no sabía que existían y no había nada que comer en el refrigerador. Dejamos tu maleta al lado de la puerta y nos fuimos a unos chinos. Descubriste una mancha de pintura *Mystical Mist* en un mechón de pelo que mi buzo profesional amarillo y repelente no alcanzó a proteger. Pedimos un menú para dos B. Uno de los dos dijo que teníamos que hablar. Tu galleta de la fortuna decía: *Guarda verdad a los sueños de tu juventud. Números de Suerte: 3; 6; 10; 12; 14; 30.*

*Ricardo Elías*

*Un muerto de mal criterio*

Una vez mi abuelo adquirió un ejemplar pirata de *Crimen y castigo* en un puesto de libros callejero. Le costó barato. Tan barato como su pésima impresión, letra minúscula y sus páginas repetidas merecían. Era una tortura leerlo. Mi abuelo lo pasaba mal cada vez que lo abría. Aseguraba que nunca iba a guardar ese ejemplar en su biblioteca. Un mes después, cuando terminó el libro, lo echó a la chimenea.

La casa de mi abuelo era fría, su chimenea siempre presentó fallas. Que el tiraje… que la forma del hogar… que el tubo. Nadie nunca dio con el problema, pero esa noche, cuando *Crimen y castigo* fue a dar al fuego, la chimenea pareció revivir. Se encendió como una pira. Entibió desde el living hasta la última habitación. A partir de ese día, mi abuelo no dejó de echar libros a la chimenea. Hesse y Poe hacen buen fuego, decía, Hemingway no tanto.

—¿Y los libros de literatura chilena actual? —le pregunté una vez.

Mi abuelo movió la cabeza hacia los lados.

—Esos libros no calientan a nadie —recuerdo que dijo.

Un par de años después de la muerte de mi abuelo, fue a mi tío Heriberto al que le dio con la tontera, aunque no de la misma forma.

Heriberto era fanático de los asados. Yo lo acompañaba siempre. Conversábamos largo y tendido atorados por las nubes de humo que surgían de la parrilla. Hablábamos de política, arte, historia, filosofía cotidiana. Podíamos estar horas dándole vueltas a un tema y a un pedazo de carne hasta alcanzar el punto de cocción preciso. Heriberto aderezaba cada trozo con una cantidad matemáticamente exacta de pimienta, salsa tabasco, gotitas de coñac.

Un día, no sé cómo, un libro fue a dar accidentalmente dentro del asador. Heriberto intentó rescatarlo de las brasas, pero el fuego se lo tragó casi de inmediato. Se trataba de *El socio*, de Jenaro Prieto. Echando maldiciones al cielo, el tío Heriberto increpó a todos los presentes. Quién fue el huevón que dejó ese libro ahí; que los libros son caros; que la llamarada que hizo surgir había rostizado la carne. Los regaños solo se detuvieron cuando el asado estuvo listo y Heriberto probó el primer bocado.

Mientras masticaba, su rostro pareció aflojarse, sus cejas a arquearse. Sus párpados se cerraron lento, como si experimentara un inmenso goce. Yo estaba presente y lo vi.

—Nunca antes probé una carne como esta — confesó.

A partir de entonces, cada vez que Heriberto hacía un asado preparaba el carbón, ponía la carne sobre la parrilla y en un momento que sólo él conocía echaba un libro al fuego. Katherine Mansfield le daba al lomo vetado una textura suave. Una novela de Camus hacía más jugoso el abastero, no así la plateada de cerdo, que con Bolaño alcanzaba su punto perfecto. *El aleph* de Borges le daba al lomo liso un saborcillo ahumado y cualquier novela de Germán Marín un toque agridulce.

Comer un asado en casa del tío Heriberto los fines de semana era toda una experiencia. No sé cómo lo hacía pero la carne le quedaba increíble. Sólo una vez la celebración se vio interrumpida, cuando Heriberto sufrió una indigestión. La causa fue un asado de picaña con un libro de autoayuda cuyo título ni autor recuerdo, afortunadamente.

Meses después, a Heriberto le dio con probar mezclas: unas paginitas de *El proceso*, unos poemitas de Rimbaud, una pizca de cuentos de Cortázar. El resultado de estas preparaciones no se puede explicar con palabras. Solo había que estar ahí y degustar con deleite, acompañado de una buena copa de vino. Creo que ese fue el comienzo del fin.

El 18 de septiembre toda la familia se reunió en casa del tío Heriberto. Éramos cerca de 30 personas. Heriberto hizo una parrillada monumental, hasta pidió prestada una asadera adicional al vecino. Anticuchos, choripanes, lomos y filetes salieron y salieron durante todo el día hasta las 3 de la mañana. Decenas de libros se quemaron en la acción. Cuando las visitas se marcharon, Heriberto caminó hasta su librero. No le faltó encender la luz para darse cuenta que ya no quedaba un solo título en sus anaqueles.

Sin dinero suficiente como para volver a comprar la misma cantidad de libros que antes tuvo, Heriberto se adentró en tugurios, sucuchos donde se podían adquirir varios ejemplares por pocas lucas. Pero se trataba de ediciones muy deficientes y los buenos títulos escaseaban. En poco tiempo comenzó a robar libros a familiares y amigos. Cada vez que era invitado a cenar a alguna casa, los libros desaparecían. Cuando ya no hubo más invitaciones, Heriberto continuó con las bibliotecas. No era raro pasar por el frontis de alguna y ver una fotografía de su rostro bajo la frase: Se prohíbe su entrada. Entonces ocurrió el pasaje de patetismo más extremo.

Contrató a un hampón con necesidades económicas para que le facilitara un arma y lo capacitara en técnicas delictuales. Premunido de un antifaz, Heriberto se puso a asaltar librerías como malo de la cabeza. Su cabeza, efectivamente, ya no andaba bien. Se volvió agresivo, nervioso. Cierto grado de locura, al parecer, fue consumiéndolo paulatinamente.

El tío Manuel fue el que hizo las gestiones. Pagó para que un abogado lo salvara de la cana y lo derivara a un centro de rehabilitación para individuos con trastornos de personalidad. Una especie de manicomio, pero mejor y más moderno.

Varios meses estuvo Heriberto metido allí, alejado de los libros. Sin embargo su salud comenzó a debilitarse. Su cara se adelgazó, sus ojos se hundieron y el ánimo se le fue a piso. Alguna enfermedad rara tiene que haberse pescado en ese lugar, porque de la cama nunca más se levantó. Yo estuve presente el día que el doctor dijo que Heriberto había sido trasladado a un hospital, que estaba en las últimas. Que del mes no pasaba.

Fui a su habitación. Lo pillé despierto.

—Antonio —dijo, con voz rasposa—, tú eres el único al que puedo pedirle este favor. Se trata de un gran favor, un último favor.

Yo no respondí. Tragué saliva.

—Quiero que me prepares un asado. Voy a decirte cómo, pero tendrás que conseguir un libro.

—¡Cómo se te ocurre que voy a hacer eso! —

protesté—. Estás muy enfermo, los médicos no me permitirán hacer algo así.

—Antonio, por favor. Sé muy bien que voy a morirme. Te lo pido como un último deseo.

Miré al techo y masajeé mi cabeza.

—Antonio —dijo—, necesito que me prepares un filete con *Un muerto de mal criterio,* de Jenaro Prieto. Por favor, Antonio. El mejor libro que leí en toda mi vida.

Un muerto de mal criterio, pensé. Dónde mierda consigo ese libro. Por qué no mejor me pidió *El socio,* que está en todas partes.

Esa tarde recorrí varias librerías escuchando en cada una de ellas lo que ya sabía: el libro está descontinuado, hace años que no se reedita, búscalo en una feria de libros usados; y eso hice, sin mayor suerte. No hubo caso. Encontrar un ejemplar de esa novela era imposible ¿quién podría tener uno? Me pregunté, aunque ya sabía la respuesta.

Yo tenía una edición del libro. Me lo había regalado un profesor de literatura hace 10 años y lo atesoraba como si fuera mi hígado, sobre todo por un detalle: estaba firmado por el mismísimo Jenaro Prieto. No iba a quemarlo por nada del mundo, así que seguí buscando. Me paseé por todo Santiago. Recorrí San Diego de librería en librería. Visité varias bibliotecas públicas y las respuestas fueron siempre las mismas:

la única edición que existe es de 1926, nosotros nunca lo tuvimos.

Regresé a casa. Me acerqué a la repisa de los libros y busqué con la vista el ejemplar que yo guardaba. No lo saqué del librero, ni siquiera lo toqué. Lo único que hice fue mirarlo un rato largo. Busqué un vino en la cocina. Lo descorché. Me serví una copa tras otra sólo para darme el valor suficiente de poder sacarlo del librero. Cuando lo tuve en mis manos leí y releí la firma del autor en esa primera hoja amarillenta: *Al sentido común, con el respeto que merece un adversario franco y decidido. Jenaro Prieto.* Repasé algunos pasajes memorables de la novela hasta más o menos las 6 de la mañana. Pensé en Heriberto y volví a mirar el título. Mal que mal es un objeto material, me dije. Siempre decías que no es bueno aferrarse a las cosas materiales. Mira, entérate de lo que estoy haciendo. Voy a cometer el crimen más grande que alguna vez cometí sólo porque tú me lo pediste.

Descorché otra botella. Busqué carbón. Limpié la parrilla, encendí el fuego y procedí. Al terminar puse la carne al interior de un recipiente. Llené mi copa con el concho de vino que quedaba. Solté una carcajada grotesca que me hizo estremecer los músculos del torso. No recuerdo más.

La resaca fue dura al otro día. La cabeza parecía que iba a explotarme. Llevé al hospital el encargo escondido al interior de un bolso pequeño. Ingresé a la habitación de Heriberto y me detuve bajo el dintel de la puerta. La cama estaba rodeada de doctores, enfermeras y gente con delantales color pastel. Al oírme llegar, giraron sus cuellos. En ese momento la resaca se esfumó.

—Acaba de fallecer —explicó alguien—, hace dos minutos. Su corazón no pudo más. Lo lamentamos profundamente.

Salí al pasillo sin entender lo que estaba ocurriendo. Regresé a casa con una sensación inconclusa. No sabía muy bien lo que sentía ni si lo que debía sentir era pena, consternación, o desdicha, o todo al mismo tiempo. Desconocía si me afectaba más la muerte de Heriberto o la quema inútil de mi libro. Tiré el recipiente con la carne sobre la mesa. El golpe hizo saltar la tapa y el jugoso filete se desparramó encima. Lo observé durante algunos segundos. La boca se me hizo agua, las tripas se remecieron al interior de mi estómago.

Cogí un tenedor. Lo levanté pero cuando iba a pinchar la carne algo me detuvo. ¿Qué pasaría si me llegaba a gustar? Heriberto me dio la receta antes de morir, con todos los detalles. Podía hacerlo cuantas veces quisiera. Podía terminar igual de loco que él. Cerré los ojos e hice esfuerzos sobrehumanos para contenerme. Eso recuerdo.

*Cristóbal Gaete*

*de* Valpore

Cuando comencé a aburrirme, le pedí más merca para aguantar sus ideas. Dijo que se había acabado, pero de seguro tenía su reserva, aunque ya no le sobraba para compartir. Con la merca es así. Sugirió que fuéramos a buscar más a su casa y salimos viendo todos esos cuerpos albinos por última vez, conscientes de que hay una cortina de hierro, un muro entre ellos y nosotros, con siglos de distancia, aunque las turistas sexuales fueran directo a los pubs de Almirante Montt a buscarse un indio–alternativo–artista–garzón–porteño para culiar en sus vacaciones, mientras redactan informes acerca de cuán hundido está este lugar. Un simple intercambio propio del libre mercado y la globalización.

En el camino a la limusina aparecieron los mendigos. Phillip les tiró monedas al suelo para abrirse camino y siguió haciéndolo por la ventana abierta del auto. Subimos cerro arriba a la casa de su madre. Casi botó la puerta a golpes. Su hermano, Pato, apareció con la nariz blanca y le preguntó:

—¿Qué chucha hacen la limusina y tú en la puerta si debís estar en Europa? ¿Y quién viene adentro?

—Yo —respondió Phillip—. ¿Tenís unas monedas para pagarle?

Pato lo empujó, pero Phillip se agachó y lo golpeó en el estómago. Intenté retroceder, pero me tiró hacia dentro de la casa. Su madre, ya despierta con el ruido, se levantó para abrazar a su hijo preferido

—¿Cuándo volviste? —preguntó la mujer.

—Ayer —dijo Phillip—. Dame plata para pagar la limo. La mujer repetía «¿Qué?», una y otra vez. El Pato se dejó caer sobre la espalda de Phillip. Vi la merca del Pato y me la guardé en un bolsillo. Phillip se levantó y le dio un puñetazo en la cara a su hermano. Llorando, la vieja juntaba monedas

—¡Abre el cajón con los billetes! —gritó Phillip.

—¡Es la plata del mes! —respondió la vieja.

Phillip tomó unos discos y salimos. Le pasó al chofer uno de Flema y le dio las indicaciones para seguir subiendo hasta Valpore, el cerro final de Valparaíso. Allí vivía su dealer de confianza. El chofer estaba inquieto por los ojos que se le clavaban desde las veredas, por las formas que cruzaban la calle sin avisar y se detenían frente al auto impidiéndole pasar. Nos bajamos.

El chofer abrió su puerta y aparecieron los mostros, que Rastelli saludó. Se apiñaron sobre la limusina. El chofer trató de espantarlos, retrocedió el auto e intentó hacerlo partir, pero las bocas llenas de deseo, hinchadas de pasta base, lo rodearon lentamente, se agolparon en el capó, sacaron las llantas. El chofer gritó. No podía huir. Giraba el contacto infructuosamente.

Lo perdí de vista cuando entré con Phillip a la casa del dealer. Este se veía molesto por el escándalo de afuera, pero sin la paranoia de hacerse el duro, de temer siempre la emboscada mexicana de los mostros angustiados, que ya tenían algo para esta noche.

Por la ventana vi la coraza de una limusina desvalijada y un esqueleto con restos de carne y jirones de ropa apoyado sobre el manubrio. Escuché los disparos del radiotaxi que se abría paso y se estacionaba frente a la puerta. Los ojos de los buitres callejeros nos seguían mientras nos subíamos al auto. El chofer del radiotaxi también venía jalado, como piedra, y bajó a una velocidad suicida por las curvas. Phillip se molestó porque se le cayó una punta de merca y, cuando reclamó, el chofer se dio media vuelta y sacó su pistola. «No soy un gil de limusina», le dijo. El taxista en ese estado era perfecto para conducir un coche bomba directo al Congreso, a los marinos o a la estatua de Arturo Prat.

Nos bajamos fuera de la botillería clandestina y compramos unas botellas de vino. Una enanita con la ropa vomitada apareció junto a unos muchachos en bicicleta. La pequeña miró la bici y le dijo a la chica que la conducía que se veía muy bonita. Ellos la invitaron a subir. Phillip se detuvo a mirarlos, recordó sus ensayos. «Esto sí es la multiculturalidad de Valparaíso», dijo. La enanita no quería subir, temía caerse de la bici. «No te va a suceder nada», insistió Phillip y les ofreció 50 lucas por la bicicleta a los chicos. Subió a la enanita a la fuerza y se alejaron pedaleando de mí. Los vi caer antes de llegar a la esquina.

Chaquetas de aviador verdes y negras, cabezas rapadas nazis le cayeron a patadas a Phillip. La enanita quedó tirada, los pelados le siguieron dando a mi amigo, por degenerado. Vi la cabeza sangrante de Phillip en el suelo. Tomé a la enanita como si fuese una pelota de rugby y salí corriendo, esquivando las patadas de los pelados, más interesados en masacrar a Phillip que en atraparnos.

Ya seguros, la enanita lloraba desconsolada por la caída. Un tipo con abrigo largo se acercó a ella por detrás y le sacó un pelo. Iba a seguir avanzando a pasos largos, pero lo atajé.

—¿Qué estás haciendo?

—¿Crees que todo esto es casualidad?

Pensé en la cocaína, en la Madre, en el Pulpo, en Phillip y su familia, en la enanita, en los nazis y en las piernas en la bici, y no comprendí.

—Sabía que nadie entendería —continuó—. ¿Por

qué crees que hay tantos mostros en Valparaíso? Yo los he clonado cíclicamente. Con este pelo puedo construir un puñado de ellos, suficientes para azotar el Puerto, pero los dosifico para que no quede la cagá.

Recordé al Pulpo y todo pareció más claro y nebuloso a la vez. El tipo, detenido, esperaba la lucha dialógica, vestido con un abrigo y nada abajo; alguna vez lo había visto en el bar La Facultad. Preferí irme de ahí, tratar de olvidar; me eché pope en la manga una vez más y todo se volvió borroso, las luces brillaban sobre las sombras que eran apresadas sobre un muro.

La calle estaba llena de mostros que levantaban los brazos en las paredes, forzados por la policía. Me pregunté si los esposados serían pelos de otros tiempos, pelos posmodernos con sus aspectos ágiles a lo Nueva York; las orillas de las veredas me parecían el mar abierto por Moisés, como si me deslizara quieto en una pista metálica de supermercado y al lado estuvieran las vitrinas del gran mall zoológico del puerto. Avancé sin moverme, escuchando apenas balbuceos.

La ciudad entera, los cerros, el mar, los pacos, las casas, las calles, caían alrededor mío, y yo era el único de pie. Alguien me metió la mano al bolsillo. Abrí los ojos. Era el Pulpo, que me reconoció y me levantó.

—Tengo merca —me dijo— y pope.

—Tengo luca.

—Estamos —me llevó donde una punk con las piernas ensangrentadas: le había llegado la regla y estaba llorando porque no tenía clientes en el Punk Rock City, el lupanar en el que trabajaba. Solo la dejaban entrar si llegaba con alguien, así que la acompañamos.

Recordé la vez en que la Madre nos dijo al Pulpo y a mí que ya no le llegaba la regla, los días que pasamos encerrados sin comer, en pegamento, pope, pasta y paraguayos, expulsando el humo en otra boca, en otros labios hinchados de pasta base.

El Pulpo le dio merca a la punk y a mí; tomé energías para acompañarlos, apenas las suficientes para llegar hasta un bar de viejos. Nos sentamos en la barra; los viejos veían a la chica punk con hambre; se le acercaron y le clavaron los ojos pensando que era vino de caña de quinientos lo que se derramaba de su vagina, aquellas manchas ámbar en sus piernas.

El Pulpo y yo seguimos solos al Punk Rock City, donde una pésima tocata eterna sonaba en el primer piso, lleno de punks. El ambiente era de caos y calor. Sombras negras y pantalones ajustados nos pasaban por delante, esperando que apareciera alguna banda decente que vomitara canciones llenas de vino barato y rencor. Si sacábamos un cigarrillo allí, doscientas manos nos lo pedirían, como si fuéramos dos gringos sacando un dólar en medio de una población.

*Ernesto González Barnert*

*de* Playlist

No te imaginas a alguien cantando más fuerte y desesperado que tú 'I Want to Know What Love Is' de Foreigner este lunes a las 7 de la mañana.

\*

El día anterior a que te cayeras mamá, perdieras la fuerza en las piernas, te recuerdo poniendo a Memphis La Blusera en vivo, señalándome cuál sí y cuál no te gusta, mientras preparábamos el ceviche de salmón.

\*

Disuadirte de tener un gato en los brazos, sacarte con cuidado las vendas, ser tu bastón en cada ida y regreso del baño, limpiar el living, ordenar la leñera hacen de este domingo mientras el viento agita la arboleda y el lago el día más lindo desde hace mucho. Y lo recordaré cuando no.

*

No sé por qué insistí en que comieras esas betarragas que hice y apenas probaste. Betarragas y zanahoria cocida sin nada de aliño. Como si en esa mezcla mientras sonaba La cosa más bella de Eros Ramazzotti y te llevaba la comida a la boca, te fueras a sanar.

*

Despierto en mitad de la noche y voy a la pieza de mi hermano, enciendo la luz, le pido toque otra vez Julia de los Beatles. Y sin decir nada sale de las sábanas, saca la guitarra del estuche y comienza. Luego la guarda, aprieto el interruptor y me quedo unos minutos en la oscuridad. Después bajo al primer piso a calentarme el almuerzo.

*

Quizá ahora entienda a Liszt cuando decía llevar una tristeza profunda en el corazón que de vez en cuando necesita estallar en sonido. Acaso sea la de esta página sobre otra escrita de tirón apenas después de dejar caer la bolsa de basura en el ducto del edificio. Un golpe que detona otro, nimio, analgésico, antes de que el sol se vaya por completo.

*

Ordenando el clóset, agarro un pullover que no está sucio, sí arrugado entre los demás y descubro que todavía tiene tu olor. Lo alejo de mi cara y escucho como si todavía estuvieras: grábame ese disco de Hindi Zahra antes de volver a Santiago, hijo.

*

Escribir es bajar el volumen creyendo que alguien llama.

*

No encontré en ninguna librería: Las canciones que mi madre me enseñó. Así que escribo una lista con las nuestras y la escucho una y otra vez. Como escribe Mauriac: la muerte no nos roba los seres amados. Al contrario, nos los guarda y nos los inmortaliza en el recuerdo. La vida sí que nos los roba muchas veces y definitivamente.

*

No quieras a nadie, hijo, a quien no le guste 'Overkill' de Colin Hay cuando oscurece. A nadie que cree que está pasado de moda, cambió el dial cuando estuvo tocándola en el programa The Bob & Tom Show y jamás tuvo una noche de insomnio o una mascota muerta. Nunca cruzo los dedos diciendo una mentira, metió la cabeza al water. No quieras a nadie que no fue una noche, otra noche un meteorito demasiado veloz, demasiado pequeño, desintegrándose antes de llegar a tierra. No quieras, pequeño saltamontes, a nadie que no sea el día de mañana parte de tu imaginación porque somos fantasmas que aparecen y desaparecen entre latidos que se sumergen cada vez y con mayor complicación en lo más profundo.

*

Elegía peras en la verdulería del Juanito cuando sonó 'Quién más que yo' de Mocedades y de golpe estaba poniendo la mesa, mi vieja me corregía el orden de los servicios. Creo que nunca dejó de hacerlo, como yo de equivocarme. También había la viñamarina que en un camping de San Pedro de Atacama la tocó en el fogón. Al terminar no sabía si aplaudir o decirle que estaba enamorado. Tener el mismo apellido fue un balde de agua fría. Había la compañerita de cuarto medio con ese jumper que no cedía un centímetro en la dirección equivocada. Y que puso este tema en un cassette titulado 'Para el futuro ingeniero en poesía', después de que la dejé leer mi cuaderno en el recreo. En fin, vas a un lugar y terminas volviendo de otro. Quieres espárragos y eliges peras.

\*

Muchas de tus cosas finalizaron en la caja de mi cámara fotográfica junto al manual y otras vituallas: Un carnet vencido de los 90, tu inscripción en el servicio electoral, la banda con que te coronaron Vi-Reina en la Exposición Agrícola Ganadera de Loncoche en 1976 y un montón de fotografías en la que salimos mayoritariamente los dos mezcladas con esos CDs que te grababa y titulaba de manera zonza: *5 estrellas, Trébol de 4 hojas, AM, El pájaro azul...* Compilados para tomarse un traguito relax, cabriolear con tus amigas, preparar una lasaña sacudir los cojines del sillón, leer tus libros de autoayuda o astrología. Canciones que naturalmente me gustan y creo que a ti también. No es que coincidiésemos en todo. Jamás te veo sola, por ejemplo, escuchando 'Moanin' que ahora suena de fondo. Cedés que ahora me hacen sentir como uno de esos mineros que vuelven a la mina cerrada, se niegan a hacer otra cosa que no sea lo que hicieron por años día a día, incluso en sueños. Pero no tengo compacs grabables a mano para sacar otro del viejo horno de mi mac. Todo se arrastra, se guarda, se olvida en pendrives discos duros y bolsas de memoria. Saco *El pájaro azul* y es tal cual como esos días nublados de cabo a rabo en Temuco donde nunca dejan de sonar 'If You Leave Me Now' de Chicago, 'Un poco más' de Claudio Baglioni, 'La quiero a morir' de Francis Cabrel o 'Call Me a Dog'. En un dial donde una emisora toca 'A Strange Kind of Love' mientras suena 'Si tú no has de volver' de Joe Dassin en otra. Donde después de oír 'Acuarela' de Toquinho sigue 'Michelle' de Gerard Lenorman, 'Linda' de Bosé y 'El oso' de Moris como si uno no tuviera otra necesidad que dejar de hacer lo que debe y empezar a vivir lo que querría. Un cancionero popular donde no puede faltar 'Sinceridad' de Cocciante, 'Detalles' de Roberto Carlos, un mix de Rafaella Carrá, 'Un amor violento' o 'Solo tu' de Matia Bazar al corazón del corazón humano... Un pájaro azul como ese poema de Charles Bukowski que tanto me gusta pero me aguanto de aprender de memoria por temor a que sea lo último que diga o porque quizás ahora que lo pienso nunca te lo leí.

*

Deseo ser la canción de radio a la que le subes el volumen.

*

Madre, ¿me pondrán en la línea de fuego?

*

Volviste en un sueño para decirme que esté tranquilo y que siempre las ayude a recoger la ropa tendida en el patio. Cuando desperté sonaba 'Ríe chinito' de Perotá Chingó, ese dúo cósmico y analgésico y muy pero muy lindo. Cuando terminó entró Francisca y como si ya supiera le dije: vamos.

*

Sé que hay cosas que no me cierran del todo, pero uno no es quién, dijo Levrero. Ayer me quebró ver una chica en la micro que no supera los 15 escuchar con audífonos, es decir, con elegancia y tristeza, 'Minha galera' de Manu Chao. Que ganas tengo de escucharla con vos tomándonos una piscolita ahora que con las manos en la lavaza busco el tapón mientras suena el 'Ave María' de Caccini en la voz de Sumi Jo. Desperté pasado el mediodía con alguien haciéndome cariño en el pelo ¿Eras tú? Acto seguido marqué tu número y salió ocupado. Por cierto, no insistí. Dejo este mensaje en el buzón de Dios.

## Santiago

Ayer descubrí una canción hermosa navegando por internet, se llama 'Be Good' de Gregory Porter. Eso vieja, tengo que seguir ahora revolviendo una sopita de tomate, hacer los crutones. Echo de menos tu mano.

*Emilio Gordillo*

*Pequeño concierto para Maturana*

Maturana no quería periodistas ni problemas, pero llegar a Chile nunca es un asunto sencillo, el aeropuerto es pequeño e incómodo, y los taxistas saltan sobre quienes arriban como perros con hambre. En la caseta, al otro lado del cristal, la policía aduanera revisó su pasaporte y abrió los ojos enormes sin ningún pudor. Tras su padre, Roberto dijo algún chiste de esos que la policía chilena jamás comprenderá, algo así como ¿qué le parece, mi cabo?, muletillas de esas que heredan los hijos de los exiliados. Pasmada, la policía hizo un par de llamadas mientras la fila se iba desviando hacia las demás cabinas y le prometía a Maturana un lento retorno a la ciudad de su juventud. Había esperado veinte años, qué eran dos o tres horas más.

Una llamada siguió a otra en la cadena de mando, Maturana sabía mejor que cualquier compatriota de qué iba el asunto de las cadenas de mando. Daniela, su compañera, ya del otro lado, lo esperaba en territorio chileno y recibió a Roberto sin el escándalo que uno se imagina en este tipo de situaciones, como si fuera algo común, como si estuvieran acostumbrados. Mientras, en el limbo aduanero, Maturana era cordialmente invitado a una sala especial.

Tres horas después, la mujer sellaba el pasaporte sin decir 'bienvenido', sin aquel tono afectado con que a veces reciben a los retornados.

Los Ubilla y los Aliaga lo abrazaron uno a uno y lo llevaron directo al Cementerio General. Allí encontró a su madre, que después de treinta años seguía trabajando entre las tumbas.

Comieron en El Quitapenas.

*

Es todo lo que sé sobre el arribo de Maturana. Me lo contó en un asado que le hicieron sus amigos ese mismo fin de semana, en lo de los Ubilla, allá en Rengo. El invierno aún no había terminado, pero aquel día nos regaló varias horas de sol que reverdecían el pasto y los árboles del valle central. Ahí lo encontré, con una gran mesa servida, muchos familiares y amigos y vino y bromas terapéuticas sobre el pasado, bajo una parra y con el verdísimo campo chileno de fondo. La verdad es que era una imagen que espantaba. La Pena de extrañamiento, el retorno, el campo chileno, los parrones, los cambios, la quietud.

Maturana hablaba lento. Tenía la alegría apacible de quien sabe que no hay apuros. Se veía feliz, se notaba en la mirada y el modo de equilibrarse: las manos tomadas en la espalda, cierto modo de centrar el cuerpo con complacencia. Cierta forma de dejar pasar las cosas. Cierta forma de contemplar. Hablamos de política y su modo de referirse era extraño. Como si prefiriera hacerla a conversar sobre ella. Hablamos de Chile, de Sendero Luminoso y Perú, hablamos sobre Europa y los cambios que vio en Santiago. Su amigo Alfredo levantó la copa de vino, adoraba brindar. Dio un discurso sobre la amistad y el amor, sonriendo con los ojos, en esa coquetería que había heredado su hija, Paulina. Habló de la ocasión en que debió guardar panfletos en su casa de Rengo, acerca del pueblo chico infierno grande, pero sobre todo de la comunidad, de la amistad y el amor a pesar de la distancia, a pesar de los años. Todos brindaron con emoción y sacaron ponchos y mantas. Cuando ya no los cubrían del frío decidieron entrar. Nos sentamos a la mesa, cerca de la chimenea. Solo quedaba el círculo más íntimo de Maturana.

Alguien dijo que yo tocaba guitarra y me buscaron una. Sin saber cómo me vi a la cabeza de una mesa larga. Tenía ganas de irme. Era un intruso y la tarde de ese día enrarecido nos acorralaba, me pasaron la guitarra medio borrachos y me dijeron: ya, flaco, tócate una cancioncita.

Las peticiones siguieron el abanico habitual del repertorio ese de las izquierdas más apolilladas. Inti-Illimani, dijo uno y toqué 'Zamba Landó'; Víctor Jara, pidió la Flaca y toqué 'El Arado' y por si se quedaban con ganas, 'Te recuerdo Amanda'; el Comandante pidió una de Silvio Rodriguez y la verdad es que a mí ya se me habían olvidado todas. Pero la mente es caprichosa y la memoria del cuerpo dijo lo contrario, así que toqué 'Oleo de una mujer con sombrero', aunque hubiera preferido tocar 'A dónde van' o 'De la ausencia y de ti', que toqué a continuación. Y ya con esta canción varios se emocionaron, sobre todo cuando Silvio dice 'sigo yendo a Teté semana por semana, ¿te acuerdas de allá?', pero más se emocionaron con 'Canción del elegido'. Maturana disfrutaba parcamente, con una sonrisa generosa, sentado a mi izquierda.

Tu erai el elegido pero se te chingó el rocket, gritó un hombre sentado al otro extremo. Parecía ser el hermano de Daniela, la esposa de Maturana. Físicamente era el más parecido a Maturana. Tenían esa cuadratura robusta que da el entrenamiento militar. Del otro lado de la mesa le respondió la Flaca, que parecía conocerlo muy bien: ¿a quién se le ocurre darle un rocket a un cabro de diecisiete años, Comandante? Maturana, por su parte, seguía plácido, viendo pasar los acordes, oyendo el sonido de la voz.

Faltó el cañón del futuro, gritó alguien y varios se rieron a carcajadas.

Con ese sí que no falla, dijo el Comandante.

El cañón del futuro eran las ONGs, Comandante, dijo la Flaca.

Cuando vi a todos esos ex guerrilleros ni tan envejecidos y pude olfatear las huellas de sus conflictos personales entre chistes, cantando canciones más envejecidas que ellos, comprendí que estaba ahí tocando solo para Maturana, pero él cedía su turno y alguien más decía que por supuesto que había que tocar una de Violeta —así, sin apellido—. Mi cuerpo ya respondía automáticamente, echaba a andar esas memorias perdidas a las que había renunciado por fatiga o hastío o, simplemente, porque no me correspondían. Pero toqué. Canté. 'Qué he sacado con quererte' y luego 'Arriba quemando el sol', y mi favorita que es 'La exiliada del sur'. Toqué y canté con lo que quedaba de mí, lo hice para Maturana que sonreía parco, en silencio. Y tal vez, mientras lo hacía, pensé en cómo había sido de joven Maturana y cómo yo ya dejaba de serlo. Su hijo también sonreía, aunque sin cantar, y noté que su rostro era muy parecido al de su padre, a las fotos que alguna vez vi en el diario. Tenían además el mismo sentido del humor, como se intuía en una fotografía que Maturana le pidió a un carabinero, en esos días de guerrilla y cruzando la frontera entre Argentina y Chile. El día del atentado —pensé— Maturana tenía la misma edad que su hijo. Lo imaginé con diecisiete años, y también imaginé al Comandante, que parecía su doble, su negativo y volvía a pedir ahora una de Pablo Milanés —que francamente me carga—, imaginé al Comandante con veintiséis años menos, dictando la cadena de mando en donde Maturana era el elegido para cargar el lanzacohetes. Cargar no era cargar, porque en Chile no hay palabras estables. Cargar era disparar. Lo imaginé reclutándolo en una parroquia de Recoleta, entre la gente pobre que el Comandante y sus compañeros del MIR necesitaban. Entre broma y broma, la verdad se asoma. Todo se revelaba entre los chistes de esos viejos amigos. El Comandante decía: ya compañero Maturana, te toca el rocket. Y la Flaca asentía, lanzando un chiste explosivo al Comandante y pidiéndome otra, ahora de Quilapayún —que siempre me negué a tocar—. Pero yo estaba ahí para eso. Ese era mi destino misterioso: ser el que cuenta las sílabas, el que canta. Me recordé a mí mismo, con ocho o nueve años, una noche, viendo las noticias del atentado por televisión, y me lancé con una de Quilapayún, con toda la sensación de asco que me da, como el asco que ahora me dan las canciones de Manuel García y sus lugares comunes. Porque una cosa es Violeta Parra y otra bien distinta Quilapayún. Y así, entre canción y canción, les conté que en México Paulina me invitó a verlos, y al final del concierto, ahí en el Teatro Metropolitan, las luces se encendieron y nos sorprendió ver que no había mucha más gente que abuelitos, o mejor dicho ancianos. Paulina sonrió y dijo que sí, como si recordara algo hermoso pero a mí esta imagen no solo me provocaba ternura, también me perturbaba. Una masa de ancianos exiliados subiendo el puño izquierdo cantaba la canción de cierre: 'El pueblo unido'. Y esa canción, que me parece muy buena, pero que putas que la han manoseado, esa sí que no la toqué nunca, pero nunca, ni aunque me rogaran. Pero Maturana sonrió asintiendo, así que la toqué nomás. Y no era que me molestara. Yo daba un concierto para Maturana y ya me daba igual lo que pidieran. Lo que no sabía lo inventaba y todos seguían gritando, que para ellos era como cantar. Estaba agotado y eufórico, sobre todo porque algo me decía que si lograba resistir, en algún momento, Maturana iba a pedirme una canción.

Algunos empezaron a despedirse, con ese fuego que se apaga tras cantar, después de una vida recordada en las canciones. Se paraban de la mesa y se abrazaban para abandonar aquel domingo de campo. Después de un chiste del Comandante —un chiste que daba a entender que ese chico de diecisiete años que falló el tiro de gracia contra Pinochet se había casado con su hermana en la Cárcel de Alta Seguridad antes de negociar la Pena de Extrañamiento— Maturana me vio a los ojos con la calma de un lago o con la calma de quien ha entendido que todo lo que se tuvo no se pierde, y dijo que había una canción: no era chilena sino argentina, y hablaba de un oso. Un oso que capturaban y luego vendían a un circo, o algo así, y este oso se pasaba la vida entre jaulas y espectáculos hasta que un día alguien dejaba su reja abierta y el oso se escabullía hasta encontrar un bosque o todos los bosques, y nada más. El oso desaparecía en el bosque. ¿Qué buscaba el oso? Tiempo. Las mañanas, decía la canción. Lo único que el oso le pedía a la vida eran las mañanas. Porque un lugar no sirve sin tiempo con que habitarlo. El oso decía que ya estaba viejo, pero ahora, al fin, las mañanas eran suyas. Una canción naif, por supuesto, que toqué cuando ya casi todos se paraban y el Comandante decía que ya debía irse porque le quedaba un montón de pega para su ONG y el lunes siempre es un día pesado para los oficinistas. Canté 'El oso' para Maturana, frente a un público escaso. La toqué con toda la dignidad que me iba quedando, que no era mucha pues no daba un peso por mí, acababa de perder un bebé, o un feto, o un embrión y estaba absolutamente perdido y ya quería irme de Chile por quincuagésima vez; pero canté, mientras veía a Paulina y en silencio comenzaba a despedirme también de ella. Canté 'El oso' para Maturana y tuve que mirar a un punto fijo para aguantarme las lágrimas.

Me las tragué y seguí cantando. Y el canto se las llevó quizá dónde.

*

Volví a ver a Maturana dos años después, pero no sé si decirlo es conveniente a las formas del relato. Intuyo que lo hará parecer aún más falso.

Dos años después esperaba un vuelo a México haciendo fila en el check-in y me sorprendió verlo junto a sus dos hijos y su esposa pues, cuando le pregunté si se quedaría, respondió con un gesto raro en el que se entendía que no. Pero estaban en el aeropuerto y solo entonces descubrí que se movían en bloque. Tal vez fue mi imaginación, pero recordé a Maturana aquella tarde en el campo, su esposa en torno a él, sus hijos resguardándolo, luego Maturana en la mesa, las canciones y sus hijos y su esposa, rodeándolo pero sin gravedad, sino más bien como las estrellas que orbitan alrededor de un cuerpo.

Astros que se orbitan. Quise acercarme y saludarlo, saber si se acordaba de mí, pedirle una foto para este libro y preguntarle por su madre, pero las relaciones humanas a veces no acaban bien, así que me quedé en la fila observándolos mirar a todos en la misma dirección, como una constelación que se reúne para evadir algo muy frío. Movían sus manos como quien desea buen viaje, despidiendo a alguien que ya se perdía tras los cristales de la aduana, y que no pude reconocer.

*Constanza Gutiérrez*

*Listado de mis humillaciones*

1.— Mi hermano mayor:

En mi familia tenemos una suerte increíble, una bendición sin parangón: mi hermano es un genio. Se llama Nicolás y lo sabe todo. A veces nos sentamos a la mesa mi mamá, mi papá y yo, y hablamos de sus hazañas mientras untamos cremas en crackelets y tomamos espumosas bebidas. Estuvo la vez en que, todavía siendo un niño, lo llevaron al doctor y, agudo y encantador, corrigió el diagnóstico del médico, acertando. Decía que era neumonía, no bronquitis. Había leído los síntomas en Internet. Cuando la historia llega a su fin, todos exclamamos juntos en una carcajada jubilosa: «¡Tenía razón, el pendejo culiado!», imitando al tecnólogo médico que revisó los exámenes. También estuvo esa vez en que le corrigió la pronunciación de una palabra en alemán a la esposa de mi tío Carlos, que estuvo exiliada en Alemania. Y tuvo la mejor nota de su curso al salir de

cuarto medio, y 812 puntos en la PSU de Lenguaje.
Tan poquito que le faltó. Yo saqué 477.

Fue mi mamá la de la idea de que lleváramos el auto
juntos. Sospecho que quería que pasáramos «tiempo
en familia». Son ocho horas de Temuco a Castro, y
sólo Nico sabe manejar. Mi tarea sería conversarle
durante todo el camino, para mantenerlo despierto.
Antes de permitirme subir al auto, que no era ni
suyo, puso una mantita sobre el asiento. Todo olía a
Lysoform. Me prohibió dejar a Alejandro Sanz, que
sonó en la radio, y me pasé todo el camino buscando
temas de conversación por los que no sintiera
aversión: fútbol sí, siempre que nos refiriésemos a su
equipo, la Universidad de Chile; cine también, pero
nunca de comedias románticas, feminismo siempre
y cuando aceptáramos que prostitutas, vedettes y
actrices porno trabajan en eso porque les gusta, no
porque sean víctimas de nada.

2.— El pueblo en el que crecí:

Es extraña la emoción que siento cuando vuelvo
a Castro. De dónde viene, me pregunto. No me lo
explico: lo mismo late mi corazoncito cuando me
sostiene la mirada un hombre que me gusta mucho,
que cuando subo por calle O'Higgins por primera
vez después de un tiempo y empiezan a aparecer

construcciones y letreros familiares. En los dos casos me muero de emoción anticipando lo que va a pasar, pero en Castro nunca pasa nada.

Qué lindo es entrar a Santiago de Castro, antes cabecera de la Nueva Galicia y hoy capital de la Isla Grande del archipiélago de Chiloé: frente a la Ferretería Enbecka, la tienda de ropa usada sin nombre donde compré el vestido más bonito de toda mi adolescencia. La estación del canal de televisión, coronado por la aparatosa antena que captaba cualquier canal, menos los buenos. La mayoría eran argentinos: el canal del «departamento» de Río Gallegos, o Magic Kids, en el que pasaban una serie japonesa igualita a los Power Rangers, pero más antigua. A diferencia de los gringos, que cerraban la historia en cada capítulo, esta tenía una continuidad que, por la mala señal, nunca pude seguir.

El primer colegio del que me echaron. El edificio del Banco Estado, detrás del que di mi primer beso a un skater regordete apodado «lechón», romántico interés que jamás quise reconocerle a mis amigas. La Plaza de Armas, antes hermosa y llena de árboles, ahora solo un cuadrado de cemento. La municipalidad, en cuyo sillón principal se ha sentado el mismo hombre durante veinticinco años.

Cuando llegamos a la casa, mi papá nos estaba esperando con una lasaña recién hecha. Nico dijo que no tenía hambre y subió a dejar sus cosas. Eso pensaba hacer yo también cuando mi papá me dijo que en la que antes era mi pieza ahora vivía Glenda, la hija de diez años de su pareja. Yo iba a dormir en el living. Podía escribir en la mesa del comedor, pero tenía que desocuparla para cada comida y compartirla con Glenda, que jugaba ahí con unas casitas parecidas a las de Polly Pocket y armaba puzzles con imágenes de castillos europeos.

3.— Mi cuerpo:

No me enteré de la existencia de mi propia materialidad hasta que tuve dieciocho años, en Santiago, justo en el momento en el que una sabandija introducía su pene dentro de mí. Intenté sentir algo más que una ligera incomodidad, pero no hubo caso. Al menos estaba sintiendo. La insignificancia del chico en cuestión no me da risa ni rabia, solo me parece un ejemplo más de la voluntariosa autohumillación a la que me he sometido a lo largo de la vida. Se llamaba Francisco, tenía veinticinco años y aún vivía con su mamá, pero ella estaba de viaje. Lo hicimos en su pieza, después de un concierto de Pet Shop Boys —al que me invitó porque le habían regalado unas entradas en el trabajo—, junto a la pieza de su abuela con alzheimer, a la que él tenía que cuidar. La saludé al llegar y me despedí por la mañana, antes de salir, porque de todas maneras no iba a recordarlo.

Ahora tengo plena conciencia de este cuerpo de veinticinco años: después de las ocho horas en auto apenas si podía flectar las rodillas —y a la vez, lo único que quería era moverlas—, y sé que dormir en un sillón significa que pasaré toda la mañana siguiente con la espalda resentida. Tan rápido que se deteriora esto. Pienso en las clases de Educación Física entregando licencias, en la membresía a un gimnasio que pagué y nunca usé, en el ex pololo que subía cerros al que nunca acompañé a ninguna parte. Salto largo mental: la vez que, en un paseo de curso a la playa, una compañera descubrió que yo ya tenía vello púbico y me dijo «Límpiate, todavía te queda arena ahí». Eran mis primeros pelos, que apenitas se asomaban.

En la noche jugamos a los naipes, más para divertir a la Glenda que para otra cosa. Me dio sueño a las once, pero todos se fueron a dormir a la una. Entonces pude armar mi camita en el sillón. Cuando desperté apenas podía mover el cuello.

Como siempre, por la mañana acompañé a mi papá a la feria (el sábado) y a misa (el domingo). Pasé a un kiosco a comprar un encendedor. La Meche, histórica dueña del puestito, le preguntó a mi papá: «¿Esta es su hija, don Raúl?» y luego, mirándome a mí: «¡Tan chiquichicha que te quedaste!». Levanté mis talones para alcanzar el encendedor que me ofrecía y probé si funcionaba. Sip.

4.—Vivir (es lo más peligroso que tiene la vida):

Llamé a mi mejor amiga, Paula, para saber si ella también había vuelto a Castro ese verano. Quedamos de vernos en la schopería, frente a la plaza, a las seis. Dentro del local todo estaba como siempre: la misma luz tenue, los mismos cuadros con motivos germánicos. Los asientos de acolchado negro. Los mismos televisores, quizá hasta los mismos videos musicales. Cuando la Paula entró estaban pasando 'Never said' de Liz Phair. Lo primero que vi fue su característica, larga y desordenada, mata de pelo amarillo. Luego su caminada lánguida de galgo drogado. Nos saludamos con alegría y empezamos a quejarnos.

Había terminado con su pololo y él había vuelto con su ex. Mi ex estaba ahora con una chica que vivía en mi edificio. 'Me los topo semana por medio en el ascensor'. No había encontrado trabajo como periodista, por esos días era asistente en la empresa inmobiliaria de su papá. Avergonzada por el cliché, me contó que servía café y contestaba llamadas telefónicas. Le conté, y esta vez era yo la avergonzada, por el éxito alcanzado comparado con lo suyo, que en el diario solo hacía el horóscopo. Me metía a *Astrology Zone* y leía el resumen final de cada signo. Luego lo resumía aún más. Siempre mejoraba el de virgo, el signo de mi mamá.

En realidad hago más cosas, pero no quise decirle. A veces hasta he firmado mis notas.

Me invitó a fumar un pito, pagamos la cuenta y salimos. Eran las ocho de la noche de un veinte de enero en Castro, pleno verano en nuestro hemisferio, y llevábamos chaqueta y pantalones largos. Saqué el encendedor que le había comprado a la Meche y le conté lo que había dicho sobre mi estatura. Me miró desde su metro setenta y cinco a mi metro cincuenta y nueve: 'A mí todavía me dice 'Carla''. Carla era, casualmente, el nombre de la ex/actual de su ex.

5.— El viaje de regreso:

Carmen, la madre de Glenda, es una mujer romántica. Le pide a mi papá que la invite a comer fuera para los catorce de febrero y siempre está escuchando la radio Pudahuel. Glenda, que aún no define sus propios gustos, es como su madre: una chica enamorada del amor.

Volvimos a Temuco en el auto de la Carmen, que tuvo que viajar repentinamente a Concepción. Nico se abstuvo de rociar Lysoform. Apenas nos subimos al auto, ambos en el asiento trasero, vi que en el del copiloto Glenda revolvía su mochila. Al rato sacó el celular Huawei que le habían regalado para Navidad y dijo que iba a poner música.

—¿Puedo mirar qué tienes? —pregunté.

Sabía que Nico se iba a morir: lo único que había ahí eran discos de Alejandro Sanz. Glenda disponía de dieciséis gigas, pero solo necesitaba cuatro para meter ahí la discografía de su artista favorito. El resto le sobraba, como a mí la vida después de la adolescencia. Tenía hasta el primer disco, cuando se llamaba Alejandro Magno: sonreí al ver su gorrito, la torera sobre la camiseta con la smiley y los jeans celestes.

—¿Les gusta Alejandro Sanz? —preguntó Carmen, muerta de la risa, sabiendo lo que yo había encontrado en ese celular.

Carmen nos explicó que a ella le gustaba, pero que Glenda era fanática, y que ambas se sabían todas sus canciones de memoria. Miré en el celular cuántos minutos de Sanz había ahí: dieciséis horas, doce minutos y ocho segundos.

—Nico lo odia.

Mi hermano ni siquiera me miró.

—¿Lo odiai, Nico? —preguntó Glenda, un poco ofendida, mirándolo desde el asiento delantero.

—No, no, si me gusta.

—¿Cuál es tu canción favorita? —pregunté yo.

—¿No sé? Me gustan todas.

—¿Te gusta «Fuiste un trozo de hielo en la escarcha»?

—Sí, es muy buena.

—Esa es de Chayanne, tonto.

—Yaa, basta. ¡Cómo lo voy a odiar! —respondió, mirando por la ventana. Y luego de unos segundos—: Si cuando Zamorano jugaba en el Real Madrid, carreteaba con él.

*Rodrigo Hidalgo Moscoso*

*Apá*

Ahora que escribo esto, ocurre que no me cuesta tanto la dolorosa torpeza de mi índice de la mano izquierda. Me lo esguincé el lunes jugando de arquero y desde entonces he estado sin poder jugar a la pelota. Para alivio de algunos cuántos, no podré tocar la guitarra por un tiempo. Pero no por haberme malogrado algunas falanges voy a pretender entrar al tema tratando de aparentar una comprensión 'en carne propia'. Tan patudo no soy. La conexión es acaso pedestre y tiene que ver con cierto humor negro con el que nos descoyuntamos de la risa tras la mencionada fatídica pichanga, de modo que es probable que alguno encuentre bien hideputa todo lo que viene. Pero como dijo el dermatólogo, mejor vamos al grano.

Aquella vez, después de cambiar las zapatillas por zapatos, y por mi parte con el dedo improvisadamente entablillado, salimos el conjunto de deportistas con destino al correspondiente tercer tiempo. Para el lector lego aclararé de inmediato que el baby fútbol se juega, desde que yo lo conozco, de esa y no otra manera: con un tercer tiempo en el cual se dirime el resultado del encuentro, y que, por supuesto, se juega en el boliche más cercano. Así que ahí estábamos, en el tradicional tugurio 'Donde Bahamondes', cuando don César Albornoz nos preguntó si sabíamos lo que es un espástico. Ni idea. Espásticos son los que se mueven así, dijo César, y se movió como si tuviese el mal del sambito o algo por el estilo. Supongo que es un problema neurológico, del sistema nervioso central, de no control muscular o algo así. Una enfermedad terrible. En realidad un lector prudente buscará un diccionario para saber con precisión lo que es un espástico, yo me remito a contar el cuento. Dijo César:

Iba solitariamente sentado en un asiento de los de adelante en la micro, cuando al pasar por Alameda con Av. Las Rejas, unos tipos subieron en silla de ruedas a un espástico. Lo acomodaron al lado mío y dijeron al chofer algo que no entendí bien pero que incluía calle Maipú y 'una casa en Compañía'. Era claro que el enfermo no podría descender por sus propios medios, y que alguien debería convertirse en el buen samaritano. Pues bien, lo ví venir, esperé que ése alguien no fuese yo, que ése alguien se sentara adelante, al otro lado, atrás mío. No fue así. Cuando ya la micro iba pasando Maipú con Compañía, la moral revolucionaria que nos han inculcado nuestros padres, me hizo decirle al chofer: pare, pare, este compadre se baja aquí. Así que ahí estaba, con el espástico en silla de ruedas y una misión inaudita producto de la poca prisa que tenía aquella mañana de aburridas diligencias. Me dije, bueno, hagamos lo que hay que hacer con el mejor ánimo. Encaré al hombre tratando de descifrar su destino: ¿a dónde va compadre? Su respuesta fue una serie de movimientos y gestos que reflejaban su esfuerzo por comunicarse conmigo. Balbució finalmente un incomprensible: 'mmghfffmmghfffutha!'. Imaginé que el señor iba o al hospital o a alguna casa de reposo de las que hay por el sector. Emprendí la marcha en busca de alguien que conociera al espástico. Pregunté aquí y allá. Cada vez que nos decían 'no, no es de aquí', él también decía 'no' moviéndose entero de un lado a otro. Entonces yo volvía a preguntarle ¿a dónde vas? Y él volvía a balbucear 'mmghfffmmghfffutha!' Tras una hora paseando por la Quinta Normal, la parroquia más cercana y los centros asistenciales, mi moral revolucionaria se había esfumado. Lo último que hice fue tocar la puerta de una casa cualquiera, con la intención de traspasar la responsabilidad. Una señora me atendió y luego de escucharme (sabe, igual llevo una hora y me estoy retrasando demasiado

¿usted no sabe de dónde puede ser este caballero?) comenzó a intentar lo que yo ya había intentado hasta el cansancio. La respuesta seguía siendo 'mmghfffmmghfffutha!'. Su comentario me pareció insulso: qué maldad, cómo lo suben así a la micro. Luego la señora se excusó con que se le quemaba el almuerzo y cerró la puerta definitivamente. Miré al espástico con la cara más elocuente que pude. Supongo que el tipo debe haberse sentido pésimo, peor que yo, no lo sé. Era en realidad una circunstancia que no se la doy a nadie, viejo. De pronto, en una iluminación divina, comprendí sus movimientos. Reparé en que tenía un papel arrugadísimo y sudado en una mano. No me digas que... Le abrí el puño sintiéndome un tarado y leí el papel: 'calle Maipú, casa de damas de compañía'. Demoré un instante en comprender. Miré nuevamente al espástico y no conteniendo mi sorpresa exclamé '¿¡Vai a putas!?'. El espástico repitió entonces su 'Mgfutha! utha! utha!' con evidente alegría, saltando en la silla de ruedas. Me dirigí sin más demora a uno de esos cités que al inicio de calle Maipú ostentan la triste fama de ser de los lenocinios más baratos y peligrosos de Santiago. No lo podía creer, pero después de pensarlo, ya en el camino directo, me dije: de más que sí poh, por qué no, si el loco es persona y obvio que necesita culiar. Entonces le pregunté que quién era el irresponsable que lo mandaba así a putas. Esta vez fue claro: 'Apá'. No crucé ni siquiera una palabra con la primera puta que vi. Lo dejé en sus manos, di media vuelta y partí en busca de un amigo que vive por ahí cerca. No sabís lo que me acaba de pasar, vamos, vamos, por favor acompáñame que necesito tomarme un buen trago, yo invito hueón.

Reímos de buena fe con esta anécdota, acaso recordando las múltiples lesiones que entre pichanga y pachanga se nos han reportado, desde mi insignificante esguince hasta las fracturas de tibia y peroné del Kokan Iturriaga y del Nacho Ramírez, pasando por supuesto por las constantes luxaciones del Mimo, el Parra, el Pocho, el propio chico César Albornoz, y el Ché Sandoval, quien entre risa y risa exclamaba '¡qué hijo de puta! ¡Ratón: tenés que escribir todo esto!'. Y así lo hice.

*Luis Marín*

*La estrella que marca el camino*

Proverbios 4, 17

1

La madrugada del 7 de septiembre de 1995, el joven Anselmo Bernedo, lector impenitente de la Biblia y de H.P. Lovecraft, sentíase incendiado de un furor inexplicable y saturado de ginebra, que se alimentaba de una idea que Lovecraft había aplicado al cosmos. En efecto, el escritor americano, cuyas *Obras Completas* Bernedo había hurtado de la Librería Alemana de Ciudad Sur, sostiene que hay un sinfín de criaturas, anteriores a los metros y relojes y aún a la creación misma, que encarnan las pasiones más salvajes, 'las pasiones más intensas', y luchan por volver a enseñorearse de la tierra.

Bernedo, de madre profesora ya fallecida e hijo de un ex funcionario del gobierno militar, tenía 19 años y hace tres que había abandonado la secundaria.

Se sentía un autodidacta cuya única ciencia era el coraje y su más indeseado complemento: la crueldad. Su padre le había enseñado, además de las artes del agravio y del cuchillo, que no hay emoción más intensa y misteriosa que el horror, capaz de desarmar al más pintado y hacer temblar al mundo, 'como de hecho comprobé cuando puse en cintura a más de algún carajo', le aseguraba el viejo con dicción alcoholizada, mientras miraba el garrote con que de niño solía golpearlo a él y a su hermano, no solo por no ser los más bravos, sino también por haber incursionado en algo tan indigno como la delincuencia, '¡como si su padre no fuera un hombre hecho!'. Pero Anselmo era ambicioso y quería demostrarle a su padre, aun sin decirle una palabra, que también era un sujeto respetable.

Su lectura azarosa pero jamás impasible de los 73 libros de La Biblia, le había mostrado un Dios gallardo y vengativo, aunque terriblemente justo, que no dejaba ofensa sin cubrir. El episodio que más le impactaba del Libro de los Libros era el acaecido en el capítulo séptimo del libro segundo de los Macabeos, que narra el suplicio infligido por el rey Antíoco a una madre y a sus siete hijos, por negarse a traicionar su religión y comer carne de cerdo: luego de azotarlos con nervios de toro, cortarle a uno la lengua, a todos el cuero cabelludo y las extremidades, y finalmente freírlos en sartenes, Antíoco no pudo doblegarlos. De seguro esas heroicas gentes tenían el cielo ganado, razonaba Bernedo, pero un versículo de aquel episodio lograba contrariarlo, pues en este una de las siete víctimas, además de prometer a Antíoco la cólera de Dios, decía ser culpable del horror que padecía, 'por haber ofendido alguna vez a mi Señor, quien tras la muerte me tendrá junto a Él'... ¿Qué era entonces la Justicia si hasta el más pequeño error podía llevar a aquella muerte? ¿Qué era entonces la Justicia si había tantos abogados, libertinos, mujerzuelas, delincuentes y políticos gozando de la vida? ¿Qué era entonces la Justicia si su burdo padre, que había aplicado corriente, hundido en mierda, roto huesos y hasta colgado a más de algún marxista de los genitales, era devoto de la Virgen del Carmen y creía haber sido justo en su accionar anti-ateísta, por lo cual se creía salvado? La Justicia no existía, razonaba Bernedo, menos aún para los débiles o infortunados, y un solo error invalidaba el universo, que era la obra de un dios incompetente o desalmado. Debido a ello ansiaba destruir los cimientos de aquel orden corrompido, empuñando la espada y pereciendo por la espada, para salir airoso de aquella realidad donde la acción no era la hermana del ensueño… que los dioses ocultados en las sombras, le tenían destinado a los videntes.

2

Angelita Muñoz Segura de 79 años y Olivia del Carmen Huillipán de 81, habían ofrendado sus vidas circulares a la Congregación de las Madres de la Caridad. Desde hace un tiempo colaboraban en el Hogar Betania de Uruguay 950, ubicado a pocas cuadras de la casa de Bernedo. ¿Será necesario decir que la vida de ambas religiosas, consistente en preparar las viandas y lavar los utensilios de los viejos que ahí vivían, era sacrificada y no poco piadosa? Vivían solas, a unos 100 metros del Hogar, recluidas en medio de un pequeño bosque de bellotas, donde había una cabaña oculta de la calle no solo por los árboles sino también por el espeso muro que rodeaba la propiedad. Pocos sabían de su existencia. En verano o en invierno se levantaban a las 6:00, a pesar del reumatismo, hacían sus plegarias, cocinaban, limpiaban y hacían algo de catecismo, para retirarse a su cabaña a eso de las 17:00, a orar o bordar hasta el anochecer. No veían tele y se dormían temprano. Quizá por lo avanzado de su edad, su reclusión casi absoluta que sólo interrumpían para sufragar no les provocaba mayores ansiedades, sino un sentimiento parecido a la felicidad: apenas un preámbulo de los goces celestiales que el Señor les deparaba.

Habrán sido las 3:00 de la mañana cuando Bernedo, borracho hasta la omnipotencia, sintió que huía de un grito, de una deuda o de una amenaza de muerte. ¿Había surgido esta del bar Estadio, en las calles del ensueño, o a los pies de un río de animales muertos? Lo cierto es que cuando el alcohol ya lo tenía rendido, sintió una lujuria preñada de ira. Con sorprendente facilidad saltó un grueso muro de cemento.

3

A lo largo de su vasta trayectoria, jamás había visto el comisario de la Brigada de Homicidios un crimen tan singular. El refinamiento y la sevicia con que el antisocial había actuado, los notables ultrajes, que aparte del miembro viril (había muestras de semen) incluían una cruz de bronce, unas tijeras de costura, un arma punzocortante, botellas quebradas y hasta agujas de coser lana, y se extendían no sólo a la vagina y el ano, sino también a la boca y el ombligo de las víctimas, lo colmaron de indignación. Y el experto sabía que aquel sentimiento era un pésimo guía, pues impedía razonar como el hermano malhechor. Pero lo que más angustiaba al comisario, provocándole un helor en la columna, era la aparente ausencia de móvil. Las indagaciones decían que se trataba de un solo hombre, joven y robusto, que no buscada bienes ni dinero (¿qué insensato ingresaría a ese recinto?) y ni siquiera satisfacer bajos instintos (¿quién podría excitarse con dos ancianas con aspecto de cadáver?), sino sólo impresionar: dejar en las mentes una huella indescifrable, y una sensación de asco y de miedo. La grosería de los cortes y mutilaciones (no pudieron hallarse los ojos de las monjas) que bañaron de sangre la cabaña, era propia de una venganza de narcotraficantes, ¿pero quién desearía vengarse de dos monjas que apenas si salían de su encierro? ¿Acaso un líder satanista con sentido teatral? El comisario, que era profundamente ateo y tenía fama de insensible, sintió pese a todo una emoción ignorada: el HORROR, un horror sordo que le martillaba el cráneo y lo sacaba de su centro, haciéndole sentir como un niño en mitad de una tormenta.

En tanto, a solo metros del sitio del crimen, mientras en la ciudad el Diario del Sur vendía más ediciones que nunca antes en sus casi 80 años de vida, y un obispo de cabeza blanca y anteojos de carey apelaba a la clemencia y ponía a toda Ciudad Sur a orar, un joven de pelo color ala de cuervo dormía como un niño. Hace algunos días, al clarear el alba y socorrido por la lluvia, llegaba a su casa borracho, quemaba su ropa manchada de sangre ('¿acaso la pelea en el río con el Lucho Sata en Santa Rosa?'), y le decía a su padre que no volvería a beber. Este, riendo con malicia, le pasaba diez alprazolanes y lo instaba a olvidarse por un tiempo de este mundo.

Pasados tres días, los sueños del joven, confundidos en la atroz vigilia de una cabeza martillada, reiteraban sus imágenes y gritos. Se vio siendo un apóstol explorando precipicios sin retorno. Soñó que dos pares de ojos de cordero lo auscultaban desde el fondo de su pieza mientras, caminando en la tormenta y escuchando una voz precisa y a la vez indistinguible, recibía el agrio cáliz de la verdad: 'tras haber destruido el error de las estrellas, habrás llevado este orden corrompido a la seguridad de una nueva edad de las tinieblas, porque tú eres la estrella solitaria, la estrella que marca el camino, y a pesar de que te nieguen podrás sobreponerte y ser eterno…'

Mientras tanto, allá afuera, nueve demonios malignos cubiertos con chalecos antibala ingresaban a su casa por el patio.

*Iván Martínez Berríos*

'*Mudanza*', *de* Gente al camino

Florencia se quedó mirando el destello naranja que emitían las luces del camión reflejado en la ventana. Después de ocho horas el cambio estaba listo. Pablo canceló al chofer sus honorarios y se despidió agradecido de los dos ayudantes. A lo largo del pasillo que conducía al interior de la casa estaban repartidas aún algunas pertenencias de mayor peso que la joven no había podido cargar. Pablo las ordenó junto a la puerta y luego las fue entrando una a una hasta la habitación principal.

—¿Las contaste?

—Sí, están todas: Veinte cajas grandes, 10 bolsas con ropa, 12 cajas de libros y los muebles.

—¿Se rompió algo?

—No sé. Aún no he abierto nada.

—Tengo hambre, ¿y tú?

—Tengo, pero estoy agotada. Te puedo preparar un pan, si quieres. Ya es tarde y no hay dónde comprar por acá.

—Si quieres salgo a buscar un supermercado.

—No. No me dejes sola.

La casa es nueva, la compraron a nombre de Florencia porque su sueldo era más alto y ella postuló primero al subsidio. No se han casado por lo mismo, porque quieren adquirir un departamento cuando le den el beneficio a Pablo. Conviven desde hace diez años. No tienen hijos y creen que aún no es tiempo. Florencia es periodista y trabaja en un semanario de mujeres, quiere ser madre antes de los treinta y cinco porque todos le dicen que después es riesgoso, que los niños tienen mayor probabilidad de nacer con Síndrome de Down. Lo sabe porque son temas que se conversan a diario en la redacción, pero aún no está lista, recién se acaban de instalar en la casa nueva y hay que pagar los dividendos.

Pablo no tiene un buen trabajo, ni siquiera es estable, a veces gana plata y otras tiene que pedirle prestado hasta para echarle bencina al auto. Tienen un Chevrolet Monza del 95 que compraron usado a través de internet. En él la lleva Pablo a la oficina en las mañanas y pasa a buscarla por las tardes. Cuando discuten, ella prefiere que la deje cerca de una estación de metro y regresa sola o, si sale con sus amigas, le pide a alguna que la acompañe hasta tomar un taxi.

Esta es la quinta vez que se cambian de casa desde que están juntos. Siempre han vivido solos, excepto un par de meses de un año que tuvieron que albergar a un hermano de Pablo recién separado. No fue una mala experiencia, pero ninguno de los dos la volvería a repetir. Les gusta estar solos. Cuando escogieron la casa nueva lo tuvieron en cuenta. Nada cerca de la familia, ni de los amigos.

—En el refrigerador queda media botella de Coca-Cola. Aún está helada— le dice ella, alcanzándole un plato con un sándwich de jamón y queso en pan de molde.

Pablo se acomoda sobre unas cajas y come, más bien se traga el sándwich en dos mascadas. Está cansado, le duelen los brazos, pero ve a Florencia poner sus pies desnudos sobre el piso flotante y piensa. La observa pasearse de un lado a otro, agacharse en calzones buscando la ropa de cama. Es verano y apenas corre viento afuera.

—¿Me ayudas con las cortinas?

Pablo se levanta. Es más alto que ella. Coge las cortinas y las coloca en su lugar. Son azules, con una cenefa blanca. Florencia escogió el color, a Pablo no le importan esas cosas. Pablo las hubiera preferido de color blanco, ojetilladas o le habría pedido a su madre que las hiciera de una tela económica. Ya casi es de noche.

—¿Te quieres bañar primero?- le pregunta ella— Yo quiero tomarme un baño de tina y me voy a demorar. Dejé sábanas limpias sobre tu cama.

—Pensé que habías cambiado de opinión. Dijiste que lo pensarías— contesta él desde la entrada de la cocina.

—Sí. Lo pensé. Creo que es lo mejor. Es la primera noche después de diez años en que dormirán en cuartos distintos. Florencia lo ha puesto como condición antes de la mudanza. Dice que Pablo ronca y no la deja descansar, que le molesta la luz que él enciende para leer cuando se desvela y que el ruido de la televisión la despierta. Es que Pablo sólo ve películas de acción y a Florencia le cuesta agarrar el sueño. A veces está a punto de quedarse dormida y alguna explosión, un choque de autos, una metralla o el golpe de una nave derribada por el héroe de turno, la perturban y tiene pesadillas. Sueña, por ejemplo, que la persiguen y en algunos casos terminan por violentarla.

Pablo no quiere dormir en otro cuarto. Sabe en realidad que todas las razones que Florencia esgrime son meras excusas. Hace más de dos años que no tienen vida íntima. Florencia no perdona que Pablo haya tenido lo que él llama 'una aventura sin importancia'. Pero para Florencia la tiene, sobre todo porque la mujer con que Pablo se dejó llevar era cercana a la familia y desapareció de un día para otro. Entonces, Florencia siente temor. Cree que ella vendrá un día a reclamarle a Pablo una paternidad que pondrá fin a su matrimonio. Porque, aunque no están casados, es como si lo estuvieran.

Al principio, ella deseaba casarse y Pablo no. Entre sus razones, él apelaba a un mejor momento en el futuro. Prefería postergarlo hasta cuando tuvieran dinero para comprar sus cosas, para la fiesta, para pasar tranquilos el primer año. Después de cinco, Florencia dejó de insistir. Se aburrió. Aprendió a hacer propios los argumentos de Pablo y los defendía con plena convicción en las fiestas familiares. Después, a nadie le importó seguir preguntando. 'Ellos se quieren a su manera', concluían.

Pablo apaga las luces y cierra con llave la puerta del frente. Pasa a la cocina por un vaso de agua y ve a Florencia secarse después de salir del baño.

—Déjame junta la puerta que tengo frío —le dice ella, mientras se envuelve en la toalla.

Pablo se despide y deja la puerta a medio cerrar. No hace frío porque es verano y la casa ha estado todo el día sin cortinas, pero no discute.

Camina por el pasillo hasta su cuarto y se tiende sobre el colchón sin sábanas. La cama de Pablo no es matrimonial, es más pequeña, toda la habitación lo es. Sus cosas están ordenadas en una esquina, no tiene más que cajas con libros, un pequeño escritorio y unas bolsas de ropa.

En su cuarto, Florencia se mira al espejo, se aplica una crema sobre las piernas y escoge un pijama. Antes de acostarse deja sus cosas ordenadas junto a la puerta. Los zapatos, una muda de ropa, una frazada y un pequeño bolso con una radio a pilas y una linterna. Tiene miedo porque todos dicen que se viene un remezón más fuerte que el del verano anterior.

Florencia aún recuerda esa noche. La despertó el ruido de la loza haciéndose pedazos en la cocina. Estaba sola. Pablo tenía un evento y ella no lo quiso acompañar. No supo nada de él durante horas. No se pudo comunicar porque los teléfonos dejaron de funcionar al instante.

Pablo no podía volver a casa y dejar los equipos. En medio del caos tampoco sabía quién le iba a pagar. Ahí perdió todo su capital. Lo que no se destrozó se lo robaron aprovechando la oscuridad. Al menos eso dijo cuando llegó casi al amanecer. Pero Florencia ya sospechaba que las cosas no andaban bien y después de ponerse a resguardo y ubicar a sus padres, bajó al zócalo del condominio y ayudó a calmar a los vecinos mayores. Cuando Pablo apareció entre medio de la gente, lo recibió distante, escuchó atenta las explicaciones y le pidió ayuda para ordenar las cosas. No demostró miedo, ni angustia ni ansiedad.

Ninguna emoción que pudiera delatar ante Pablo lo frágil que se había sentido.

Pablo entendió con esa distancia que Florencia no creyó en sus palabras.

Camino al evento, acordó con su amante verse en un motel al término de la jornada. Florencia no sospecharía, estaba acostumbrada a verlo llegar tarde, por lo mismo muy pocas veces se animaba a acompañarlo.

Nadie pensaría que la tierra se iba a sacudir con tanta fuerza esa noche. En medio de la oscuridad, Pablo se vistió como pudo. Pensó en llamar a Florencia pero no podría explicar dónde estaba ni con quién. Su amante, presa de un ataque de histeria le rogaba a gritos que la llevara a casa. Y así lo hizo. La llevó hasta su casa en la periferia sur.

La acompañó no más de media hora, el tiempo suficiente para beber un café. Nunca más volvieron a dormir juntos. Fue la última vez. Ella lo despidió llorando desde la reja y él salió con prisa, tanta que ni siquiera vio que le forzaron la maleta del auto y se llevaron los equipos.

Pablo no puede conciliar el sueño. Se pasa las horas acostumbrándose a los ruidos. Todas las casas tienen ruidos, pero los de una casa nueva son distintos. Florencia, por el contrario, duerme. Pablo se levanta un par de veces al baño y pasa por su cuarto y la observa. Le gustaría estar junto a ella en la cama. Ella duerme ajena a los ruidos.

Pablo no entiende en qué momento comenzaron a distanciarse. Por la mañana, Florencia prepara el desayuno. El sol inunda toda la casa. Las cajas están distribuidas ya en cada habitación. Pablo la escucha y se levanta.

¿Dormiste bien? — pregunta ella, mientras vierte agua caliente sobre dos tazones iguales que llevan sus nombres.

Sí, más o menos. O sea… no dormí mucho — contesta él.

Ya no se besan en la boca al despertar. Cuando Pablo rodea su cintura, Florencia se incomoda, prefiere saludarlo de lejos, a veces sin mirarlo.

En silencio, toman desayuno y repasan lo que harán durante el día. Pablo se encargará de las compras en el supermercado, Florencia revisará el inventario y luego designará un lugar para cada cosa.

Por la tarde la casa está lista. Florencia acomoda en los closets, o en una pequeña bodega en el fondo del patio, los objetos que aún no tienen destino. En la semana pedirán la instalación del cable, el teléfono y el plan de banda ancha. Por ahora, se deben conformar con los canales nacionales que nunca se ven bien. Recostada sobre un sofá, revisa canal por canal. No hay nada que la entretenga. De pronto se detiene en un documental sobre animales y se queda dormida.

Pablo está en el patio acomodando los muebles que no caben dentro de la casa. Repasa las cosas que debe hacer al día siguiente. Busca dentro de unas cajas unas carpetas con documentos de clientes a los que debe visitar.

Cuando llega la noche, repiten el mismo ritual del día anterior. Comen algo, se despiden en el living y cada uno parte a su cuarto. Florencia tiene dos días libres que pidió a cuenta de las vacaciones y los usará para terminar de arreglar la casa.

Antes de acostarse, Florencia cruza el pasillo y se acerca a Pablo para devolverle un libro.

—Toma. No me gustó.

—¿Por qué?

—No sé. Las historias son absurdas, los personajes no hacen nada. Me cargan los finales abiertos.

—Así es Morel. Tal vez podríamos tomarnos algo y comentarlo.

—Ahora no. Ya es tarde.

Pablo se resigna y vuelve al cuarto. Revisa un par de cuentas para llevarlas a pagar al día siguiente. En medio de un libro encuentra una foto de su amante. La observa y se pregunta si cambiaría en algo las cosas el hecho de que ella apareciera. Pablo no quiere dejar a Florencia.

No puede decir que está arrepentido de haber sido infiel, pero tampoco le gustaría volver a engañarla.

Cuando Pablo sale por la mañana, Florencia lo observa desde la ventana. La casa ya está lista para recibir a los familiares. Ella quiere que vengan todos de una vez y para eso tiene un acuerdo con Pablo.

Sólo los días en que alojen sus padres que vienen desde el sur, él puede volver al cuarto. No quiere dar explicaciones a nadie, mucho menos a sus suegros.

El fin de semana siguiente la casa se llena de visitantes. Pablo prepara el asado, Florencia las ensaladas. Por la tarde, los hombres ven películas de acción, las mujeres salen en el auto a recorrer el lugar. El primer día se va entre comida, juegos, películas y las risas de los sobrinos de Pablo que corren de un lado a otro.

La primera noche, Pablo se acuesta al lado de la ventana. Florencia prefiere la puerta. Durante la cena, su cuñado los había alertado de un mail que circulaba anunciando un cataclismo dentro de las próximas semanas. Florencia duerme mal y despierta asustada a medianoche.

—¿Sentiste? —murmura, despertando a Pablo.

—¿Qué? —contesta él.

—Parece que está temblando.

Pablo niega y en la oscuridad vuelve a acomodarse en su lado de la cama. Florencia tiene miedo y sólo por esa noche se acerca a Pablo por debajo de las sábanas, le toma las manos, le pide que la abrace y se queda dormida. No hacen el amor pero para Pablo es un avance.

Después de irse las visitas, las cosas vuelven a la normalidad. Pablo se instala en la habitación pequeña y cada noche, al llegar del trabajo, cenan y luego se separan para dormir.

De vez en cuando, Florencia llega a su cama por la noche y murmura:

—¿Sentiste?

Pablo niega, como siempre. Sabe perfectamente que por las noches pasan los camiones tolva con materiales para levantar la segunda etapa del condominio. Lo sabe porque puso atención a todos los ruidos de la casa nueva. Sólo espera que Florencia lo perdone antes de que terminen las obras de construcción.

Al llegar el día, Florencia vuelve a su cama o parte a la ducha antes de arreglarse para salir. No conversan nunca lo que sucede por las noches.

Algunas veces, Pablo se ríe al recordarlo, pero lo disimula para que Florencia no pregunte el por qué. Y si pregunta, entonces inventa algún chiste que a ella no le agrada en lo absoluto.

*Montserrat Martorell*

*'Otras mujeres', de* Antes del después

Insistir. Encontrar más voces, más historias. Dar con testimonios. Nadie me iba a detener en esta búsqueda. Contacté a una nueva mujer. Juana es su nombre. Tiene casi sesenta y tres años y fue torturada en el transcurso de su paso por Costa Verde. Su cuerpo no era su cuerpo. Su cuerpo era materia, un bulto que pasaba de milico en milico, el último ocaso de su humanidad.

La única venganza y el único perdón es el olvido, escribía B. No estoy de acuerdo. No estuve de acuerdo cuando la vi. Toqué despacito la puerta, me abrió una mujer gorda y morena. Pase, pase, la señora la está esperando en el living. Esa casa parecía la de una mujer que había viajado mucho. No era casualidad. Después de sus torturas en Costa Verde, había partido al exilio en París en mil novecientos setenta y cuatro. Allí había conocido a un francés con el que estuvo casada durante un cuarto de siglo y del cual estaba formalmente divorciada desde el año anterior. Nos sentamos muy próximas, frente a una mesita. Me ofreció un vaso con agua. Tenía un par de galletitas de chocolate. Me metí rápidamente una a la boca. No por hambre, estaba ansiosa. Las cosquillas del estómago, esas que en otro tiempo llamamos mariposas, subieron hasta mi garganta. Ella empezaba a hablar o a preguntarme sobre mí y yo necesitaba que me contara los cómo, los cuándo, los dónde. Yo necesitaba ponerle un nombre a mi padre. Yo necesitaba rebautizarlo a punta de verdades, de rostros, de mujeres que me dijeran quién era el cuervo de Costa Verde.

—Tienes los ojos de él.

No sabía si tenía que decirle gracias.

—Él nos hablaba de ustedes, de su familia. De su esposa, de sus hijas.

—¿Es verdad eso que dicen?

—¿Qué dicen?

—Las mujeres que fueron torturadas por él... Yo sé que usted fue una de ellas. Por eso estoy aquí.

—Eres valiente al venir a verme.

—Y usted por recibirme.

—Tu padre fue uno de los hombres más intelectuales que tuvo el régimen de Pinochet, y sin embargo mira lo que nos hizo.

—Se murió hace seis meses.

—Supe por la prensa. Vi la fotografía. Se murió

como un perro: solo. Eso era lo único que me importaba. Sentía que me enterraban un cuchillo.

—No fue tan así. Hicimos una ceremonia íntima en nuestra casa de la playa. Fueron muchos amigos y familiares.

—Supongo que siempre hay dos versiones de las cosas.

—Y yo vine hasta su casa porque quiero saber la suya. Que me cuente, que me diga si todo lo que dicen es verdad. Estoy deshecha.

—Puedes preguntarme lo que quieras, Olimpia —y las letras de mi nombre salían disparadas de su boca con un desprecio que me recordaba el bullying de la niñez, las risotadas de plástico, la indiferencia malsana que a ratos inunda nuestra adolescencia.

Entró la empleada, puso dos vasos de jugo de naranja y unas galletitas de colores. «Por si se les acaban las de chocolate», me pareció escuchar.

—Vivió en París en los setenta. Debe ser increíble esa ciudad para estar un rato. Nunca me he quedado más de cuatro días.

—Fue una época triste. Me sentía sola. Ni siquiera sabía francés. Mis niños eran pequeños. Mi marido era un desaparecido más. Me fui sola con ellos. Aprendieron rápido el idioma y empezaron a olvidarse de Chile. No sabían hablar castellano. Estuve incomunicada los primeros cinco años de sus vidas.

No podía decirles nada. Estábamos todos bloqueados, como en una especie de limbo, de terreno vacío. Yo me había ido a París, pero mi vida se había quedado en otra parte, en Chile, en un lugar que nunca más volví a encontrar. Es como un territorio imaginario que dejó de existir. Le pasa a mucha gente… Para tu padre, tal vez, el paraíso tenía siempre el nombre del silencio; para mí, en cambio, supone el encuentro con gente que no existe, con muertos que no dejan de hablarme, de susurrar detrás de los escombros en que se va agolpando la vida, jugando, entre tinieblas, con mi identidad rota.

Me di cuenta de que Juana seguía en el pasado. Que no tenía cómo sacarla de ahí. Que no estaba con una mujer de sesenta y tres años, sino con la joven que muchos años antes había llegado al exilio sin lengua y sin estudios, dejando a medio hacer su carrera de arquitectura, con un marido del MIR asesinado o desaparecido por una dictadura que no le reconocía nada.

—Y terminar olvidándome de él. De sus gestos, de sus sonrisas, de sus sueños.

Transformando las ideas en recuerdos y los recuerdos en emociones que eran tan lejanas.

Me demoré en olvidarlo. Me costó dejar de pensar en él. Me costó pensar en esa última vez que estuvimos juntos, que hicimos el amor con urgencia.

Me costó dejarlo ir. Es lo que pasa con la gente que desaparece. Los desaparecidos. Anda a decirle a una madre que se olvide de un hijo que no tiene idea dónde está. Anda a explicarles a mis hijos que no tienen padre porque un sistema se los arrebató. Anda a explicarles que no tengan rencor, que no se coman las uñas esperando un hueso, un pedazo de carne seca, una carta rota. Anda a decirles que se olviden.

En París, ya radicada, el mundo la recibió como un héroe. A los pocos años conoció a un político francés, estructurado, lleno de reglas y dogmas y certidumbres que probablemente nunca la hizo feliz, pero que la ayudó a olvidar y a cambiar de vida y dejar atrás eso que ella creía era su destino, una lucha incansable por construir un país con ideales que a la larga fueron absurdos, que a la larga no valieron la pena, que a la larga igual le quitó lo que más quería.

Y las torturas. ¿Qué pasaba con eso?

No puedo escribir estas líneas sin sentir que me rompo por dentro. No puedo escribir estas líneas sin imaginarme el cuerpo de ella y el cuerpo de mi padre y el cuerpo de mi madre y mi cuerpo colgado desde las extremidades en un gran lienzo que es también un cráter roto, lleno de sangre y de semen, y de posturas que no son mis posturas, pero que siento porque se me transmiten, porque me llegan, porque me parten y me bajan y me suben y me queman y la electricidad y el golpe seco y el golpe hondo y la llama que no se apaga y la lengua en el oído y la lengua en la garganta y la lengua entre las piernas, que no es la lengua que queremos tener, porque estás obligándome a hacer algo que no quiero hacer, que no deberías hacer. Mis manos desaparecen, los moretones se hacen grandes; las heridas, minúsculas; la tierra cobija nuestro cuerpo y la tierra nos llena de tierra, y la tierra nos duerme y la tierra nos aparta sin que nos demos cuenta de que estamos también muertos.

*Carolina Melys*

*Libreta de registro*

En la carretera, los postes pasaban tan rápido que no alcanzaba a contarlos. Pasaban tan rápido que formaban una sola línea. Un poste que se estiraba hasta alcanzar al siguiente, y ese al siguiente y así todo el camino. Cuando Luna miraba fijo por la ventana, sin pestañear, parecía que el paisaje hubiera sido pintado con una gran brocha, que mezclaba los colores y desfiguraba los cerros y árboles aledaños a la autopista.

Luna pegó la cara a la ventana, aplastando su nariz y dejando marcados los labios. Su respiración rápidamente empañó el vidrio. Con el dedo dibujó una cara feliz y esperó a que despareciera. Así pasaba el tiempo arriba del auto.

Al volante, su madre, la miró de reojo y le ofreció unas uvas que compraron en la ruta.

—Nos queda el último galpón y nos vamos para la casa —le dijo tratando de entusiasmarla con la idea.

Al salir a la caletera, Luna abrió su mochila y hurgueteó sin dejar de mirar hacia afuera. Los ojos bien abiertos, pestañeando imperceptiblemente, empezó la cuenta en voz baja: uno, dos, tres… sacó su cuaderno y dijo a modo de resolución:

— ¡Llevo doce! —mientras anotaba con números caligráficos. —Ayer conté quince, y antes de ayer solo nueve. Mi récord es de cincuenta y cinco en una semana—.

— ¿Qué haces, Luna?— le preguntó la madre, más concentrada en encontrar la dirección de la fábrica que en el juego de la niña.

—Son para mi colección, mamá— contestó, sin apartar la cara del vidrio. —Los colecciono en mi libreta—.

Por la berma veía desplazarse hombres como siluetas, uno detrás de otro. Sólo hombres: todos negros, todos jóvenes.

Desde que se mudaron a la capital, Ana se vio obligada a llevarla con ella a los largos recorridos que hacía por las fábricas cercanas a la carretera cobrando para una empresa de plásticos. El aviso del diario decía que solo necesitaba saber manejar y tener la licencia al día. El objetivo de su trabajo era —y lo anotó en una hoja para no olvidarlo— repactar y comprometer el pago de la deuda. Su gestión se consideraría un éxito una vez recuperada la plata adeudada. Solo entonces recibiría su comisión. El sueldo base era el mínimo.

Ana aceptó sin pensarlo mucho, necesitaba trabajar y podría llevar a Luna con ella mientras se instalaban en la ciudad y encontrara un colegio. Entraba a tercero básico.

Luna ya estaba acostumbrada a ir de un lugar a otro. Esperar a su madre en el auto sin tocar perillas ni botones o bajarse a inspeccionar los lugares, cuidando de no alejarse mucho, husmeando entre los galpones y los trabajadores que la saludaban o le hacían muecas o simplemente la ignoraban, absortos en el trabajo. A veces, si tenía suerte, se encontraba con algún animalito y lo adoptaba por ese rato como su mascota. Alcanzaba a ponerle nombre, corretear un rato y luego de vuelta a la autopista.

Una vez quiso llevarse uno de los tantos quiltros que encontraba en las paradas que su madre hacía. De manchas irregulares negro y café, pelaje corto y ciego de un ojo, lo llamó Sánguche. Cerca de una hora estuvo Ana dentro de la oficina, tiempo suficiente para que Luna no quisiera separarse más del animal, imaginar esas largas jornadas en auto con su nuevo amigo o durmiendo a su lado en una camita que ella misma haría con su ropa.

Ni el discurso que había preparado ni las lágrimas que vinieron después convencieron a Ana de llevárselo. No estaban en condiciones de tener perro, no podrían hacerse cargo, aunque Luna juraba que sí, mientras sollozaba y acariciaba al animal. Uno de los trabajadores chifló y el animal corrió sin pensarlo, sin dar tiempo para una última caricia, nada. Luna contuvo la respiración, sorprendida, siguiendo con la mirada la carrera desesperada de ese quiltro que había sido de ella. Agachó la cabeza y se subió al auto sin decir nada.

Luna no habló en todo el camino de regreso a la ciudad. Ana manejaba y tarareaba las canciones de la radio, o le contaba algún recuerdo que se le venía a la cabeza en un monólogo que no esperaba respuesta alguna. Luna no escuchaba, o escuchaba y no le daba importancia. La cabeza apoyada en el vidrio, los ojos en la carretera, y de pronto un bulto en la orilla. Demasiado rápido para ver los detalles, pero tenía la certeza de que era un perro. Una bola de pelos pegoteados con la tierra y la sangre coagulada. Giró el cuello para seguirlo con la mirada. Un cuerpo desamparado al borde del camino rodeado de basura y escombros.

Pasaron las semanas, y las comisiones se hacían esquivas. Antes de bajarse del auto, giró el espejo retrovisor hasta verse reflejada. Se pintó los labios, se echó rubor en las mejillas y encrespó sus pestañas con rímel. —Ahora sí —pensó, más como un gesto de autoafirmación que de certeza. Necesitaba la comisión.

Se bajó del auto sin reparar en Luna. Se miró por última vez en el reflejo de la ventana y entró al depósito de turno. No era grande, pero la deuda sí. Cuando empezó tenía doce trabajadores, hoy eran cerca de treinta. La mayoría inmigrantes que buscaban en las fábricas aledañas a la carretera alguna forma de subsistencia.

Luna se bajó del auto con su libreta y caminó hacia uno de los galpones en busca de algo que anotar. Apuraba el paso, mientras imaginaba a algún supuesto ladrón de cuadernos. O tal vez a alguna otra niña que, acompañando a su madre de fábrica en fábrica, coleccionara tesoros, como ella.

Se escondió detrás de unas cajas. A lo lejos, un hombre subía y bajaba una plancha metálica. Más allá, otro cosía largos paños de tela. A Luna no le llamaba la atención, si bien no sabía qué es lo que realmente hacían en esa fábrica, conocía cada parte del proceso.

La libreta se asomaba levemente por el bolsillo. Para pasar el tiempo, la tomó y sentada en el suelo revisó que no faltaran hojas, leyó nombres y números pausadamente, como queriendo confirmar que sus anotaciones no hubieran sido borradas por nadie o que alguien le hubiera sacado alguna hoja. Concentrada en esta actividad, no se percató de la presencia de uno de los trabajadores del galpón que la observaba fijamente.

—¿Tú, qué hace? —le preguntó provocando que Luna dejara caer su libreta al suelo. Se levantó mientras el hombre de tez negra, de ojos grandes y brillantes se acercaba lentamente como cuidando de no espantar a un animalito frágil.

—¿Tú, qué hace aquí? —volvió a preguntar en un español exageradamente modulado, dejando demasiado espacio entre palabra y palabra.

Luna se quedó quieta y no respondió.

—¿Cuántos años tienes? —insistió el hombre, intentando sacarle palabras.

Luna levantó las manos, y con los dedos indicó su edad.

—¿Y tu mamá dónde está? —continuó, viendo que lograba resultados.

Cómoda con la posibilidad de no hablar, indicó las oficinas que apenas se veían desde el galpón.

El hombre negro miró alrededor. Asegurándose de que nadie lo estaba viendo, levantó su polera y a la altura del pecho llevaba amarrado una especie de bolsillo, donde solo cabían algunos papeles y billetes.

Luna, que al principio lo miraba con distancia, al ver que sacaba esos papeles escondidos pensó que él también tenía su propia colección. Sonrió sin despegar los ojos de las manos del hombre, quien iba buscando uno a uno como quien cuenta cartas de un mazo. Se detuvo en una foto de bordes irregulares y se la acercó a Luna. La imagen era de una niña de piel muy oscura y pelo desbordante de rulos, amarrado en dos moños. Sonreía exageradamente, orgullosa de mostrar sus dientes.

—Leyna —dijo el hombre.

Luna repitió el nombre en su cabeza y le devolvió la sonrisa tímidamente.

Los tacos de Ana resonaron sobre el cemento e hizo eco dentro del galpón. Esa era la señal de que debía correr al auto y así lo hizo. No se despidió ni miró hacia atrás. Se subió al auto que ya la esperaba con el motor encendido. Ana aceleró, sin esperar a que Luna se abrochara el cinturón. Respiraba agitadamente y mientras se alejaban de la fábrica, golpeaba el manubrio con ambas manos.

Entró en la carretera despotricando, en un soliloquio que era más un desahogo que legítimas explicaciones. No gritaba, pero hablaba aceleradamente, ininteligible a ratos. Luna revisaba sus bolsillos y el asiento del auto. Estaba tan alterada como su madre, aunque no hubiera escuchado ni una palabra de lo que decía. Su libreta no estaba. Su libreta se había quedado en el galpón y sabía que ya no iban a volver.

Luna le pidió con urgencia un papel a su madre. Lo sacó de entre los muchos papeles que llevaban en el asiento de atrás. Apoyó la hoja en el vidrio de la ventana y empezó a escribir como en una carrera desenfrenada contra el olvido. Cuando ya no recordó más, anotó el registro de la semana, leyendo en voz baja cada sílaba escrita:

—Cincuenta y dos más Leyna —

Dejó el lápiz a un lado, dobló el papel en cuatro, se subió la camiseta, y lo guardó sujetándolo con la pretina del pantalón. Luego, se dejó caer sobre el respaldo y cruzó los brazos, como queriendo asegurarse de que el papel no se movería de ahí.

*Fe Orellana*

*Marina*

Cuando la jerga médica le hizo sentido, Marina se
sintió invadida por el blanco de las paredes. Su hijo
estaba enfermo y la esperanza de vida que le daban
era, como mucho, de tres años. Ella era una mujer
todavía joven y no existían antecedentes familiares,
así que no había una razón que lo explicara. Tal
vez, si se hubiera realizado los chequeos periódicos
podrían haber solucionado la situación antes del
parto, pero los controles jamás existieron y Marina
llegó al hospital solo para dar a luz.

El frío le escaló por la espalda y su cuerpo se llenó
de silencio.

Luego que le dieron el alta, volvió junto al niño a
su departamento.

Las primeras noche apenas durmió. Se quedaba
despierta, escuchando la respiración de su hijo.
Los dos solos, acostados en la misma cama, una
inhalación profunda, la de Marina, armonizada por
otra prácticamente inexistente. La luz del alumbrado

público entraba por la ventana y Marina la aprovechaba para buscar un rasgo distintivo, un gesto.

Recibía de vuelta un rostro chato e inexpresivo.

Con el pasar de las semanas descubrió varias cosas en el comportamiento de su hijo. Primero, que no dormía. Cada vez que lo miraba, ya fuera durante la noche o en el día, se encontraba con aquellos ojos pequeños bien abiertos, observándola. También notó que, al contrario que otros niños, jamás pedía teta ni se desgarraba en llantos y, menos, le agarraba los dedos buscando contacto materno.

Todo lo que habían comentado o había leído que pasaría no se presentaba en su caso. Al parecer, el niño era incapaz de sentir el exterior o simplemente el mundo le era indiferente. Marina pensó que se trataba de la enfermedad, un síntoma que habían omitido en el hospital y que ahora se manifestaba de forma repentina. Para asegurarse de su conjetura, empezó a probar pequeños experimentos. A veces le pellizcaba los brazos y piernas o le enterraba agujas de acero quirúrgico para estimular el llanto, le negaba la comida por horas o abría las ventanas y lo dejaba desnudo sobre la cama durante los días más fríos, todo esperando alguna reacción.

Nada. El niño se mantenía quieto y con los ojos abiertos.

Aquello llenaba de rabia a Marina. Si hubiera tenido la certeza de que su hijo sería capaz de sentir, habría olvidado que no viviría lo suficiente y podría haberse apegado a él, generar un vínculo pese a todo. Pero no. Era la mamá de una bolsa de carne y pelos incapaz de percibir su entorno.

Otro aspecto, quizás condicionado por la enfermedad, es que su tamaño aumentaba de forma desmedida. Cuando Marina tuvo que volver a trabajar, su hijo superaba con creces el porte promedio. Ya no le cabía la ropa y menos podía cargarlo en brazos. El niño movía su enormidad con torpeza, de un sitio a otro del departamento, completamente desnudo y botando todo lo que encontrara a su paso. El piso era una trama de vidrios, cristales y loza hecha pedazos.

Con el tiempo volvió al trabajo y contrató a una mujer para que se hiciera cargo del niño. La mujer le comentó en varias ocasiones que con ella no era diferente. Comía por inercia y se quedaba mirándola a ratos, luego gateaba por el resto de las habitaciones.

Se estableció una rutina. Marina salía temprano en la mañana y permanecía fuera gran parte del día, donde podía estar lejos del niño y de sus ojos que jamás se cerraban. Ya casi no tenían contacto y eso no le importaba a ninguno de los dos. El niño la miraba pasar cuando llegaba, ubicado en algún punto estratégico del living, sin emitir ruidos.

Al volver, la mujer le hacía un inventario de las cosas que había roto y, para deshacerse de la responsabilidad, culpaba siempre al tamaño del niño. No mentía al respecto. El niño seguía creciendo desmesuradamente. Al año, cuando debía medir poco más de sesenta centímetros y pesar siete kilos, el hijo de Marina pasaba el metro de estatura y pesaba más de quince.

Y sus dimensiones solo podían ir en aumento.

Para esa altura, Marina ya había perdido toda ilusión de mantener un vínculo emocional con su hijo. Él no la necesitaba y ella no podía sentirse ligada a él. Pero una tarde en que volvía al departamento, Marina notó algo nuevo en su hogar, algo que se escuchaba desde la puerta de entrada. Al principio pensó que era una alucinación o que venía de otro sitio y se colaba por la ventana abierta, pero la risa estaba presente ahí, muy cerca, en su dormitorio.

Aguzó el oído.

Sí, se trataba de la risa de un niño. Se llenó de esperanza y temor.

¿Podía ser que su hijo comenzara a sentir justo ahora? Habían pasado casi dos años desde que había nacido y el niño despertaba al fin de su letargo. Reía. Era un ser humano y, aunque les quedara poco tiempo, les abría una serie de posibilidades ¿Su relación empezaría a definirse desde aquel momento?

Pero cuando llegó corriendo al dormitorio, su cara se desfiguró al ver el charco rojo en el piso. Todas las esperanzas que había albergado se disiparon. Un fuerte olor a fierro. Una mancha de jalea coagulada que serpenteaba el camino hasta un rincón, donde su hijo ocupaba todo el espacio disponible desde el suelo hasta el techo, apoyando su espalda completa en la pared. Era realmente inmenso, como si hubiera crecido el triple en su ausencia. Tenía la boca manchada con sangre y se le quebraba hacia los extremos en una sonrisa. En el suelo, el cuerpo desmembrado de la mujer que lo cuidaba. El niño arrancaba trozos de carne y se los echaba a la boca. Parecía que los tragaba sin siquiera masticar. Y luego reía.

Tragaba y reía.

Tragaba y reía.

El estómago de Marina se revolvió.

Al descubrirla, el niño la miró igual que siempre, como si fuera la primera vez que aparecía. Marina dio un paso atrás y resbaló con la sangre. Cayó de espalda contra el piso y se quedó ahí, paralizada por el temor. Su hijo, que era apenas capaz de controlar su cuerpo, se arrastró con dificultad hacia ella.

Marina retrocedió en el suelo. La sangre traspasó su ropa y la sintió cálida y espesa, tocando su piel. Frente a ella, el gigante venido de su vientre. Tuvo asco de lo que veía, de lo que sentía, de haberlo traído al mundo. El niño la arrinconó contra una pared. Primero la olió y luego le pasó la lengua por el pelo. Era traposa y húmeda. La mano del niño agarró la pierna de Marina y la alzó en el aire. Tuvo una sensación ya vivida, la misma de cuando le dijeron que su hijo viviría solo unos años: frío, silencio, blanco.

La presión en su pierna. El niño la levantó y en la posición invertida, Marina escuchó la risa. Pensó que con cada mordida, con cada pedazo de carne que sería removido, aquella reacción solo iría en aumento, que todo lo contenido por el niño durante el escaso tiempo que llevaba en el mundo tenía que liberarse.

Y vino el primer azote de su cabeza contra la pared.

El niño esperó.

Para el segundo, Marina había dejado de sentir dolor, y cuando iba en la trayectoria hacia el tercero, ya había dejado de respirar. Frío, silencio, blanco. No importaba. El niño siguió machacando una y otra vez hasta que el cuerpo de su madre se volvió un charco gelatinoso sobre el suelo. Luego dirigió su atención hacia cualquier miembro que aún se mantuviera. Gateó hasta él y lo tomó. El calor fue bajando por la garganta y tragó un trozo contundente.

Frío, silencio, blanco.

Y el niño rió.

*Juan José Podestá*

*La vida corriente*

En el aeropuerto observaba fijamente a una mujer de cabello rojo: siempre me habían gustado las colorinas, y ellas siempre me despreciaban. Quien me mirase supondría que estaba hipnotizado, pero la verdad es que en el fondo había perdido todo deseo, o eso quería creer. Mi hijo y mi esposa habían muerto cuatro meses antes en un balneario del Perú, y ya nada me ataba a nada. Dejé mi doctorado, cancelé algunas cuentas —no todas—, renuncié a mi beca por email y volvía a Chile con el único propósito de dejar pasar el tiempo, y ver si alguna vez las ganas de cualquier cosa volvían.

Faltaban dos horas para mi vuelo a Santiago, y una vez que la pelirroja se fue, me quedé observando a un niño que molestaba con ahínco a su hermana. No soporté las ganas de llorar y fui al baño. Lo había perdido todo, y en mi país, con suerte, tendría a los amigos que dejé; amigos cuyas palabras de consuelo me aburrirían, como ya lo habían hecho por teléfono. Quería llegar, acostarme y estar encerrado el tiempo suficiente para que nadie me preguntara nada cuando me levantase.

A Juan José Casanello lo vi llegar al sector de chequeo: imponente, digno, y un aburrimiento (¿tristeza?) infernal en la cara. Llevaba un maletín de manos y un saco para el vestón: el equipaje más liviano de todo el aeropuerto. Se registró, y fue a sentarse no muy lejos de donde estaba yo. Seguro que mi semblante no distaba mucho del suyo.

A veces los azares se conjugan, se mueven ciertas cosas y todo termina siendo como uno secretamente esperó. El hecho es que Casanello acabó en el asiento de la ventana, mientras yo estaba en el del medio de la misma fila. Su aspecto era el de un caballero a la antigua; sus ropas estaban almidonadas, la camisa impecable, manos pulcras —casi como talladas—, un perfume que no había olido nunca lo envolvía y un hermoso reloj llamaba la atención a cualquiera que pasaba por el pasillo del avión. Nos miramos y nos saludamos como dos incompatibles compañeros de fila. Por supuesto, yo me veía muy distinto: chaqueta de mezclilla, una camisa arrugada y unas zapatillas nada elegantes, que había comprado el primer año de mi llegada al Perú para hacer un doctorado en historia. Admiré la forma solemne que tenía de pedir un trago, la manera en que pronunciaba las 'gracias' o sus gestos de cordialidad a las azafatas. No era chileno, y eso se notaba. Sólo después de un rato de viaje supe que era italiano; se había puesto a cantar en voz baja una canción que yo le había escuchado al profesor Rimassa, cuando nos íbamos de juerga por las calles limeñas. Se lo expresé, y así fue como empezó todo.

Después de conversar de algunas cosas sin importancia, casi como obligados a hablar, empezamos a interesarnos casi sin darnos cuenta, quizás sorprendidos de que algo volviera a llamarnos la atención. Me contó que tenía 65 años (menos de los que yo pensaba), que era empresario textil y había cumplido 25 años de residencia en Lima, donde vivía, no podía ser de otra manera, en Miraflores. Yo le narré qué hacía en Perú, y se interesó mucho en la idea de mi investigación (una tesis sobre la influencia de Ricardo Palma en la crónica periodística peruana). Hablamos largo rato sobre *Tradiciones peruanas*, sobre la vida de Palma y de literatura andina. Era empresario, pero extremadamente conocedor de literatura y arte. Ello me llamó la atención, pues mis prejuicios y experiencias habían creado una imagen nada favorable de ellos.

Ítalo Casanello era un conversador envidiable. Me habló de su pasado en las Brigadas Rojas en la Italia de los años setenta, de cómo la policía había llegado a su casa sospechando que había tenido que ver con el famoso caso Moro. Lo cierto es que luego de aquello se fue con su señora e hijo al Perú, donde ayudado por la inmensa comunidad italiana, había puesto un negocio de telas, que era de lo que más sabía después de política, pues su padre y su abuelo habían sido empresario textiles. El nunca había querido seguir la empresa familiar, y en Italia trabajaba haciendo unas clases de historia en colegios pequeños, ya que nunca obtuvo el título. Las ganas de una revolución y la necesidad, hicieron que terminara en Perú llevando el mismo negocio que sus progenitores. 'Así que usted también es profesor de historia', le dije, 'Pero sin título, no como tú, todo un intelectual. Yo pasé de ser un revolucionario a un empresario que a veces conversa de historia. O eso creo' afirmó, mirándome con una cara que, de una rara forma, me enterneció. Ítalo hizo una pequeña fortuna en Perú, y dos años después de la llegada se separó de la esposa, y ésta se vino a Chile con el hijo todavía pequeño. Y a eso venía. Venía por algo que a mí me sonó aterradoramente familiar: su hijo en Chile se convirtió en un rockero famoso, y hacía casi un año había muerto de una sobredosis de cocaína en un departamento en el centro de Santiago. Una semana después, la madre se suicidó tomando somníferos. Casanello vino primero al funeral de su hijo, que tenía de 35 años (la misma edad mía), y luego volvió al entierro de su ex esposa. 'Ya no tengo a nadie, me quedan mis telas, mis trabajadores, unos tragos al almuerzo y una amante que me desea sólo por el dinero, que tampoco es tanto', me dijo con una calma que ojalá yo llegue a recobrar. Ahora regresaba por algo 'muy puntual', detalló: conocer el departamento en que murió su hijo. Ya la pena mayor se le había pasado, confesó, y estaba en condiciones de ver lo que siempre quiso.

'No sé por qué mi hijo llegó a convertirse en un adicto', afirmó como lejano. Me contó que lo había visto pocos meses antes de su muerte, y habían compartido como los buenos amigos que eran, pues durante todos esos años se habían encargado de mantener un estrecho vínculo, a pesar de las distancias. Comieron pastas como locos en el departamento del hijo, que venía saliendo de una separación; cantaron, lloraron y se rieron como nunca. 'No vi nada raro, a excepción de su aspecto, peor que el de los jipis de mi época' rió, y sus ojos se humedecieron. Lo que quería ahora, sólo respondía a un muy íntimo y profundo deseo, 'sólo ver dónde carajo murió mi hijo', ¿tengo derecho a saberlo, no?', meditó frente a mí. El que me haya contado su propósito casi me quebró.

Como iban las cosas, no podía mentirle. Le conté el motivo de mi regreso definitivo a Chile, y

Casanello sólo me agarró el hombro, mientras sus ojos se hacían tan profundos como el cielo que en ese momento envolvía el avión. Mi historia era mucho más corriente. Una playa, una mamá y un hijo de dos años que van a la orilla a tomar la temperatura del agua; una ola cabrona, unos gritos, un niño que se ahoga, una madre que trata de rescatarlo, un padre que está comprando despreocupado unas bebidas y al final, al final de todo, dos muertos.

Las cinco horas de viaje a Santiago se hicieron breves. En el aeropuerto Arturo Merino Benítez nos dimos un abrazo tremendo después de haber retirado nuestros equipajes, y cuando un taxi se detuvo para llevar a Juan José, éste me dijo: '¿Me acompañas? Le pregunté, aunque ya lo sospechaba, que adónde. 'Acompáñame', repitió. En el taxi dijo la dirección: voy a la calle Mosqueto, en Santiago Centro. Le dije que yo había vivido ahí en mi época de estudiante, y charlamos sobre el sector. 'El día de su muerte, Franco había estado todo el día de fiesta con sus amigos en el departamento de uno de ellos en esa calle. Yo me enteré de dónde había sido pues me lo contó uno de sus mejores amigos. Consumieron *eso* ya en la noche. Como a las dos y media Franco empezó a sentirse mal y antes de que colapsara, en un hecho incomprensible, se tiró del departamento. Eran ocho pisos. La autopsia reveló que él ya estaba muerto por un infarto antes de caer. Sobredosis'. Yo no supe cómo era capaz de contar aquello.

Cuando llegamos a Mosqueto –los dos con nuestros equipajes a cuestas–, se reveló lo que para mí era obvio. El edificio y el departamento donde murió Franco, era el mismo donde pasé mis largas tardes de estudiante de licenciatura en historia.

Por supuesto, no hicimos amague de entrar al piso; sólo nos quedamos mirando la ventana donde un rockero dado al exceso se tiró en el curso de un infarto producto de la cocaína, y donde yo había pasado los mejores años de mi vida con la mujer que me acompañó al Perú, y que murió ahogada con el hijo que me había dado.

Juan José Casanello miraba el edificio, ceñudo, misterioso, triste, como si quisiera atravesar el muro de concreto y la ventana y ver el lugar donde el hijo había pasado su último día.

Después nos fuimos a tomar un trago.

*Víctor Quezada*

*de* bulto

Llegué a los treinta años sin pene. Videla murió ayer a los 88, condenado en una cárcel pública; el otro hijo de puta murió como buen cristiano sobre una cama del Hospital Militar, a las 14:15 horas del día 10 de diciembre del año 2006, en Santiago de Chile. Yo moriré de una u otra forma, quizás entristecido o contento, rodeado por quienes amé o en soledad, da igual, lo relevante en este caso es que para el momento de mi muerte los espacios públicos estarán completamente vedados a la práctica del amor, el contrabando de especies y la disidencia. Ahora que escribo esto, se yerguen en Santiago las nuevas torres del comercio, un parque en medio de Buenos Aires ha sido cercado y los bosques arden.

\*

Mi padre ha muerto. Estoy parado frente a lo que fue mi casa durante los últimos cuatro años, pero ya nada me parece familiar; de esta fachada, solo la idea de huir, la feliz idea de por fin alejarse de Capital. Tengo que volver a Antofagasta, volver dos mil novecientos kilómetros en el tiempo, para encontrarme con el cuerpo muerto de mi padre.

Las últimas horas en el departamento las he tenido que pasar frente a la imagen mutilada que me devuelve el espejo, decidiendo qué ropa será la mejor para emprender un viaje tan largo, cruzar la cordillera, tomar la ruta a la inmensidad del desierto de Atacama y permanecer fresco. Doblo la ropa sobre el colchón y organizo conjuntos apropiados para distintos climas y otros tantos hombres. ¿Cómo debe mi familia verme al llegar? ¿Qué cuerpo de qué hombre la mamá va a tener que estrechar en sus brazos? Me imagino atravesando la puerta con estos zapatos que no dicen nada de mi vergüenza, con la camisa bien abotonada y el pantalón limpio, quizás con mi bello saco gris o irreverente cruzando en *shorts* el umbral de la casa devota. La ropa que vista el día de mi llegada se hará cargo de decirles a todos cuánto quise a mi padre y cuánto de él conservo, a partir de mi vestimenta dirán cuán bien me fue en estos años fuera de Chile y el abuelo dirá por fin que me convertí en todo un hombre. Enfundado en la ropa de otros, reverenciaré el cuerpo muerto de mi padre y guardaré silencio; de seguro alguien romperá en llanto cuando la tierra golpee la madera y el corazón de los hombres tristes se haga pequeño, pero ninguno derramará una lágrima, yo estaré perfectamente vestido y todos verán en mi cuerpo el cuerpo del esposo, en mi rostro endurecido el rostro del hijo; y estrecharé las manos de los hombres y besaré las mejillas de las mujeres y los niños; y mi mano será estrechada y mi mejilla recibirá sus besos. Esta imagen quiero para mí.

Frente al espejo, ensayo formas de suplir el vacío entre los muslos, formas de parecer, frente a sus ojos, esa imagen que añoro. Me hago un bulto nuevo, un bulto que quepa en la palma de la mano, que caiga naturalmente sobre el muslo derecho o con propiedad ocupe la entrepierna. Tomo un preservativo y lo relleno de algodón y sal para simular su peso, lo anudo a un extremo esperando conservar su consistencia antigua, conseguir su suavidad antigua, el calor antiguo entre los dedos, su nuevo peso, pero sobre la palma yace demasiado ligero, tan ligero que temo que ni toda la sal de la tierra pueda igualarlo. La mano intenta estrechar el bulto y lo estruja, se empecina en otorgarle vida a esa materia inerte.

*

Hay un escondite tras esos árboles, un buen sitio donde acurrucarse y dejar pasar la tormenta. De seguro hacia la tarde el cielo se va a desplomar. Para entonces yo estaré protegido en el ómnibus rumbo a la cordillera y el pobre Gato se habrá quedado solo, sin amor ni hijo y, muy a pesar suyo, con un cuerpo vivo por mi ausencia.

Partimos por los diques bordeando la ribera. Acepté su compañía por unos pesos pero mentiría si dijera que no disfruto su presencia aquí a mi lado, mientras su rostro se multiplica en los muros a lo largo del camino; el día es una feliz ficción republicana, todos parecemos bellos y libres bajo el sol de esta bandera. Siguiendo la línea de la sombra nos cuidamos de los rayos ultravioleta y los intrusos: proteger la privacidad y la piel en medio de la calle puede parecer una tarea ociosa, pero qué va, el cuidado del cuerpo tiene mil rostros, así como la tentación tiene mil rostros o dios o la vigilancia o el deseo de ser otro. Quizás podamos volver a la marina, embarcar y romper hacia Recife o esperar a que la tormenta extinga, por fin, la vida de nuestros cuerpos.

A bordo del velero el Gato me mostró su faja. Con los pantalones en los tobillos me explicó cómo escondía sus genitales, muy orgulloso de la lisura de su bulto. Con la mano derecha jalaba el escroto a la altura del ano para, luego, con la izquierda, empujar el pene hacia atrás. Apretando los muslos, sostenía sus genitales en esa posición mientras subía la panty faja:

todo el asunto dependía de la faja, debía ser al menos dos tallas más pequeña, de tul, algodón y silicona o alguna otra combinación de materiales que asegurara su suavidad y su firmeza. Me preguntó cuál era la técnica de mi preferencia, cuál de ellas me producía más goce. Apenado, le conté sobre el vendaje genital que llevaba desde hace un tiempo. Me pidió verlo, así que bajé mis pantalones y le mostré esa venda parecida a un pañal que ocultaba mis heridas. Le expliqué el procedimiento.

Primero, doblas la venda en la forma de un triángulo, amarras los extremos de la base por detrás de la cintura y el tercero, pasándolo por el perineo, lo unes al resto cuidando de hacer un nudo firme en la espalda. Interesado, especuló sobre las desventajas del material de mi vendaje en un clima como el de Capital, esa tela podía llegar a ser todo un problema con la humedad y la transpiración, otro asunto era el estético, nadie quisiera garchar con un nenito en pañales, me dijo esforzándose por encontrar el reflejo de su rostro en mis ojos, como una manera sutil de consolidar nuestra amistad o qué se yo, comprar mis sentimientos, ganarse mi favor, meterse en mis pantalones. El Gato no es trava, simplemente disfruta usando ropa femenina, me dijo. Lo imagino pensando en mi pene, atrapado en la entrepierna, presionando mis testículos contra el ano a la vez que camino las calles de Capital con un cuidado inmenso por no torcerlos, lo imagino pensando en la erección de mi pene que arruina paulatina pero de forma definitiva todo el trabajo de transformarse. Lo imagino pensando en la desaparición mística del pene que nos permite ser más claramente frente al espejo. El Gato quiere desaparecer su cuerpo, reemplazar sus órganos antiguos por otros nuevos para conservarse vivo y, así, impresionar a los que mueren, pero yo no quiero que mi cuerpo desaparezca, quiero la permanencia de este cuerpo y con él, una muerte digna y una vida que pueda enfrentar la vergüenza de despertar en medio de la injusticia. Quiero este cuerpo que permanece a pesar de desprenderse, quiero este cuerpo que tengo a pesar de sus heridas, quiero amar este cuerpo y que este cuerpo sea amado por otro.

Los contornos del velero se difuminaban a medida que el sol se fundía con las cosas. De pronto solo fuimos nosotros a la orilla del río. A lo lejos, cientos de migrantes hacían fila para obtener la residencia precaria.

*Maritza Requena de la Torre*

*Trucos de magia*

Un sábado de noviembre, Daniela dejó inconcluso uno de los capítulos de su tesis de Magíster en Literatura y prefirió salir a juntarse con sus amigos de la Universidad, quienes arrendaban hace poco un departamento compartido en Ñuñoa. A sus 25 años ya había logrado gran parte de las aspiraciones que cualquier mujer de su generación podía tener, si es que había estudiado en un colegio particular pagado que la encaminara hacia la obtención de un título profesional y la independencia económica. Sabía que se estaba permitiendo ser algo irresponsable, pues debía cumplir con la entrega del borrador a más tardar a fines de diciembre.

En el colegio siempre había sido la mejor del curso, la más estudiosa y organizada, incluso en la Universidad sus compañeros solían pedirle sus cuadernos para sacarle fotocopias, pero era joven y también quería divertirse. Tomó una micro en el centro, que era donde hace un año había conseguido arrendar un departamento para ella sola gracias a las clases que hacía en un conocido Preuniversitario. Se bajó en Grecia frente al Estadio Nacional y desde allí caminó por Maratón hasta José Domingo Cañas escuchando 'Love will tear us apart', su canción favorita de Joy Division.

Una vez reunida con sus amigos, entre las jóvenes promesas de la poesía chilena y los incipientes ayudantes académicos orgullosos de sus triunfos en postulaciones a Becas y Fondos de Cultura, Daniela encontró a Roberto, un coronel de Ejército de 27 años, quien parecía ser soltero, al igual que ella. Después de un par de cervezas, Roberto ganó confianza y, alentado por alguno de los poetas en vísperas de su primera publicación, se dedicó a mostrarle a los comensales su talento oculto. Sacó su naipe inglés, barajó las cartas prolijamente y empezó: 'corta', 'escoge un mazo', 'escoge una carta', 'muéstrala', 'que todos las vean', 'yo no la he visto', 'no sé qué carta es', '¿era esta tu carta?' Acertó en todos los trucos y el grupo literario interactuaba fascinado, entregado al juego y al alcohol. ¡Qué entretenido parecía para Daniela!

Tras haber pasado a la piscola, los demás alternaban las conversaciones sobre el impacto de las redes sociales en la difusión de la obra de arte con los tradicionales reproches: 'seguro se te olvidó que yo te presenté a la ayudante de pragmática pa' que te dejara publicar en la revista', '¿acaso no te acordai que cuando te pedí que me invitarai al encuentro de poesía joven te descartaste diciendo que no teníai ninguna influencia en la elección de la gente que iba a participar?', 'pásame el hielo mejor y tú, no te tomí toa la bebia.'

Daniela, que no solía participar en ese tipo de discusiones, se preguntaba quién le podría regalar un cigarro. No fumaba habitualmente, pero tenía una regla: después de las doce y con cuatro copetes era el momento de empezar a fumar. Entonces vio que Roberto había salido al balcón. Ahí, entre la ropa tendida y los cactus sin regar hace meses, él le ofreció un cigarro y le contó que era amigo del hermano de José Manuel, uno de los inquilinos ocasionales, que era traductor y que estaba casi separado. Ella prendió su primer cigarro de la noche presumiendo una nueva teoría.

—¿Te has fijado que los simples juguetes de 'Toy story' representan toda la historia de Estados Unidos?— No podría decirse que a Roberto le interesaba el tema, sin embargo, estaba intrigado.

—¿Cuál? ¿La uno?

—Sí, la uno, la verdad es que no he visto las otras —respondió mientras botaba el humo.

—¿Cómo así?

—Claro, es como '2001, Odisea del espacio' —comenzó a explicarle moviendo rápidamente las manos—, ¿la viste, cierto?

—Sí, sí la vi —le contestó él esta vez sonriendo.

En ese instante Daniela supo que era el momento de hacer suya una idea que un profesor universitario había comentado en clases de pregrado: —Bueno, cuando en la película '2001' el mono lanza el hueso hacia arriba y la cámara enfoca solamente el hueso en el aire y después el hueso que tiró el mono se transforma en una nave espacial a través de una espectacular técnica de montaje, ese cambio de cuadro, esa elipsis temporal, en el fondo resume toda la historia de la humanidad. Así mismo, en 'Toy story' tenemos al granjero y al astronauta, ¿me entiendes? y ese cambio de paradigma resulta ser el gran conflicto de la película, porque hay un pasado rural que se resiste a dar paso a la conquista del espacio.

—Mmm… No sé, pero puede ser —fue lo único que a Roberto se le ocurrió decir al respecto.

Entonces entraron, porque Daniela quería ir al baño. En cuanto salió, Roberto la invitó a tomarse un mojito a Manuel Montt. Había llegado en bicicleta, pero podía dejarla en el departamento hasta el otro día. Era buena hora para despedirse, pues los amigos literatos ya habían comenzado a bailar los hits noventeros como 'Disco 2000' de Pulp y '1979' de

Smashing Pumpkins, quitándose la ropa y lanzando un rollo de confort de un extremo al otro de la sala de estar en señal de afecto y fraternidad, como si nunca se hubieran destruido el ego los unos a los otros. Mientras Daniela y Roberto bajaban juntos la escalera y él la tomaba de la cintura, adentro sonaba The Smiths.

—Tengo que contarte algo, es serio, no debería, porque si ellos saben que te lo estoy contando a ti, que eres civil, puedo tener problemas. Es que no le he dicho a nadie, ni a mi familia, pero me voy a ir al norte, o sea, me asignaron para una misión en la frontera, es terrible, nadie sabe, pero va a haber una guerra, ¿te imaginas eso? Pueden morir compañeros, amigos, y yo voy a estar a cargo y voy a tener que cumplir porque es por el bien del país, si no Bolivia y Perú nos van a invadir. Esto no sale en la prensa, pero es verdad, hay evidencia de que se están armando y están listos para atacarnos, me da mucha pena, pero es cierto, se nos viene una guerra—.

Roberto estaba llorando, sentado en el bar con un ron en la mano. Se compadecía por el destino de sus camaradas del Ejército, sabía que su carrera se trataba de eso, de matar o de morir, pero hasta ahora no había sentido la angustia de tener que ir a la guerra para mantener la paz. Daniela estaba incrédula, analizaba cuidadosamente su discurso, palabra por palabra. Se quedó un buen rato pensando en lo dicho y también en lo no dicho. Sin embargo, ya era tarde, estaban ebrios y por más que lo intentara no lograría sacar conclusiones al respecto.

Daniela no recuerda quién pagó la cuenta. Roberto la pasó a dejar a su departamento esperando poder subir. Esa noche intentaron tener sexo pero no pudieron, a él no se le paró o bueno, sí, pero no lo suficiente. Durmieron cada uno en una orilla de la cama, ella pensando en que nunca más se dejaría llevar por un truco de magia y él imaginando las posibilidades de que lo llamaran del Ejército para ser parte de una guerra, sabiendo que ahí no podría usar sus trucos de magia para engañar a nadie.

*Vladimir Rivera Órdenes*

*Mar*

Mi hija Mar andaba complicada hace tiempo, discutía y peleaba con su hermanita Isidora. Un día incluso la mordió. La tuvimos que llevar al psicólogo, dijo que odiaba a su hermana, que desearía que no hubiese nacido. Usó la expresión 'que se muera'. En casa nunca hemos usado expresiones de ese tipo, y sonaba extraña en una niña de cinco años. Nos metieron en una terapia. Hicimos ejercicios, actividades: yoga, caminatas, historias de hoponopono: drogas para niños. Las cumplimos a cabalidad. Sin embargo, su odio hacia su hermana seguía creciendo. Inconscientemente caímos en el juego para verla feliz. Las fuimos separando. Yo hacía actividades con Isidora, su madre con Mar. Un día la volvió a golpear. Eso me enojó mucho, le di una bofetada muy fuerte y al segundo me arrepentí. Lloró. La saqué a pasear. Le pregunté de dónde sacaba esas palabras, que nosotros no las usábamos. Me dijo que de Alex, el chico que vivía en nuestra casa. Le respondí que en casa no vivía ningún Alex. De inmediato me acordé de la abuela de mi señora, que tenía esquizofrenia y, tal vez, se la había heredado a Mar. Lo hablé con mi señora, también con el psicólogo, al parecer era común tener amigos imaginarios a esa edad. Una noche, cuando le leía un cuento, me contó que se iría con Alex, que su casa era más entretenida. Se me erizó la piel. Me enojé. Dos días después se negó a ir al jardín, se orinó. Con mi señora decidimos, después de una larga discusión, que lo mejor era no forzarla. Al tercer día volvió a morder a Isidora. La situación nos desbordaba, no queríamos caer en ningún químico más para calmarla. En esos mismos días vi un reportaje en la televisión sobre cámaras de circuito cerrado que se instalaban en las casas. '¿Quieres saber qué hace tu hijo cuando no estás?', rezaba el cartel. Respondí mentalmente: 'Sí, quiero saber'. Así lo hice, quedaría al tanto qué hacían las chicas cuando yo no estaba. En esos mismos días nos turnábamos con mi señora, quién se quedaba con Mar y quién con la Isi, porque juntas no podían estar.

Un día hablamos con Mar, le dijimos que si seguía así, nos iríamos todos y la dejaríamos en casa sola. Mar ni se inmutó. Nos respondió, con resiganción o soberbia, que quizás era lo mejor. Nos miramos. Tenía apenas cinco años y nos ponía a prueba a cada segundo de nuestras vidas. Pensé que dejarla sola, asustarla, sería una terapia que sí le serviría. Nos fuimos los tres, y yo me quedé en el auto, espiando por la cámara de circuito cerrado. Mi señora y la Isi se fueron al parque. Extrañamente, Mar hizo las mismas cosas que hacía siempre. Se sentó en su mesa, hizo sus dibujos, fue al baño, armó sus bloques, todo igual hasta que de pronto, vi una sombra que pasó tras ella.

Me extrañé. La seguí con la otra cámara hasta la otra habitación; luego con la seguí con una tercera cámara. Era cierto. Era una sombra humana, más grande que una persona común y corriente. De pronto la sombra comenzó a hablar con Mar. Me asusté, fui a abrir la puerta del auto para correr a casa, que estaba a unos metros, pero las puertas del auto estaban trancadas. Cuando miré la cámara, Mar y la sombra me estaban mirando directo por una de las cámaras, las cuales comenzaron a apagarse una a una, hasta quedar incomunicado.

Rompí un vidrio y corrí a casa. Fueron unos diez o veinte segundos, no más. Pero al llegar no había nadie. Mar había desaparecido.

Eso mismo dije en la policía. Eso mismo le dije a mi señora, pero nadie me creyó. Todos me sacaron en cuenta la bofetada que le di. Me quedé solo. Tuve que ir a firmar una vez por semana a la policía. No pude salir de la ciudad por mucho tiempo, ni ver a Isi.

Así estuve veinte años, hasta que un día fuera de mi puerta apareció Mar. Me dijo que me había perdonado. Era ella, aunque nada se le parecía, era otro cabello, otro color de ojos. Era una chica grande ya. Le hice unas pruebas de ADN y era noventa y nueve como nueve por ciento de mi ADN.

Era Mar. Era mi hija y había vuelto. De dónde, para qué, eso nunca lo supe.

*Christopher Rosales*

*Cosplayers*

Denisse toma la foto del chico que le gusta y la contempla. Se ve feliz, sonríe con honestidad, es una bonita captura. Tiene cara de estúpido, piensa Denisse y ríe y luego suspira con amor y pena. Fue sacada por sorpresa, la postura de sus piernas y su torso mediodoblado, incoherente, lo delatan. *Tan bonito.* Vuelve a suspirar.

Lleva una polera de Naruto y una camisa a cuadros amarrada a la cadera, jeans negros con hoyos en las rodillas y zapatillas Converse. Un mechón de pelo negro, sedoso, cubre por completo su ojo izquierdo. Lleva puesta una muñequera negra, de la cual resulta imposible distinguir un logotipo, un nombre o algo, y que se posa sobre el hombro de alguien con quien comparte espacio, el plano central, en la fotografía. Una chica de lentes y pelo ondulado con las puntas de color verde. No es Denisse. Es su amiga Nelichán, su mejor amiga.

Es guapa. Parece no tener consciencia de lo linda que es. Una perra, piensa Denisse. Ella es la polola de Kuroro, que es como le dicen a Juan, el protagonista de la foto. A Denisse siempre le ha gustado Kuroro, es el amor de su vida, siente ella, y sin embargo, el amor de su amiga, de su mejor amiga que no fue capaz de pensar en ella. *Maldita amiga, maldito amor.*

Denisse jamás le ha dicho a su amiga que siempre, desde que se conocieron ya hace unos cinco años, ha estado enamorada de Kukoro. Ella debería saberlo, piensa, somos amigas, me conoce, sabe cuándo me pasa algo, lo intuye, lo huele. Ahora se está haciendo la hueona, piensa Denisse, cuando le conviene se hace la hueona, se confirma y acaricia el retrato de Nelichán inmortalizado en la foto.

La propia Denisse la tomó hace ya un año, el mismo día en que Kuroro le dijo que estaban pololeando con la Neli. ¿En serio? Qué bacán, se nota que son el uno para el otro, ojalá duren harto. Una estocada certera al corazón, al kokoro. ¿Les tomo una foto?

Denisse tiene la foto en su mano, la contempla, la escruta, se detiene en ella, escarba pixel por pixel en busca de algún secreto, de alguna mirada de Kuroro más allá del lente de la cámara, que le dé señales de que no todo está perdido, de que en verdad la ama a ella o de que al menos en algún carrete o expo animé podría pasar algo que cambie de una vez y por todas el curso de esta historia. Difícil. Denisse lo sabe. Imposible. Se niega a aceptarlo. Por eso la escudriña palmo a palmo, recorre sus bordes, el lugar, los colores, lo que no alcanzó a aparecer en ella, a sí misma, por ejemplo. Imagina los sonidos que rodearon el momento, piensa en el chiste que hizo que Kuroro dibujara en su rostro por lo general triste una sonrisa absurda, inabarcable y real, y en lo estúpida que se ve Nelichán con su risita humilde y retraída, sumisa hasta el hartazgo: falsa, aburrida.

'Digan *Baka*' y clic, la foto.

Conserva todo, cada detalle, se enquista la imagen en la cabeza, la cincela en su corazón, es un grillete que la amarra por el resto de sus jóvenes días, una máquina de tortura que la atrapa y de la cual solamente existe una forma de escapar… Denisse procura no olvidar jamás la foto: es el muerto que lleva en sus hombros, su cruz.

Denisse le da un último repaso a la foto, besa con pena a cada uno de los personajes que en ella aparecen. Suspira. Abre el freezer y la deja escondida en el fondo.

—Ahí estarán mejor —dice, mientras cierra la parte superior del refrigerador. Luego de eso, sube a su habitación y abre el closet. Hay un disfraz de

Chun Li. Se lo prueba. Posa. La próxima convención será pronto. Irá Kuroro y probablemente también su amiga Neli, quien le dijo iría disfrazada de Jill Valentine, con la gorrita y todo. *Perra*, vuelve a decir. Lanza un beso al espejo. Ajusta sobremanera su escote. Sonríe.

*Pablo Sheng*

*de* La extinción

En la playa somos como hormigas en un desierto. Eso me dice Papá al colgarse unos cochayuyos en el hombro. Suena una bocina. Miro hacia el pueblo, las casas, la caleta. Tengo que irme, le digo. Clavo mis ojos en su bigote. Me vienen a buscar, vuelvo a decirle y me despido de Papá con un abrazo largo. Él le da la cara a las rocas, de espaldas a la camioneta, esconde su mirada en el oleaje y yo me subo sin prisa, abrochándome la casaca. Hermano Chico siempre ha dicho que Papá está loco. Ahora, en la camioneta que Tata Diablo conduce, lo vuelve a decir y dice que por suerte no es su hijo, no lo tiene que ver una vez a la semana, no lo lleva a la playa y lo hace recoger cochayuyo. Pero yo, Hermana Grande, sé que Papá es Papá, más hombre santo como él no hay. Cuando miro los peladeros y después arriba, al cielo, veo a Papá escondido y ausente como las nubes cuando clarea. Hermana Grande, dice Hermano Chico, Mamá llamó y dijo que no aparecerá hasta el otro mes. Ya lleva casi un año fuera, con eso de que vuelve el mes que viene. Tata Diablo no nos habla cuando maneja. A Hermano Chico no le digo nada. Me concentro, para no marearme, en los peladeros, en la calle principal, la cancha de fútbol, los árboles secos. Llegamos a la casa. Tata Diablo prende la radio y oímos las noticias del almuerzo en silencio. En Los Vilos, a unos veinte kilómetros al sur del Puerto, asesinaron a una adolescente mientras dormía. Me achino, arrugo la frente y frunzo las cejas. Tata Diablo se sirve vino en un vaso de metal. Con Hermano Chico nos metemos a la cocina y seguimos oyendo. A la niña, de quince años, rubia, linda, de ojos claros, la asesinaron de una puñalada en el corazón. Ahí sí que hasta se me heló el pecho. Pueden matarte en tu propia casa. Nos sentamos en la mesa. De los tragaluces del techo nos caen gotas, una tras otra, incluso en nuestros platos de tallarines que Tata Diablo cocinó. Pegoteados y aceitosos, me los como desesperada, con hambre, hasta quiero terminar antes para sacarle a Hermano Chico lo que deje. Las noticias cambian de tema, rápidas, de asesinatos a fútbol y de fútbol a política y de política a bachatas y canciones cebolla que duran toda la tarde. Perfecto para dormir. Tengo que lavar loza. Mientras mojo la esponja y le echo Quix, veo la foto quemada por el sol donde salgo con Mamá y Papá.

Yo chica, de cuatro años. Papá con el mismo bigote y en zunga. Mamá en bikini. Las rocas, envoltorios de helado, latas de cerveza, botellas de vidrio. Con Papá no vivo desde que enloqueció según Tata Diablo. Una vez vi correr a Papá de la casa a la playa, en pelota, arrancando de Mamá que le gritaba cómo podía leer la Biblia el día entero, haber dejado su trabajo en la fábrica de atunes y llegar, cada tarde, con cochayuyo y huiro al hombro. Esa vez no lo vi como por dos meses. Apareció, de pronto, en la casa, barbón y hediondo, rotos sus zapatos, con unos sacos de papa como pantalones y una Biblia bajo su brazo. Lo pilló Tata Diablo y Papá le dijo que los pingüinos eran un sueldo, también metralletas, que en el desierto vio a una serpiente y lo tentó como a Cristo. De ahí, cuando bajaba a la playa a juntarme con las chiquillas y los cabros del Puerto, a mí me daba vergüenza verlo recoger cochayuyos, llevarlos a una choza que fue de su Papá Pescador y dejar en su patio motes de algas, aplastarlos con una pala y ni siquiera venderlos. Me fui acostumbrando y ahora me da lo mismo. Juntos arrastramos cochayuyo en la playa, dejamos que la arena seca se escurra en chorros y nos sentamos un rato a comer ramitas de queso que Tata Diablo me manda o chupeteamos un Centella que compramos con monedas que Papá junta. Intento dormir. Tata Diablo y Hermano Chico se fueron a la pieza. No hablo con Mamá hace meses. Ella piensa que ahora me estoy poniendo loca. La última vez que me dijo algo fue tu papá está loco y tú resultaste ser una puta. Debe ser que en la noche me he escapado a salir con los cabros. Solo he sabido de una amiga que ha hecho un helado pero yo ni siquiera les he dado un beso a los cabros. A veces nos juntamos en la playa, nos fumamos unos cigarros y le doy sorbitos a botellas de cerveza. Miramos el mar que se pone negro. A los cabros les da risa que nosotras tomemos. Algunas se curan pero yo nunca. A mí me gusta chupetear cigarros, hacer esferitas o cascadas con humo. Eso nunca me marea aunque sí andar en auto con Tata Diablo. Escucho en la radio que encontraron a una niña enterrada en el patio de su colegio, en Los Vilos. Sus papás la vieron por última vez hace cinco días. Pueden matarte en tu propio colegio. Ya son las cinco y me voy a la playa. Los cabros más grandes quedaron en hacer una fogata hasta tarde. Quiero volver temprano para que Tata Diablo no diga nada y para que cuando Mamá llame no le diga que ando trasnochando. Uno de los cabros, el Loco Julio, pasa volado y a mí me gusta que ande volado porque es como la brisa, el oleaje. Tranquilo. Además usa camisas gitanas, con estrellas de mar. Me veo en esas estrellas, arrastrándolas hasta los primeros botones desabrochados, hasta su cuello, quizá con Papá pero mejor con él, con Loco Julio. Siempre se queda callado, como pa dentro. Nadie lo molesta y ninguna de las niñas se atreve a hablarle. Todas pescan al Araña, siempre hace gracias, prende la fogata, abre cervezas con el encendedor, tira conchitas más allá de las boyas. Me demoro, siempre, entre diez y quince minutos en bajar. No es tanto si pienso que me entretengo mirando postes de luz, gaviotas y pelícanos que vuelan lentos hacia la playa, tratando de encontrar algún cardumen que los alimente. Para no aburrirme compro un coyac o chicles de sandía. La lengua se pone colorada, intento hacer el globo de chicle más grande del mundo y nunca resulta aunque ajuste la respiración, el aire, como se debe, a tal punto de concentrarme en hincharlo y que no estalle sí estalla y queden chiclosos los labios. Ahora nadie ha llegado. Estoy sola. Tengo guardados unos cigarros en mi calzón. Siento que un rollito en la cadera me crece. Da lo mismo y prendo un cigarro. Me siento en la costanera. Un grupo de marinos corre dando vueltas en círculos. Hay uno más viejo que grita que no se apuren, que vayan más lento. Empieza a atardecer, a bajar la luz y veo, en la orilla, a Papá arrastrar cochayuyo. Del pueblo viene el Loco Julio, volado como siempre. No me ve y camino al mar. Saludo a Papá, lo ayudo. Sostengo algas mientras él repite eso de que en la playa somos como hormigas en un desierto. No le hallo sentido a lo que dice pero imagino ser una hormiga, un punto que apenas se nota, que nadie ve, que puede morirse como todas las niñas que han muerto, que son solo bichos microscópicos en el mundo. A nadie le importa y sigo a Papá. Vamos camino a su casa. Salimos de la playa, nos sacamos los restos de arena de la ropa, seguimos por la calle de tierra y llegamos a su mediagua. Hay un cactus, una montonera de algas que humedecen el ripio, la tierra del patio y allí tiramos el cochayuyo. La madera de la casa es negra y verdosa. Papá huele así, húmedo, a sobacos. Adentro, una mesa, la silla de mimbre, la radio que él prende de inmediato para que así el silencio no nos coma. No hay luz. Papá se ilumina con una linterna y unas velas que no enciende. El baño está afuera, en una letrina. Cuando hace frío, ha dicho, hace en bacinica. Como el sol se ha puesto, veo poco, sombras, el perfil oscuro y los pelos tupidos de su bigote. Me recuesto en la silla de mimbre. En la radio dicen que en Los Vilos hay seis niñas desaparecidas, todas al parecer muertas por como se han ido dando las cosas. Yo solo quiero que todas esas muertes no se trasladen para acá, al Puerto. Me abrocho la casaca, quiero que salgamos y se lo hago saber a Papá. No soporto ya la radio ni la oscuridad ni ver los postes iluminados con esa luz amarilla. Papá también se abrocha la casaca y salimos, de nuevo, juntos hacia el mar, a ver cómo la marea sube y enfría la arena. Nos metemos a la playa, caminamos cerca de la orilla sin que el agua nos moje. A lo lejos veo al grupo de cabros con las chiquillas, veo también a otro grupo de hombres con casacas verdes rodeando una camioneta. Parece que controlan a los cabros. Del mar vemos a una niña que se ahoga, lejos, allá casi por las boyas y a un paco metido en el agua. La niña, me fijo, es gordita, y el Loco Julio, cerca de mí, dice que agoniza. Ya el paco nada mar adentro y la alcanza. Ambos se hunden, no logran estirar sus cuerpos hasta la orilla. Las olas, repetitivas, pasan sobre sus cabezas. Saben los demás pacos que ninguno más puede entrar al agua, que entre tres la cosa se complica. Los cabros dicen que la niña apareció de la nada en el mar, dicen que la corriente la trajo hasta aquí y quizá la hayan intentado ahogar cerca del muelle o de la caleta, o hasta en Los Vilos. Con Papá nos sentamos cerca de la fogata de los cabros. Nos abrochamos la casaca hasta el cuello. Saco un gorro para cubrirme las orejas. Papá me lo quita. Vemos que el paco sale a la orilla, mojado. Carga en sus espaldas a la niña, media muerta, vomitando agua.

*Juan Manuel Silva Barandica*

*'Carlos Valderrama', de* Italia 90

Rudy Völler, qué nombre más ridículo, da un pase a Pierre Litbarski, falso de falsos jugadores, para que entre por el lateral izquierdo de la zaga colombiana y azote de zurda la melena de Higuita. Todos gritamos, pero cosas distintas. Porque en ese tiempo creíamos que los europeos eran una mierda, y que, más allá de los nazismos particulares de cada familia, cualquier selección de nuestro continente merecía el respeto de un extranjero. Pero no.

En la botillería gritaron, en la rotisería, los niños del cité, todos gritaron el gol de Alemania. Con mi mamá, creo, nos miramos, y ella, que odiaba a los negros, dijo: malparidos, maricones, que se cague la puta madre en toda Alemania. El reloj marcaba el minuto 43 del segundo tiempo, de un partido cualquiera en un Mundial más, pero mi mamá, que era una inmigrante más en un país intrascendente, decidió dejar de verlo. Mi papá, macabeo sin alternativa, altivo con nosotros, le dijo: cortalá.

Creo que hasta el día de hoy recuerdo el acento en la última vocal, como los últimos minutos de ese partido, en el que nada de lo que yo creyera, aparentemente, estaba en juego.

Mi papá no celebró nada. Dijo algo sobre la calidad de los delanteros. Yo no sabía pronunciar algo definitivo. Los balbuceos todavía deben vibrar en el adobe de esa casa. Entonces el mismo Völler parece que iba por el lateral izquierdo y la perdió. Leonel Álvarez con su bigote de lámina se la pasa al 'Bendito' Fajardo, quien sube con el partido y el campeonato encima, y se la cede al Pibe Valderrama. Se detiene el mundo y su eco. Carlos da la vuelta, tropieza, piensa y siente un pase inútil, se sugiere una oportunidad de cambiar al otro lado y decide, finalmente, tocar, sin perder el eje de su movimiento, al lado a Rincón, que le devuelve de un toque a Fajardo y este, sin mirar, a Valderrama.

Después de una educación de nombres es difícil llamar por el mismo a una persona que cambia. Y lo sé, porque no reconozco a mi papá en las fotografías del álbum familiar, y porque mi mamá no era mi mamá cuando estaba pololeando con ese hombre llamado Claudio Silva, próximamente atosigado con mi presencia futura. Yo veía un afro rubio, sin saber quién era ese hombre que corría poco y nada en la mitad de la cancha de un Mundial que era el inicio de algo, que para un país perfectamente sería una mitad. Mi papá no tomaba ni cerveza ni vino, ni menos tenía amigos; me tenía a mí, un niño de siete años al lado suyo, viendo un partido entre Colombia y Alemania en los últimos minutos, con una estufa a parafina Sindelen. Siempre me gustó la palabra Sindelen, me recordaba el Supe, palabras con ese, palabras que parecían referir a una serie de personas en una cosa mundial que debía llamarse trabajo, levantándose todos los días, muy temprano, a pesar de que uno faltara al colegio, para construir todo lo que usábamos. Alguna vez pensé en los alemanes construyendo califonts perfectos, para que ya nunca hubiera una explosión, o norteamericanos con sus autos que nos llevarían al otro lado de la cordillera, cuando mi papá tuviese plata y más allá. Pero Valderrama era esa pausa, ese silencio. *Quel sogno che comincia da bambino e che ti porta sempre piu' lontano.* Y mi papá —que había hablado todo el partido diciendo que Colombia era un país bananero, que jamás le ganaría a una superpotencia y que la historia estaba hecha para repetirse— guardó silencio. Porque aquel hombre de pelo amarillo había parado la pelota, levantado la cabeza para hacer un toque con el que tenía más cerca, lo más fácil. Rincón se la toca a Fajardo y mi papá grita: tócala conchetumare.

Valderrama. Cómo decirlo sin las vocales y las consonantes, sin los acentos que merecería un nombre tan largo y de un juego tan pausado. Carlos, digo, porque Carlos ya es casi mi amigo de tanto nombrarlo, toca la pelota y no la toca. Piensa, dirían las personas que nunca han jugado fútbol. Porque es tan fácil decir que un oficio es llegar y repetir un movimiento. Carlos Valderrama debe haber repetido en innumerables ocasiones un pase en profundidad, entre los defensas, en Unión Magdalena, y su técnico lo debe haber felicitado. Todos tenemos la posibilidad de hacer bien las cosas en el momento en que nadie nos las pide. Pero Carlos Valderrama estaba en Santa Marta, y no contra Augenthaler o Buchwald, no en el Giuseppe Meazza, no en Milán, no en Italia. Valderrama se dio vuelta para ver a su compañero, Freddy Rincón, quien, entre los defensas, a grandes zancadas, se fue, el minuto 47, en busca de Bodo Illgner, monstruo bajo los tres palos, que nada pudo hacer con esa suave penetración de derecha. *Non e' una favola e dagli spogliatoi escono i ragazzi e siamo noi.*

*Cristóbal Soto Calistro*

*de* All the Young...

Esos tiempos eran contradictorios, al menos para
mí. Había una sensatez de vivir en un país con
posibilidades de mejorar, pero andábamos en la
oscuridad de un Chile envuelto en su pasado, en los
muertos, en las frustraciones. Se hablaba de «en vías de
desarrollo», «libre comercio»; que la «alegría» estaba
a punto de llegar, que la «transición democrática». Lo
recuerdo bien, pero no sé si nos importaba, no sé si
le prestábamos atención. A nosotros su crecimiento,
su patria y su desarrollo nos importaban una mierda,
era nuestra máxima. Pero aun así recuerdo muy claro
todo ese mensaje. Se llenaban la boca con la palabra
'reconciliación'. Recuerdo un comercial en la tele
donde un tipo llegaba en un auto sencillo pero
nuevo, a su casa dfl-2, y al entrar miraba el tarro de
basura del vecino. Se fijaba en dos botellas vacías de
pisco Alto del Carmen. Luego él, silenciosamente,
se acercaba hasta la basura de su vecino y sacaba las
dos botellas vacías y rápidamente las ponía en su

basura. Luego entraba a la casa. ¿El slogan? «Eres lo que tomas». Recuerdo este comercial ahora, tantos años después, como una clave, la fórmula que daría el resultado de conformismo que ha dominado con tanta eficacia durante los años siguientes.

Una vez conversábamos con Pato sobre elegir una vida. Yo le dije que me hubiese gustado ser campesino y manejar un tractor, pero él respondió que prefería un mundo en donde cualquier vida sea la mejor. Fue en un viaje a Valparaíso, creo que el noventa y cinco.

Tal vez ahí tomó fuerza la idea del viaje al sur. Aun ahora, cada vez que voy al puerto, pasar el túnel Zapata y ver el valle de Curacaví me recuerda esa conversación con Chico Pato. Una juventud-viaje, eso teníamos quizás grabado en nuestras cabezas. A lo mejor fue lo que nos mantuvo en nuestra forma de vivir. Pero ¿viajar dónde? No veo que ahora esté en un lugar que me hubiese gustado ir, ni tractores ni campo. Y seguro que estoy a millones de kilómetros del lugar donde estaba en ese tiempo.

En ese viaje no paramos de hablar, siempre había temas. Recuerdo que dijo que se llevaba muy bien con Maite. Aún teníamos una vaga idea de las relaciones. No éramos niños pero tampoco podíamos alardear de experiencia. Éramos, más bien, unos principiantes. Nos enamorábamos con facilidad.

La vida misma volcada entera por alguien de quien apenas recordaríamos su nombre años más tarde.

Ir, volver, andar. No entiendo cómo no nos rendíamos a esa forma de estar a la deriva, sin siquiera saber adónde. Pero quisiera regresar y revivir, con esa amargura propia y no ajena. Experimentando el futuro, con todo el derecho de mandar a la mierda el criterio y reinventarte cada vez que quieras.

Pato experimentaba con la política y era feliz a pesar de las derrotas y los autocombates. El Leo formaba una banda, inventaba canciones y nosotros lo animábamos a seguir. Creíamos que iba a ser la banda más grande del punk chileno. Lo acompañaba a sus ensayos, lo ayudé en algunas tocatas. La vida parecía presurosa y nos demandaba llegar rápido a nuestros futuros. Me da risa pensar en ello. Leo podría haber vivido aún más a la deriva que cualquiera, pero no quiso. Tenía una disciplina única.

Botellas Muertas se llamaba la banda. Cantábamos el coro de la canción que había escrito el Leo más fuerte que cualquier otra, casi lo gritábamos. Creo que fue ese mismo año, el noventa y cinco, el último antes del viaje.

*Enrique Winter*

## La denuncia

Le dijeron cuando niña que el dolor la llevaría al goce y un hombre debía romperse el lomo para ganar un día libre, así traducía la letra de «Girl», una de las dos canciones que sabía de los Beatles junto a «Mr. Moonlight», mientras cantaba, desafinaba y con las carpetas en la mano, volvía de subir y bajar obras en construcción con un casco blanco sobre su casco también blanco y crespo, como todos los días hábiles desde hacía treinta años, en la noche del miércoles veinte de agosto de 2008, cuando Juan Figueroa, uno de los tres conserjes del edificio donde vivía hace una década, el mismo que en los primeros meses ahí lo llamaba a la oficina para avisarle cuando la policía de investigaciones lo esperaba en la recepción susurrándole «mejor no vuelva esta noche, don Enrique», le entregó un sobre con cuatro hojas dobladas y corcheteadas.

Hace tiempo no veíamos pacos por aquí, Juan le guiñó el ojo más pequeño y sonrió. Le ayudaría a esconderse cuantas veces fuera necesario hasta que echaran raíces en los sillones de ecocuero cada uno de los uniformados que vinieran a buscarlo a la recepción del edificio, pero Enrique solo atinó a agradecerle y preguntar, por costumbre, si le había llegado alguna otra correspondencia, sin nada más para comentar a casi una semana de que la Chile le ganara a Palestino, con la suspensión del partido entre el Colo y la Unión, con Temuco en segunda, pobre Juan, y el ascensor abierto. Ya el lunes tendrían tema otra vez.

Apenas entró al ascensor, sin mirarse en ninguno de los tres espejos, desdobló la carta, sorprendido por la demanda de violencia intrafamiliar. Estuvo a punto de devolvérsela al conserje, no era para él, pero ahí estaba su nombre. Abrió la boca, tragó saliva, el bruxismo lo estaba dejando sin encía y la sensibilidad de los dientes descubiertos no lo animaba a usar la placa que le recetaron. Levantó la cara cuando vio que la demandante era la Tina. Pensó en la plata, en lo primero que pensó fue en la plata que ella le dejaba de niño en el cajón cuando no llegaba a verlo. Hasta la demanda de su esposa nunca había pisado un tribunal y en apenas diez años lo denunciaban por violencia las dos mujeres de su vida, hinchas del Colo y de la Unión, para más remate, por puro llevarle la contra incluso en eso. Al salir en el sexto piso pensó que le faltaba avena para el desayuno, pero había comprado más el lunes, recordó, cuando fue al Jumbo como todos los lunes por el cinco por ciento de descuento. A diferencia de las demás noches, en las cuales llegaba directamente del trabajo a la cocina a prepararse un pescado o un pavo de los que ya traen los aderezos, con arroz o ensalada, como lo hacía con los bistecs con tomate que también le dejaba Krystyna de niño, irritado por recordar ya dos veces la infancia con ella, se echó directamente en la cama a leer de qué lo culpaba ahora. Ya era tarde cuando terminó de subrayar la demanda, la denuncia y la citación; solo tostó unos panes integrales y les puso quesillo. Los comió en cama con la televisión en las noticias. Después de que dieron el pronóstico del tiempo, me llamó.

Cuando agosto era veintiuno, a media mañana y de mejor ánimo, me envió por correo electrónico la demanda escaneada. Coordinó luego la entrega urgente del cemento y de los fierros de dos proveedores. Con la mano aún en el teléfono se decidió a llamar a la comisaría de La Reina preguntando por la sargenta Edith Pinochet. Soy el hijo de Krystyna Modzelewska, dijo, y esperó en la línea. La sargenta no podía creer que la señora de las moscas y las ratas tuviera un hijo; recordaba, sin embargo, ese nombre tan raro y lo revisó en el expediente antes de dar con el hallazgo del sistema biométrico. Habrán encontrado al señor Winter gracias a la denuncia, pensó. A ver, déjeme ver, sí, mañana podría apersonarse, ¿sabe adónde queda la comisaría? Debió arrepentirse a los pocos minutos de recibir al día siguiente, sin que nadie la obligara, a alguien capaz de botar a su propia madre entre bolsas de basura. Por teléfono sonaba gentil, caballero, además, como los malos de las series con las que mataba el tiempo en los turnos de noche que, a Dios gracias, ya no le tocaban. Si la sargenta hubiera sabido que Enrique vivía solo y sin contacto con nadie fuera de obreros y conserjes, porque hacía años había renunciado a la carga de los amigos y colegas, de los problemas que traen las amantes, habría tenido la entereza, o el miedo, de negarse a recibirlo.

Enrique construía en Agrícola y cruzó Santiago para estacionar puntualmente en el enorme antejardín de la comisaría de La Reina. Un par de árboles centenarios y el pasto cortado de la forma prolija que esperaba flanquearon su paso nervioso y algo lerdo, porque ni él mismo entendía bien lo que buscaba ahí donde se olían vagamente las flores, jazmines quizás, a comienzos de temporada. Le dijeron que esperara sentado y se mantuvo de pie, leyendo las fotocopias en los paneles murales y mirando hacia la puerta. Cada carabinero que entró lo saludó y él se vio obligado a responder en un murmullo, hasta que se alejó de la entrada y de las sillas plásticas. Luego de examinarlo, Edith lo hizo pasar. Era una treintañera, colorina y de ojos verde oscuro como su uniforme, disculpándose por la demora y, sobre todo, por el procedimiento, porque ella solo siguió órdenes y constató las condiciones en las que vivía la anciana. Enrique no se molestó en darle motivos para estar ahí antes de preguntar de quién eran las órdenes. De sus superiores, por supuesto, pero a petición del área de la tercera edad de la municipalidad. De, déjeme ver, por aquí tengo el nombre, de la señorita Carolina Valencia. Y dónde la ubico a ella. Aquí mismo, si quiere la llamamos. Claro. Enrique estaba atento a los marcos de la pared, veía más allá de su reflejo si acaso un policía aparecía por la espalda, mientras Edith llamaba a Carolina y le explicaba que el hijo de la señora de los perros estaba delante de ella, sí, delante mío, le respondió a Carolina, sí, trabaja, te estoy diciendo que existe, quiere hablar contigo, aquí no tenemos nada que responderle si el procedimiento lo ordenaron ustedes. Él no podía saber cuáles eran las respuestas de Carolina del otro lado o si guardó el mismo silencio que escuchaba desde ahí. Antes de que ella intentara alguna excusa, Enrique le dijo a Edith con la palma derecha al borde de la boca y despacio, como si así la interrumpiera menos, que trabajaba demasiado lejos y ya estaba aquí en La Reina, con permiso del jefe, que por favor Carolina lo recibiera ahora. Edith puso la mano sobre el auricular, lo separó un poco de su cara estirando la boca en el gesto de que más no podía hacer, y se topó con los ojos también verdes de Enrique. Ahora sí oyó algo de la voz de Carolina en la línea.

La municipalidad de La Reina quedaba cerca, en la zona alta de Santiago, donde empiezan los moteles y acaban los automóviles. Solo vio árboles después y la oficina de Carolina. Hace rato conocía a la anciana, llegó a ella con las primeras denuncias de los vecinos. Ahora son un montón, cada mes recibo algo, le comentó a Enrique, pasando por la pila de carpetas. Él escuchaba sin interrumpirla acerca de los focos infecciosos y la amenaza para los niños. De las capas y capas de mugre. De los ladridos de los perros. De la mucha pena que le daba ver a esta señora europea tan menoscabada y sola. Anda tirillenta, dijo, si me perdona la expresión. Mientras hablaba y se detenía iba develando lo poco que le calzaba este ingeniero de más de metro ochenta y cara de perdido, con alguien que abandona entre las moscas a su madre indigente. No vivía en una casucha que le habían prestado los jefes por caridad dentro de la misma construcción donde trabajaba, como alguna vez le escuchó decir a Krystyna cuando admitió que tenía un hijo; a veces decía que no, que no tenía nomás, y ella le creyó hasta hace menos de una hora, cuando la sargenta segunda, Edith Pinochet, le confirmó lo contrario.

Por esos días tramitaba una pensión solidaria para Krystyna, de las nuevas que había ofrecido el gobierno de Bachelet, y no se arrepintió de hacerlo al enterarse de que Enrique tendría los recursos. Nunca sobran ochenta lucas, por algo llenó los formularios una profesora amiga de Krystyna y, por qué no decirlo, de ella misma, sabiendo que se jugaba el cargo por conseguirle una ayuda a quien no la necesitaba. No le dijo una palabra de esto a Enrique. No podía asegurar quién de los dos mentía, entre el ingeniero y la mendiga cargando un carrito con cartones y colchas recogidas en la feria, seguida por los perros. Carolina fue amable, pero igualmente firme: el basural de la señora era un problema para la municipalidad y ella debía velar porque se acabara. Agradecía la aparición de Enrique, en realidad solo le decía que le agradecía, porque venía él, con su sola presencia y por culpa de Carabineros, a complicarle el plan ya trazado de fumigaciones y limpiezas, por una parte, y de internación de la señora, por otra, sin ofrecerle más que dudosas buenas intenciones.

**Daniela Acosta** (Santiago, 1982) publicó la plaquette de poesía *la otra velocidad* por La Calle Passy 061 ediciones en 2010. Su cuento 'Resbalín' apareció en *Voces -30. Antología de nueva narrativa chilena*, publicado por Ebooks Patagonia. Los fragmentos pertenecen a *El otro tiempo*, su primera novela, publicada por Libros La Calabaza del Diablo a finales de 2016.

**Constanza Anabalón Tohá** (Santiago, 1987) es una escritora y socióloga de la Pontificia Universidad Católica de Chile. Publicó la novela *Caja de resonancia* en el año 2016. Obtuvo la Beca de Creación Literaria del Fondo del Libro y la Lectura, convocatorias 2016 y 2018. El año 2018, su cuento 'Tengo miedo de perderte' fue incluido en el libro *Chambelán superstar*, como parte de los ganadores del Concurso Nacional de Cuentos 'Nuevas Letras Sub 30'.

**Óscar Barrientos Bradasic** (Punta Arenas, 1974) es un narrador y poeta chileno. Autor de varios libros, entre ellos, *El diccionario de las veletas y otros relatos portuarios* (2003), *Carabela portuguesa* (2013) y *El barco de los esqueletos* (2015). Ha obtenido varios galardones, entre ellos, el Premio

Francisco Coloane y el Premio Iberoamericano Julio Cortázar.

**Natalia Berbelagua** (Santiago, 1985) ha publicado los libros de relatos *Valporno* (2011), *La Bella Muerte* (2013), *Domingo* (2015) y el poemario *La marca blanca en el piso de un cuerpo baleado* (2016). *Valporno* fue traducido al italiano el 2016 por Edicola Ediciones. Ha publicado en diversas antologías en Chile y el extranjero, entre ellas 'El arte de la sonrisa', publicada por Suburbano Ediciones en Miami.

**Juan Carreño** (Rancagua, 1986) ha publicado los libros de poesía *Compro fierro* (2008), *Bomba bencina* (2012) y *Oxicorte* (2016). Ha publicado también el libro de crónicas *Ir a La Trinchera* (2015) y la novela *Budnik* (2016).

**Juan Ignacio Colil Abricot** (Santiago, 1966) es profesor de historia. Ha publicado libros de cuentos (*8cho relatos*, *Al compás de la rueda*) y novelas (*Tsunami*, *Lou*, *El reparto del olvido*, *Los muertos siempre pueden esperar*, *Un abismo sin música ni luz*). Algunos de sus cuentos han sido incluidos en antologías y ha recibido algunos premios literarios en Chile, Argentina y España. Este cuento fue publicado en *Al compás de la rueda*' (Das Kapital Ediciones, 2010).

**Matías Correa** (Santiago, 1982) estudió filosofía y es *honorary fellow* del *International Writing Program* de la Universidad de Iowa. Ha publicado las novelas *Geografía de lo inútil* (Comba: Barcelona, 2015), *Alma* (Literatura Random House: Santiago, 2016) y *Autoayuda* (Metalúcida: Buenos Aires, 2017).

**Mónica Drouilly Hurtado** (Santiago, 1980) es narradora, dramaturga, licenciada en estética e ingeniera civil de la Pontificia Universidad Católica de Chile. Ha cursado estudios de Literatura, Teatro y Periodismo en distintas instituciones: Universidad de Chile, Universidad Finis Terrae, Flacso Buenos Aires y Centro de Investigación La Memoria. Ha resultado ganadora de la XVIII Muestra Nacional de Dramaturgia y el Concurso de Cuentos Paula. Es autora de *Retrovisor* y *Querido John / Take a chance on me*, además de codramaturga de *FIN* de Marabolí + Piriz.

**Ricardo Elías** (Santiago, 1983) es autor de *Cielo fosco* (Librosdementira, 2014) y *A la Cárcel* (Altopogo, 2017) Sus textos fueron publicados en revistas literarias de Chile, Argentina y EEUU. Recibió la beca de creación literaria del Fondo del Libro en Chile y fue ganador del V Concurso Internacional de Novela Contacto Latino en EEUU con *A la Cárcel*.

**Cristóbal Gaete** (Valparaíso, 1983) publicó en ediciones subterráneas las novelas cortas: *Valpore*, que ha circulado en seis ediciones en Chile y Argentina, *Paltarrealismo* y *Motel ciudad negra*, ganadora del Premio Municipal de Literatura de Santiago 2015, reeditada también en Argentina. Ha trabajado en edición, talleres y prensa cultural. Su literatura es de Valparaíso, donde habita.

**Ernesto González Barnert** (Temuco, 1978) ha recibido por su obra poética el Premio Pablo Neruda de Poesía Joven 2018, el Premio del Consejo Nacional del Libro a Mejor Obra Inédita 2015, el Premio Nacional Eduardo Anguita 2009 y el Premio de Honor Pablo Neruda de la Universidad de Valparaíso en 2007, además de varias menciones y becas. Entre sus últimos libros publicados está *Equipaje ligero*, antología realizada por Mauro Quesada para el sello trasandino La Carretilla Roja y la reedición también en Argentina de su obra *Trabajos de luz sobre el agua* en HD ediciones durante el 2017 y de la cual fueron extraídos los poemas para esta selección llamada *Cucurrucucú*. En Chile, publicó el libro *Éramos estrellas, éramos música, éramos tiempo* (Editorial Mago, Colección Raúl Zurita, 2018).

**Emilio Gordillo** (Santiago, 1981) ganó el Premio Municipal Juegos Literarios Gabriela Mistral (2008) por el volumen de cuentos *Los juegos mudados* (Contraluz, 2010) y el Premio Mejores Obras Literarias inédita del CNCA (2011) por *Croma*, su primera novela, publicada por Alquimia en 2013. También publicó *Indios Verdes* en 2018 (Narrativa Punto Aparte). Fundó la desaparecida revista *Contrafuerte* y dictó clases en México, donde vivió entre 2010 y 2014. También editó la colección de narrativa Foja Cero de Alquimia Ediciones entre 2010 y 2015, *CHL: Antología de escritores chilenos*, así como el número especial de narrativa chilena de Punto de Partida (UNAM) para la FIL de Guadalajara 2011. Ahora vive otra vez en México.

**Constanza Gutiérrez** (Castro, 1990) ha publicado dos libros: la nouvelle *Incompetentes* (La Pollera, 2014) y los cuentos *Terriers* (Hueders+Montacerdos, 2017).

**Rodrigo Hidalgo Moscoso** (Santiago, 1976) es periodista y profesor de lenguaje. Integra la directiva del Centro Cultural Manuel Rojas. Entre el 2005 y el 2016 fue Coordinador del Área Literatura y editor del sello Balmaceda Arte Joven Ediciones. Entre 1998 y 2004, fue editor de la revista La Calabaza del Diablo. Ha sido jurado y evaluador en distintos fondos concursables y certámenes literarios nacionales. Es autor de la novela *Desafinan con el frío*

(La Calabaza del Diablo, 2013). Una versión más extensa del relato aquí fue publicada en la revista La Calabaza del Diablo n° 29, en noviembre del 2003, bajo el título de 'Anécdotas ortopédicas'.

**Luis Marín** (Lota, 1972 – Temuco, 2019) publicó los libros de narrativa *Palacio Larraín* (La Calabaza del Diablo, 2006) y *Ciudad Sur* (Del Aire Editores, 2011). En 2015 publicó en coautoría el ensayo biográfico *Nostalgia del futuro, biografía del poeta Jorge Teillier* (Del Aire Editores). Residió en Temuco.

**Iván Martínez Berríos** (Arica, 1974) ha recibido entre otros reconocimientos el premio Juegos Literarios Gabriela Mistral, Género Cuento (1991) y el Premio Instituto de Letras Pontificia Universidad Católica, Género Cuento (1997), y ha sido finalista en el 1° Concurso de Cuentos Libros de Mentira (2008) y seleccionado para edición en el 5° Concurso de Cuentos Premio Manuel Francisco Meza Seco ExpoArte, Talca (1993). En 2011 obtuvo la beca para escritores emergentes del Fondo del Libro del Consejo Nacional de la Cultura y las Artes. *Gente al camino* (2012) es su primer libro editado.

**Montserrat Martorell** (Buenos Aires, 1988) es periodista y comunicadora social de la Universidad

Diego Portales, Máster en escritura creativa y candidata a Doctora en Literatura Hispanoamericana por la Universidad Complutense de Madrid. Actualmente es académica en distintas universidades chilenas, dirige un taller literario y escribe su tercer libro. Es autora de las novelas *La última ceniza* (Oxímoron, 2016) y *Antes del después* (LOM Ediciones, 2018).

**Carolina Melys** (Santiago, 1980) es profesora de lenguaje. Se ha desempeñado como crítica e investigadora literaria. Es autora del libro de cuentos *Incorruptos* (Montacerdos, 2016), con el que obtuvo la Beca de Creación Literaria del Consejo Nacional de la Cultura y las Artes; y fue incluida en el volumen *Vivir allá. Antología de cuentos sobre la inmigración en Chile* (Ventana Abierta Editores, 2017).

**Fe Orellana** (Santiago, 1991) ha recibido los premios Roberto Bolaño en novela y el premio Gabriela Mistral en cuento. Desde el 2012 es coordinador del LEA (Laboratorio de Escritura de la Américas), proyecto literario internacional que se realiza de manera simultánea en Argentina, Bolivia, Colombia y en diferentes ciudades de Chile. El 2017 publicó su primera novela *Mujer colgando de una cuerda* (Pornos Ediciones).

**Juan José Podestá** (Tocopilla, 1979) es escritor y periodista. Ha publicado el poemario *Novela negra* (Cinosargo, 2010), el libro de relatos *El tema es complicado* (Punto Aparte, 2013) y en el mismo género *Playa Panteón* (Punto Aparte, 2015). Ha participado en lecturas literarias tanto en Chile como el extranjero, y en diversos festivales de poesía. Aparece en algunas antologías de poesía y narrativa. Posee un magíster en literatura latinoamericana.

**Víctor Quezada** (Antofagasta, 1983) es autor de *Yoko* (2013) y *bulto* (Libros del perro negro, 2016), entre otros libros. Actualmente lleva a cabo el proyecto en línea *Diario abierto*.

**Maritza Requena de la Torre** (Santiago, 1984) es licenciada y magíster en literatura de la Universidad de Chile. Ha participado en los talleres de creación narrativa de los escritores Nicolás Cruz Valdivieso y Cynthia Rimsky. En 2017 obtuvo una mención honrosa en el 7° Concurso Nacional de Cuentos Teresa Hamel, organizado por la Sociedad de Escritores de Chile, SECH.

**Vladimir Rivera Órdenes** (Parral 1973) es un guionista y escritor chileno. Es el autor de *Que sabe Peter Holder de amor* (mejor libro de cuento obras publicadas, Consejo del libro y la Lectura 2013)y la novela *Juegos Florales* (2017), y pronto a publicar la colección de cuentos *Yo soy un pájaro ahora*, del cual pertenece el relato aquí.

**Christopher Rosales** (Santiago, 1989) estudió Literatura en la Universidad Diego Portales y Educación en la Universidad de Chile. Fue premiado en el concurso Roberto Bolaño 2015 y ha sido publicado en diversas antologías de cuento y poesía. Es autor de la novela *Canciones Espectrales* (2016) y el libro de cuentos *Mi vida junto a Sasha Grey* (2017). En 2018 publicó la nouvelle *Apuntes para una novela sobre masacres escolares.*

**Pablo Sheng** (Santiago, 1995) es el autor de *Charapo*, publicado por la editorial Cuneta en 2016. El 2014 recibió la beca de creación del Consejo de la Cultura y las Artes. Además fue becario del taller de poesía de La Chascona de la Fundación Pablo Neruda. Obtuvo el premio Roberto Bolaño de novela el año 2016 y el 2017. Escribe para *Revista Santiago.*

**Juan Manuel Silva Barandica** (Santiago, 1982) es licenciado, magister y doctorando en Literatura por la Universidad de Chile. Ha sido un becario Conicyt para sus estudios doctorales y becario de la Fundación

Pablo Neruda en 2007. Ha ganado el premio a la mejor obra literaria chilena inédita el año 2013 en poesía, por el libro *Casimir*. Actualmente es editor de las editoriales Montacerdos y Planeta. En 2015 publicó la novela *Italia 90* (La Calabaza del Diablo).

**Cristóbal Soto Calistro** (Santiago, 1981) es un escritor. Desde 2010 organiza junto con otros escritores el encuentro de poesía TrasAndes tanto en Mendoza como en Santiago. En el año 2012 debuta con la novela policial *El caso de las dalias*, editada por Libros del Perro Negro. Tiene artículos y reseñas en diversos medios.

**Enrique Winter** (Santiago, 1982) ha publicado en once países y cuatro idiomas. Sus obras incluyen los poemarios *Atar las naves*, *Rascacielos*, *Guía de despacho* y *Lengua de señas*, además del disco *Agua en polvo* y la novela *Las bolsas de basura*. Es traductor de Dickinson, Chesterton, Bernstein y Larkin, y ha recibido los premios Víctor Jara, Nacional de Poesía y Cuento Joven, Nacional Pablo de Rokha y Goodmorning Menagerie, entre otros. Abogado y magíster en Escritura Creativa por NYU, coordina el diplomado de la PUC de Valparaíso y es escritor residente de los Andes en Bogotá.

29291944R00358

Made in the USA
San Bernardino, CA
13 March 2019